每个人都要懂一点

送给老爸老妈的心理学

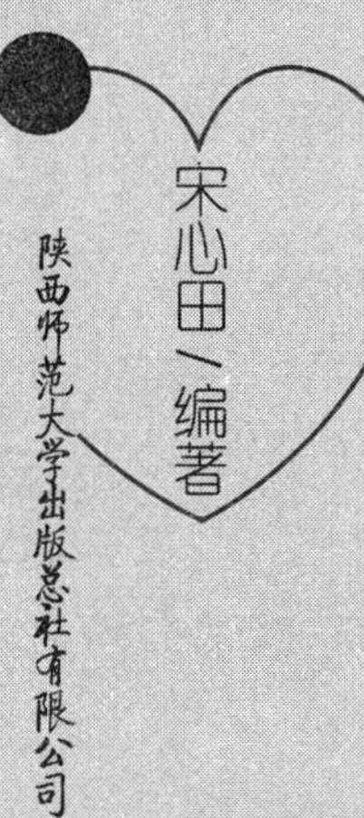

宋心田/编著

陕西师范大学出版总社有限公司

图书在版编目（CIP）数据

送给老爸老妈的心理学 / 宋心田编著. -- 西安 : 陕西师范大学出版总社有限公司，2012.5
（每个人都要懂一点）
ISBN 978-7-5613-6132-0

Ⅰ. ①送… Ⅱ. ①宋… Ⅲ. ①老年心理学－通俗读物
Ⅳ. ①B844.4-49

中国版本图书馆CIP数据核字(2012)第079320号

图书代号：SK12N0235

送给老爸老妈的心理学

责任编辑：周宏
装帧设计：开言神韵
出版发行：陕西师范大学出版总社有限公司
（西安市长安南路199号　邮编 710062）
印　　刷：北京飞达印刷有限责任公司
开　　本：787㎜×1092㎜　1/16
字　　数：280千字
印　　张：18
版　　次：2012年9月第1版
印　　次：2012年9月第1次印刷
ISBN 978-7-5613-6132-0
定　　价：33.80元

前言

老年心理学是研究老年期个体心理特征及其变化发展规律的一门学科。它是新兴的老年学的组成部分。由于人的心理活动以神经系统和其他器官功能为基础，并受社会的制约，所以老年心理学涉及到了生物的和社会的两方面的内容。研究范围包括人的感觉、知觉、学习、记忆、思维等心理过程以及智力、性格、社会适应等方面。

自 20 世纪 60 年代以来，我国老年心理学已作为一门专门的学科，成为发展心理学的一个重要组成部分。其实，在中国，有关老年心理学和养生学的历史很悠久，早在春秋战国时期，诸子百家在调理情志以益寿延年方面就有不少论述。如孔子强调“仁者寿”、“智者寿”的思想，提出“五十而知天命、六十而耳顺，七十而从心所欲不逾矩”的见解。在《道德经》和《庄子》中，明确提出了无欲、无知、无为的“返朴归真”思想，对中国历代养生学以及老年心理学具有重要影响。

我国是世界上老年人最多的国家，根据相关资料表明，目前60岁以上的老年人已近2亿之多。人口老龄化已成为21世纪中国人口的主要问题，而老年人的生活质量和健康状况又是核心问题。老年人的生理功能逐渐衰退，大脑功能自然有一定程度的退化，加之由于家庭及社会环境变迁等因素的影响，老年人的心理状况随之也会发生不同程度的改变。

调查结果表明，由于个性、环境条件等多种因素的影响，有些老年人容易产生消极情绪。如有的老年人由于职务地位变化引起失落感和疑虑感，有的因为健康问题等引起焦虑、抑郁和孤独感，还有的容易产生不满情绪。在这些消极心理的推动下，很多老年人成为精神上的孤独者，他们似乎对晚年生活失去了信心，常常想法怪异、行为失常，他们同生活“叫板”、和老伴儿“较劲”、同子女“冲突”。这些消极的情绪不仅会吞噬心灵，对身体也会构成极大的伤害。

医学表明，当人处于情绪波动状态时，会引起身体的外部和内部的一系列的生理反应。例如当人在发怒时，心跳加快，常达80次至200次/分；血压上升，收缩压从正常的130毫米汞柱升至230毫米汞柱以上；呼吸每分钟可达40次至50次。人在焦虑、忧郁时，会抑制胃肠蠕动和消化液的分泌。对老年人来说，抑郁、烦恼、发怒等消极情绪往往是引起或激发某些疾病的心理因素。由此，会使很多老年人追求晚年健康、幸福的梦想破灭。

那么，老年人为什么会产生这些消极心理呢？这是因为进入老年以后，当遇到一些外界和生理方面的变化时，很多老年人没有能够调整心态来适应这种变化。可见，老年人的消极心理多是由不能适应人生的转变引起的。在人生的每一个阶段都有每一个阶段的特点，这是客观规律，我们不能改变它，就要学会适应它。所以我们老年人只有积极地去适应这种转变，才能获得晚年的健康和幸福。

现代医学研究认为，保持大脑中枢神经的健全，往往会促进健康和延缓衰老。因此，老有所学，老有所为，是老年人保持身心健康的重要条件。多与年轻人交朋友也大有裨益，老年人可以从年轻人身上感受青春的朝气和活力，从中得到奋发向上的精神，也可让自己的事业或追求在他们身上延续，相得益彰，互相促进。

为了帮助老年人消除负面心理，更好地享受快乐的生活，我们特意组织相关人员编撰了《送给老爸老妈的心理学》一书。书中对老年人在情绪保健、心理问题、日常生活、家庭关系、婚姻爱情等方面出现的问题，进行了详细的心理指导，以帮助老年人从心理上尽快走出这些问题的困扰。

夕阳无限好，晚霞别样红！今天国家的改革开放和发展，为老年人提供了奉献余热、享受美好时光的广阔舞台。愿我们的老爸老妈都能享受一个充实、快乐、幸福、美满的晚年。

前　言 / 1

第一章　角色定位的心理认知 / 1

01　老年角色定位与心理认知 / 2

02　消除离退休综合征的障碍 / 5

03　正确对待老年怀旧心理 / 11

04　失落感是一种消极的情绪体验 / 14

05　去除记忆力衰退的心理恐惧 / 17

06　有效减缓老年人语言功能衰退 / 23

07　应对思维能力衰退的心理认知 / 26

08　延缓心理衰老的重要秘诀 / 29

09　远离灰色黯淡的心理 / 35

第二章 老年问题的心理淡定 / 39

01 失眠与心理因素的关系 / 40
02 学会防治老年性痴呆 / 46
03 神经衰弱与精神状态有关 / 51
04 学会去除人生的焦虑感 / 56
05 善于防治老年抑郁症 / 62
06 抛弃敏感多疑的心理 / 67
07 摆脱老年恐病症的心理 / 71
08 正确地面对老年强迫症 / 74
09 生老病死是不可抗拒的规律 / 78
10 克服厌世轻生的心理 / 81

第三章 情绪保健的心理调控 / 85

01 不要让孤独感笼罩心灵 / 86
02 要摆脱老年吝啬的心理 / 92
03 嫉妒是一柄双刃毒剑 / 96
04 空虚是心里不充实的表现 / 100
05 生气是老年人健康的杀手 / 104
06 自责会使人陷入痛苦之中 / 110
07 学会摆脱悲观的困扰 / 113
08 克服过度的紧张心理 / 118
09 急躁有百害而无一利 / 121
10 不要让忧虑占据心理 / 123
11 学会预防和治疗偏执心理 / 127
12 自卑是一种消极的情感体验 / 132

第四章 日常生活的心理适应 / 137

01 去除老年性的依赖心理 / 138
02 健康的大脑比体魄更重要 / 141
03 选择知足常乐的生活方式 / 144
04 拥有自得其乐的心理 / 147
05 在旅游中享受身心之乐 / 150
06 不妨适度地亲近网络 / 154
07 培养良好的运动习惯 / 159
08 音乐是老年人养生的秘诀 / 163
09 老年人的生活需要交友 / 168
10 笑是一剂健康的灵丹妙药 / 172
11 在读书学习中享受乐趣 / 175
12 从心理上战胜疾病的困扰 / 179

第五章 家庭关系的心理和睦 / 183

01 空巢老人要去除心理危机 / 184
02 单身老人要学会快乐生活 / 188
03 享受与晚辈和睦相处的幸福 / 191
04 正确看待儿女的孝顺问题 / 197
05 努力化解或减少代沟问题 / 200
06 老年人与保姆的相处之道 / 206
07 正确对待隔代教育问题 / 211

第六章 情感驿站的心理坚守 / 215

01 和睦的夫妻关系使晚年幸福充实 / 216
02 正确地对待老年分居问题 / 222
03 正确地看待老伴的唠叨习惯 / 225
04 对性生活要有正确的认知 / 230
05 善于消除老年再婚的阻力 / 237
06 确保再婚幸福的重要之道 / 242
07 正确地对待代际婚姻问题 / 249

第七章 养生保健的心理防线 / 253

01 心理因素与癌症有重要关系 / 254
02 正确地看待情绪波动与猝死 / 257
03 从心理上预防和治疗冠心病 / 261
04 良好的心理调节能预防高血压 / 266
05 正确地看待心理因素与头痛 / 271
06 正确地看待心理因素与溃疡 / 275

第一章

角色定位的心理认知

老年人离休或退休后，离开了长期从事的工作、熟悉的集体，内心往往会有一种空荡荡的感觉。这主要是我们的人生角色开始发生了一些重大变化，这些变化主要表现在社会因素和生理因素两个方面。

在社会因素方面，主要表现为离退休后，伴随而来的是每日无所事事、孤独、失落感等心理状态和情绪表现。

在生理因素方面，我们的认知能力、记忆能力、语言能力等都在逐步退化。这些变化使很多老年人不能适应，并由此产生了很多心理问题，严重影响到我们的老年生活。

为此，我们老年人应该尽快适应角色的变换，有效地调整各种不良心理，使生活过得充实而有乐趣。

第1节 老年角色定位与心理认知

人生有着不同的年龄阶段，不同阶段就有不同的角色，从中年步入老年后，自然就进入了老年的角色。就老年人而言，虽然在体力和精力上不如青年人和中年人，但老年人在人生岁月中积累了丰富的经验和广博的知识，仍然是社会的宝贵财富。所以老年人大可不必陷于自卑、空虚、抑郁之中，应该对自身的角色有一个积极而正确的认知。这对我们老年人更好地享受晚年的幸福与美好生活是非常重要的。

1、认识老年的角色

角色是指人们在社会系统中所处的位置和人们在日常工作、学习和生活中所担当的功能性职责的总和。我国老年人权益保障法中明确规定："老年人是指60周岁以上的公民。"人进入老年期后，角色会发生很大变化，精神心理也会随之发生相应变化。据中科院的调研结果显示，国内80%的老年人都存在一定程度的心理问题。老年人的心理问题主要包括空虚、寂寞、焦虑、忧伤、抑郁等。

其实人生角色的转变是一个自然的过程，也是一种不可抗拒的规律，我们无法改变它，但我们完全可以适应它。一般来说，老年角色的变化主要表现在如下方面：

（1）主要角色转变为次要角色

主要角色表现为具有独立思想和行动力，能对自己思想和行为负责，且能够不断地认识和改造世界的一种角色。次要角色则为上述能力减弱或缺失的一种角色。转变为次要角色的老年人可能会出现精神沮丧，情绪低落，对未来失去信心和出现失落感等精神症状。如长期处于这种状态下，则可能出现病理上的变化，如患上心脑血管疾病、消化性溃疡、老年痴呆症和癌症等。因此，老年人应面对现实，接受现实，使心情得以放松，并善于适应角色的变化。

(2）工作角色转变为休闲角色

工作角色指人在社会或单位内从事一份工作，担任一个或几个职务并因此而拥有一定权利和履行一定义务的一种角色。休闲角色则指老年人因离退休而使工作、职务发生变化，使拥有的权利丧失。转变为休闲角色的老年人可能出现精神空虚，无所事事等症状。如长期处于这种精神心理状态下，可逐渐出现病理生理上的变化，如患精神、心理疾病；或沉湎赌博、酗酒等不良行为或嗜好中。所以老年人应善于转变思维方式，把从工作角色转变为休闲角色视为职业生涯的结束。不妨多做一些在职期间无暇顾及的事情，担当好休闲角色。

(3）配偶角色转变为单身角色

配偶角色是指一个人作为他人的丈夫或妻子，并享有作为丈夫或妻子的特定权利和义务的一种角色。单身角色则为丈夫或妻子因衰老、意外或疾病等原因死亡而自然成立的一种角色。转变为单身角色的老年人可出现心情悲伤，以泪洗面，睹物思人等症状，并产生消极心理。所以老年人应勇敢面对现实，接受现实，将配偶的不幸去世作为一种考验，考验自己能否经得起挫折；能否照顾好自己；能否珍惜生命中的每一天，使配偶在九泉之下安心。也可以适当考虑再婚。

(4）居家角色转变为集体角色

居家角色是居住在家中与家庭成员朝夕相处，相互依存，并享有一定权利和义务的一种角色。集体角色则为丧失居家角色而住进养老院或其他老年集体机构，过上集体生活的一种角色。转变为集体角色的老年人，性格内向者可出现自闭、郁郁寡欢等症状；性格外向者可因与他人生活习惯等的不同而产生冲突，并萌发“别人金窝银窝，不如自家狗窝”等极端想法。长期处于消极心理状态下，可能会患上自闭症和身心疾病等。为此，出现上述症状的老年人应随遇而安，多从别人的角度考虑问题。性格内向者应广开心胸，主动和他人交朋友；性格外向者应主动接触和帮助他人，尽量克制自己的言行，避免与他人产生冲突。

总之，老年人对自我角色以及出现的心理矛盾应有良好的认知，这样才有助于解决心理和生理上出现的问题。

2、把握老年人的心理特点

大量研究表明，老年期的心理功能或心理功能的某些方面伴随生理功能的减退而出现下降、衰退、老化等，而另一些心理功能或心理功能的某些方面仍趋于稳定，甚至产生新的适应代偿功能。老年人的心理变化是指心理能力和心理特征的改变，包括感知觉、智力和人格特征等。老年人的心理变化特点主要表现在以下几方面。

（1）智力的变化

智力是学习能力或实践经验获得的能力，老年角色的智力逐渐下降，使得老年人在限定时间内加快学习速度比年轻人难，老年人学习新东西、新事物不如年轻人，其学习还容易受到身体状况、文化水平、职业习惯等的影响。

（2）记忆的变化

随年龄增长，老年人记忆能力变慢、下降，以有意识记忆为主，无意识记忆为辅，再认能力尚好，回忆能力较差，表现在能认识熟人但叫不出名字。老年人意义记忆完好，但机械记忆不如年轻人。另外，老年人在规定时间内的记忆速度衰退、迟缓。

（3）思维的变化

思维是人类认识过程的最高形式，是更为复杂的心理过程，但由于老年人记忆力的减退，无论在概念形成，解决问题的思维过程还是创造性思维和逻辑推理方面都受到影响，而且个体差异很大。

（4）人格的变化

人到了老年期，人格（即人的特性或个性，包括性格、兴趣、爱好、倾向性、价值观、才能和特长等）也相应有些变化，如对健康和经济的过分关注与担心所产生的不安与焦虑、保守、孤独、任性，把握不住现状而产生的怀旧和发牢骚等。近年来，有研究者认为，老年期的主要问题是人格的完整性与绝望感的矛盾。

（5）情感与意志的变化

老年人的情感和意志因社会地位、生活环境、文化素质的变化而发生一定的变化，一般来说，老化过程中情感活动是相对稳定的，即使有变化也是生活环境、社会地位变化所造成的，并非年龄本身所决定。

老年人要想让自己的晚年健康、幸福，就必须要有一个健康的心理。那么如何培养和增强心理健康呢？具体来说，有如下方面：

一、提高精神境界

孔子曰："吾十有五而志于学，三十而立、四十不惑、五十知天命、六十而耳顺、七十而从心所欲，不逾矩"。反映了孔子随着年龄的增长，活到老，学到老，使得自己的精神境界不断发展，老年人不仅应老有所养，也要老有所乐、老有所学、老有所为。

二、提前做好退休后的生活准备

在退休前做好思想上的准备，认识到退休是将工作岗位让给壮年人，有利于提高工作质量，有利于社会进步。安排好退休后的生活，有条件者尽量继续发挥余热，参加一些适合自己体力和专业的社会活动。

三、生命不息，活动不止

生命在于运动。老年人要多参加一些力所能及的活动，包括体育锻炼及脑力活动，就会感到生活充实，情绪乐观。这些活动有利于克服老年人常有的那种老朽感、颓废感和空虚感，延缓和推迟衰老。

四、保持良好的人际关系

建立良好的人际关系，一是正确处理好家庭内部的各种关系，建立和睦的家庭环境。二是建立良好的社会活动圈子，这是家庭关系不能取代的，经常和一些老朋友、邻居及原先的同事一起聊天、活动、主动关心和帮助别人，对身心健康也十分有利。

第2节 消除离退休综合征的障碍

光阴流逝，岁月匆匆。在不知不觉之间，我们就从中年步入到了离退休的年龄，随之就要离开为之奋斗一生的事业，就要离开我们熟悉而热爱的岗位。蓦然间的时空转换，往往会使我们老年人感觉生活不习惯，并有一种无聊和失落的情绪充斥在心中，这其实就是离退休综合征的反应。如果不能有效地调整，势必会严重影响到我们的老年生活。

那么如何消除离退休综合征呢？这应该是我们众多老年人都普遍关心的问题。

1、了解离退休综合征的概念

离退休综合征是指老年人由于离退休后不能适应新的社会角色、生活环境和生活方式的变化而出现的焦虑、抑郁、悲哀、恐惧等消极情绪，或因此产生偏离常态的一种适应性的心理障碍，这种心理障碍往往还会引发其他生理疾病和身体健康。

离退休是我们人生的一个重要转折，是老年期开始的一个标志。离退休障碍是一种心理方面的适应障碍，它表现为老年人生活习惯的不适应、人际关系的不适应、认知和情感的不适应等，这些适应障碍究其实质，就在于离退休导致了我们老年人社会角色的转变，老年人从职业角色过渡为闲暇角色，从主体角色退化为配角，从交往范围广、活动频率高的动态型角色转变为交往圈子狭窄、活动趋于减少的相对静态型的角色。

对于部分曾是领导干部的老年人来说，还从权威型的社会角色变成了“无足轻重”的小人物，如果老年人不能很好地适应这些角色的转变，也就会出现新旧角色间的矛盾和冲突。那么，老年人的离退休综合征就由此产生了。

2、认识离退休综合征的原因

首先，我们突然从原来的工作岗位上退下来，生活模式发生了重大改变，昔日的地位、权力以及被人尊敬的优越感一下子都消失了，在心理上就很不适应。昨天还在精神百倍、紧张地按部就班地去工作，今天一离退休就变得无所事事，从此生活就失去了规律性和紧张感，便会产生失落、孤独、空虚、自卑等心理变化。

其次，我们在离退休时没有思想准备，缺乏退回家庭和处理个人生活的能力，大部分空闲时间不知如何安排。随着我们老年人的体力下降，如果家庭照顾不周、慢性疾病缠身，或行动不便，更会加重心理障碍。

其三，我们离退休后体力和脑力活动减少了，社交活动减少了，生活单调了，就容易产生心理老化的感受，这就会加速我们生理衰老的进程，容易使我们产生忧郁、焦虑、死亡来临的惊恐、疑病心理等。同时，我们离退休后老伴身体不好或过早去世，家庭纠纷多、生活不安定、年迈多病等都会加重心理障碍，就会引发我们的离退休综合征。

离退休综合征的特征归纳起来有以下几种：

（1）无力感

许多老年人不愿离开工作岗位，认为自己还有工作能力，但是社会要“新陈代谢”，我们必须让位给年轻一代，离退休对于我们老年人实际上是一种牺牲。面对“岁月不饶人”的现实，老年人常常会有种无奈和无力之感。

（2）无用感

在老年人离退休前，事业有成，受人尊敬，掌声、喝彩、赞扬不断，而一旦离退休，好像一切都化为乌有了，离退休好像成了一种“失败”的象征，好似由有用转为无用了，如此的反差，会使我们老年人心理上便会产生巨大的失落感、无用感。

（3）无助感

老年人离退休后，往往离开了原有的社会圈子，社交范围狭窄了，朋友变少了，孤独感便油然而生，要适应新的生活模式往往使老年人感到不安、无助和无所适从。

（4）无望感

无力感、无用感和无助感都容易导致我们离退休后产生无望感，对于未来感到失望甚至绝望。加上我们身体的逐渐老化，疾病的不断增多，有的老年人觉得自己已经走到了生命的尽头，油干灯尽了。

当然，并非每一个离退休老年人都会出现以上情形，离退休综合征形成的因素是比较复杂的，它与每个人的个性特点、生活形态和人生观都有着密切的关系。

3、了解离退休后的四个心理期

离退休以后，社会职能发生了变化，心理上会产生一些新的反应。对大部分人来说，工作不仅是谋生的手段，而且与他的社会地位、人际关系、尊严、愉快和烦恼紧密相关。因此，离退休是生活中的一次重大变动，常常需要经过四个时期，才能在心理上适应而安定下来。

（1）期待期

即知道自己要离退休了，心理上在等待这一天到来。对离退休持不同态度的人，心情是不一样的。此时期情绪波动较大。

（2）离退休期

即正式离退休后离开工作岗位的时期。此时期的心理反应比较矛盾，如有的老同志猛然间从紧张繁忙的工作岗位上退下来，无所适从；有些不太适应，当回首往事的时候，往往愉快和留恋交织在一起。

（3）适应期

离退休以后，生活内容和节奏都发生了很大变化，很多老年人容易产生不安、抑郁、茫然、不知所措的心理反应。闲散的生活会给人轻松舒适感，但对有些人来说，长期的懒散生活，只会使人厌倦，甚至有人发生一时性的情绪和心理机能失调。因此，必须以新的内容充实离退休生活，多寻找自己的乐趣，使生活富有色彩而逐步适应新的生活方式。

（4）稳定期

这个时期是在适应离退休的新生活方式基础上，建立新生活秩序的时期，这个时期老年人的心理活动趋于稳定。

4、防治离退休综合征的方法

要预防离退休综合征，我们老年人就应该努力适应离退休所带来的各种变化，即实现离退休社会角色的转换。通常有以下几种方法：

（1）调整心态，顺应规律

生命的衰老是不以我们的意志为转移的客观规律，因此离退休也是不可避免的。这既是我们老年人应有的权利，也是国家赋予老年人安度晚年的一项社会保障制度，同时也是老年人应尽的义务，是促进人类社会与时俱进的必要手段，我们老年人必须在心理上认识和接受这个事实。

我们老年人在离退休后，要消除“树老根枯”、“人老珠黄”的悲观思想和消极情绪，坚定美好的信念，将离退休生活视为另一种绚丽人生的开始，重新安排自己的工作、学习和生活，做到老有所为、老有所学、老有所乐。

（2）发挥余热，重归社会

我们的离退休老年人如果体格壮健、精力旺盛又有一技之长的，可以积极寻找机会，做一些力所能及的工作。一方面发挥余热，为社会继续作贡献，实现自我价值；另一方面可使自己精神上有所寄托，使生活充实起来，增进身体健康。当然，工作必须量力而为，不可勉强，要讲求实效，不图虚名。

(3) 善于学习，渴求新知

老年人要“活到老，学到老”，正如西汉经学家刘向所说：“少而好学，如日出之阳；壮而好学，如日出之光；老而好学，如秉烛之明”。

一方面，学习可以促进大脑的使用，使大脑越用越灵活，延缓智力的衰退；另一方面，老年人要通过学习来更新知识，社会变迁风起云涌，老年人要避免变成孤家寡人，就要加强学习，树立新观念，跟上时代的步伐。

(4) 培养爱好，寄托精神

许多老年人在退休前已有业余爱好，只是工作繁忙无暇顾及，退休后正可利用闲暇时间充分享受这一乐趣。即便先前没有特殊爱好的，退休后也应该有意识地培养一些，以丰富和充实自己的生活。写字作画，既陶冶情操，也可锻炼身体；种花养鸟也是一种有益活动，鸟语花香别有一番情趣；另外，跳舞、气功、打球、下棋、垂钓等活动都能使参加者益智怡情，增进身心健康。

(5) 扩大社交，排解寂寞

老年人退休后，生活圈子尽管缩小了，但不应自我封闭，我们不仅应该努力保持与旧友的关系，还应该积极主动地去建立新的人际网络。良好的人际关系可以开拓生活领域，排解孤独寂寞，增添生活情趣。在家庭中，我们要与家庭成员间建立协调的人际关系，营造和睦的家庭气氛。

(6) 生活自律，保健身体

老年人的生活起居要有规律，离退休后也可以给自己制定切实可行的作息时间表，早睡早起，按时休息，适时活动，建立、适应一种新的生活节奏。同时要养成良好的饮食卫生习惯，戒除有害于健康的不良嗜好，采取适合自己的休息、运动和娱乐的形式，建立起以保健为目的的生活方式。

总之，离退休之后，我们老年人仍然可以过得很好，因此我们不要有太多的顾虑。“莫道桑榆晚，晚霞尚满天”我们老年人应学会科学地安排离退休后的生活，发挥余热，继续为社会作出贡献，学会不断丰富自己的晚年生活，保持良好的精神状态。

亲爱的老年朋友，也许你即将离退休，或者已经离退休，面对生活中突然失去工作的现状，也许你会感觉到生活空虚和寂寞，甚至对离退休以后的生活感到恐惧。在这里介绍一个摆脱老年离退休综合征的“四字诀”，希望对你有所帮助。

“掉”，即掉价。很多老年人在离退休前都有一定的职务，离退休了，由“某某长”、“某某总”一下子变为了普通老百姓，地位的变化相应带来生活待遇的变化。“掉价”是个客观事实，你不愿承认也得承认。此时，我们就要主动把架子放下，如果自己不掉一下架子，谁还买你的账？在这点上还是有自知之明好，免得受窝囊气，自讨没趣，自寻烦恼。如能返璞归真，自我“掉价”重新找到自己适当的位置，就会自我安慰、自我愉悦，保持心理上的平衡。

“笑”，就是笑对人生，乐观潇洒。要看破红尘，淡泊名利，去私寡欲。你把自己看成了一个普通老百姓，还有什么东西丢不掉呢？如果你放下了架子，平等待人，心情轻松，没有什么过不去的。要学会自寻乐趣，苦中求乐，助人为乐，与众同乐。对那些不称意的事情，泰然处之，一笑了之，化忧为喜。

“跳”，就是跳跳蹦蹦，多运动。要活跃老年生活，开创人生第二个春天。积极参加各种群众性的文体活动，比如跳跳迪斯科、打打门球、唱唱歌、演演节目，能者多劳，劳者多乐。老年人要消除孤独感，在运动中度晚年。

“俏”，就是“老来俏”。生活潇洒一些，充沛生机和活力，衣着要整洁大方，色泽鲜亮一些，款式新颖一些，不要总是灰、黑、蓝三色，一年四季老一套。生活不要奢侈，但也不必寒酸。穿着代表一个人的心境，要把自己打扮得年轻一些，不要不修边幅，胡子拉碴，显得老气横秋。俏，显示着乐观幽默，反映心灵美。

“四字诀”互相联系，其中“掉”是关键，如做不到正确自我认识，自觉“掉价”，则“跳”也跳不起来，笑也笑不出来。只有在“掉”字上大彻大悟的人，才能面对现实，随遇而安，愉快地地度过晚年，延年益寿。

第3节 正确对待老年怀旧心理

人到老年，会怀念以前的日子，与人分享美好的的回忆。这种适度的怀旧心理对老年人是有积极作用的，能够帮助老年人愉快地生活。

但怀旧的内涵有很多，它既包含有正常的、健康的含义，也自然包含有消极的、病态的含义，因为事物都是具有两面性的。如果常常陷于消极的怀旧心理之中，就会使老年人自己的身心遭到较大损害。这对健康是十分不利的。因此，老年人要正确对待怀旧心理。

1、认识老年怀旧心理

怀旧心理是一种中性心理，有正常的、健康的怀旧，也有消极、病态的怀旧。

先说健康的怀旧。怀旧作为一种正常甚至健康的状态，它的积极作用包括：它可以帮助人调整心态，使其更加平和，返璞归真，可以帮助人认识自我、宣泄感情。例如当杜甫写下“结欢随过隙，怀旧益沾巾”的诗句的时候，他便更深刻地认识了自己是什么样的人，并且梳理了自己的心情，宣泄了自己的忧伤。

再说病态的怀旧。任何情绪与行为，一旦执著，就难免走向病态，怀旧也是一样。不少老年人爱回忆往事，其实老年人过度怀旧是一种不良心理状态，它的发生、发展与机体组织的一系列退化相关。

随着年龄的增长，人的机体会渐渐衰老，思维能力下降，远期记忆能力反而增强，因此对贮存在大脑中的往事印象非常深，难以忘却，常常表现为回忆过去，或触景生情，念叨不绝，从而获得心理上的平衡和安慰。一旦在这方面受到抑制，则焦躁、易怒、焦虑、抑郁，形成病态怀旧心理。

一般说来，病态的怀旧行为有如下特点：

形象不合时宜，有些服饰、装束、语言、物体过去风靡一时，现在已不合潮流，但仍然保持过去的做法。

对社会抱有偏见。偏见是一种心理定势和社会心理刻板的印象。认识上极端保守，如同“九斤老太”。总是抱怨一代不如一代，对新生事物看不惯，崇尚传统，尤其反对任何形式的变革。

严重回避现实。病态怀旧者，不满现状，又无能为力。大多采取回避现实的态度，“眼不见心不烦”，不看报、不学习，怀疑与否定一切。常常是社会变革的反对者，也是社会生活的不适应者。

病态怀旧心理对我们老年人的健康是不利的，它会加速人体的衰老。临床医学统计表明，有严重怀旧心理的老年人，死亡率和癌症、心脑血管病的发病率分别比正常老年人高3倍至4倍，同时也易引起老年性痴呆症、抑郁症和消化性溃疡等病。

2、以良好的心理应对老年怀旧

我们老年朋友要克服病态怀旧心理，首先要确定是否具有病态的怀旧心理。一般认为，一个人如果总是喋喋不休地谈过去，带有厌世、抑郁、愤怒、抱怨等负面情绪，那么他应该有某种程度的心理情结。此时，我们就需要采取措施，来正确面对怀旧心理了。

（1）正确评价自己的过去

老年朋友的过度怀旧心理，可能和对过去一些事的不正确评价有关。因此，要想尽快从过度怀旧心理中走出，就应该用一分为二的观点，正确评价一生中的“是”与“非”，不要为“是”沾沾自喜，过分高兴；也不要为“非”而耿耿于怀，悲痛欲绝。

（2）积极参与现实生活

怀旧的产生部分是因为我们老年人无事可做，因此，如果能够做一些事，使自己充实起来，无疑能对走出怀旧心理起到积极的作用。具体做法如认真地读书、看报，了解并接受新事物，积极参与改革的实践活动，要学会从历史的高度看问题，顺应时代潮流，不能老是站在原地思考问题。

（3）处理现实与过去的关系

这就要在过去与现实之间寻找最佳结合点。例如我们老年朋友如果对新事物立刻接受有困难，可以在新旧事物之间找一个突破口，例如思考如何再立新功再造辉煌，不忘老朋友、发展新朋友，继承传统厉行改革等，从新旧结合做起。

（4）充分发挥其积极作用

正常的怀旧有一种寻找宁静、维持心灵平和、返朴归真的积极作用。这方面的心态多一些，病态的、消极的心态就会少一些。因此，也不应对怀旧行为一概反对，正常的怀旧还是要提倡的。

（5）注意对身心的调适

面对病态怀旧心理，我们老年人要注重培养健康的心理，要对生活充满信心，要心胸开阔、心情愉快，要积极对待新事物。同时，还要加强体育锻炼，保持良好的体质。在力所能及的情况下，选择适宜的项目，如散步、慢跑，练太极拳等，并以舒适为宜。

（6）注重加强人际交往

多参加一些人际交往活动，互相交流信息，这对我们老年人十分重要。如果老年人之间缺乏信息传递，就会感到空虚，抑郁，还会促进脑细胞衰老。因此，要积极参加各种社会活动，多和青年人谈心。

你如果患有病态怀旧的心理，那么往往是过度自尊、过度自负和过度自卑的矛盾结合体。所以治疗的关键在于增强你的自信和心理承受力，消除不适应。其具体疗法如下：

一是认知疗法，你应该认识到病态怀旧这种心理疾病的详细情况和危害，要积极接受治疗。

二是紧张疗法，适度的紧张会让你不得逃避。

三是期望疗法，建立康复的目标，并把目标层层分解。因为“海市蜃楼远不如眼前的一根香蕉”。

四是家庭疗法，你要积极争取获得家庭的支持，例如可以让老伴或者子女适时提醒。

五是学习疗法，单纯地否认其行为错误是远远不够的，你要采取适当的方法。通过对适应技巧的学习可以迅速填补空白，逐步改变观念。

六是计划疗法，将计划明确写在纸上，在治疗过程中严格遵循计划。

七是非我疗法，你的患得患失主要都是由于对自己、对过去曾经属于自己的东西过度关注。非我疗法是指利用移情、转移注意、改变世界观、价值观等手段，将你的认识挤出意识，让你在特定时期忘记你的心理疗法。

第4节 失落感是一种消极的情绪体验

所谓失落感，指的是原来属于自己的某种重要的东西，被一种有形的或无形的力量强行剥夺后的一种情感体验或是某件事情失败或无法办成的感觉。

在这种失落的情绪影响下，很多老年人过着“三饱两倒”的生活，庸然无序，吃饭不香，见人话少，烦躁郁闷，危害极大。

那么老年人应该如何认识和面对失落感呢？

1、认识老年失落感

失落感是一种由多种消极情绪组成的情绪体验。如忧伤、苦恼、沮丧、烦躁、内疚、愤怒、心虚、彷徨、痛苦、自责等。

老年人比较容易有失落感，这是因为许多老年人在离退休前，黎明而起，吃些早点，拎起皮包匆匆而去；傍晚回来，睡一夜，第二天再上班。天天、月月、年年如此，虽说有些机械单调，但相当充实。

而一旦退休，虽然生活变得悠闲了，但无聊也随之而来。往沙发上一靠，度日如年，失落感油然而生。特别是退休前担任领导或白领阶层，失落感尤为明显。往日的荣耀没有了，待遇不如从前了，办事、说话也没人听了，就连生病都没人过问。这些事情过去没有感受过，所以常把“人走茶凉”挂在嘴上。

由于心理因素的影响，在别人看来明明身体很好，自己却感到一天天的衰老，记忆力也差了，对生活提不起兴趣，感到枯燥无味，整天唉声叹气，无奈与不满的心理将日趋严重。

2、消除老年失落感的方法

失落感是以哀为主体，兼有“怒”和“惧”的消极情绪，对老年人的身心健康极其不利。尤其是强烈的失落感会引发人的精神产生不良状况，严重的容易导致崩溃。所以我们老年人为了保持身心健康，应适时调整自己的心态，莫生“失落感”，远离“失落感”。具体可以从以下几个方面做一些调适。

（1）看淡人生名利

淡泊名利自然就淡薄了失落。有位哲人说：“人的欲望好比海水，喝得越多，越是口渴。”

合情合理的欲望可以使人产生不懈的追求和前进的动力。然而也有“人心不足蛇吞象”一说，这便是“欲海难填”。一个人一旦刻意于追名逐利，永不满足，“失落感”就会总是伴随左右，而且还会生出许多事端，甚至葬身欲海！

离退休朋友步入老年，深知人生几十年，餐食三两米，夜宿五尺床，一切都生不带来死不带去，何必再让名利折磨自己？人一旦淡泊了名利，就会达到“事到知足心常惬，人至无求品自高”的境地。“失落感”从何而生？

（2）去除盲目心理

舍弃盲目必然就能舍弃失落。人们的“失落感”往往是由盲目攀比造生的，而且多是以己之长比人之短，越比自己越优越，越比自己越完美，越比自己越盲目。当然，越比也就越憋气，便产生了极强烈的“失落感”。因而怨天尤人，折磨得自己无精打采，食不甘味，寝不安席。

俗话说：“人贵有自知之明。”我们老年朋友尽管已经离退休，仍应注意去掉思想上的盲目性，做到正确看待自己，正确看待别人，正确看待环境。上不攀，下不比，快快乐乐过自己，永远也不会失落，那才叫“潇洒老一回哩”！

（3）树立“补偿”心态

过去为了工作，兢兢业业奋斗了几十年，所取得的成绩，与家人的支持是分不开的，但以前我们对家庭和子女的关心可能很少，某种程度上会有一种亏欠心理。

此时，我们闲下来了，正好可以利用退休后的闲暇时间，帮助老伴做些家务，帮助子女照顾、教育孙辈。这些都是很好的“补偿”办法，还能融洽家庭气氛，享受天伦之乐。

（4）保持胸襟坦荡

胸襟坦荡就能荡涤失落。古语说：“世间本无事，庸人自扰之”。“失落感”不在客观而在人的自身。“酒不醉人人自醉，语不伤人人自伤”，道理也在于此。生活中有许多烦恼都是我们自己想出来的，是自己让自己陷入了失落，自己给自己制造了麻烦，自己给自己酿造了苦酒。

一个心胸狭隘的人，遇事总爱斤斤计较，想什么都不公平，看什么都有毛病，心理失衡，心事重重，遇事总感到失落，总也没有平衡之时。久而久之，不折腾出病来才怪哩！如能自己给自己营造一个好的心理环境，“失落感”能奈我何！

（5）保持心情愉快

心情愉快才能百病不侵，所以我们老年人要消除不愉快心情，使自己保持一种积极乐观的精神状态，认识到离退休是人生的一个新的起点，自己应该努力适应新的生活，避免使自己总是沉浸在消极、悲观、伤感的不良情绪之中。

（6）广交青年朋友

与年轻人交友，建立“忘年交”，这能使老少两代人在思想上互通、道德上互敬、精神上互慰、智力上互补、生活上互助，对于老年人来说，“忘年交”的可贵之处是使自己在与青年人的交往中，又能够重新找回失去了的“童心”，增添“第二人生”的欢乐，使晚年的生活过得更丰富、更愉快、更幸福。

总之，进入老年，我们广大老年朋友一定要远离名利，远离失落，不想岗位，不去攀比，怀着愉快的心情参加各种活动，这样才能保证健康，快乐地度过自己的晚年，才是最重要的、最现实的事情。

老年人失落感产生的一个很重要的原因就是无事可做，所以要消除老年人的失落感，就应该经常找一些事做，找一些休闲娱乐的事情打发时间，不要让自己闲下来。

例如我们可以多参加社会活动。进入老年，我们没有多少具体的事可以做，所以在身体条件允许的情况下，应该积极参加街道、社区组织的各种工作，参加老年大学的学习。参加这些活动，不仅可以学习新知识，而且还扩大了社交面，容易融入新的集体，结交新的朋友。

我们还可以丰富生活内容，培养生活情趣。进入老年以后，我们老年人应该培养有益的兴趣爱好，如种花、养鱼、集邮、欣赏音乐、书法绘画、弈棋、学电脑、旅游等。由于过去工作忙而无暇顾及的爱好，离退休后，有了充足闲暇的时间，可以发挥自己的特长，以丰富自己晚年的精神和文化生活。

此外，我们老年人还应该坚持参加体育活动，作息有律，饮食有节，起居有序，有节奏规律的生活习惯可以保持离退休后的生活趋于稳定和保持良好的生活情绪。

第5节 去除记忆力衰退的心理恐惧

记忆是大脑的功能，随着年龄的增长，老年人的记忆力会逐步衰退，记性越来越差，总爱忘事，这让很多老年朋友感到沮丧、苦恼。

但是，在现实生活中，有的人七八十岁了，记性也还好，有的人年仅五六十岁，记性却很差，就是同一个年龄，记忆减退也有各异。从这个差异中，我们可以看出，老年人的记忆力衰退并非不可挽回，只要我们调整心态，记忆力衰退并不可怕。

1、记忆力衰退的概述

记忆是一种心理活动，是大脑对客观世界反映的一种功能。随着年龄的增加，大脑的记忆功能会起变化。人至高龄之后，对记忆减退十分敏感，并且存有恐惧心理，以致加剧记忆力的改变。

例如，有位中年妇女常常夜里梦见自己记忆力完全丧失，连东南西北的方向都搞不清了，70岁时，她竟陷入了严重记忆障碍的状态，连子女的名字都记不起，甚至识别不了方向，唯独记得她中年做过的梦，说自己记忆力变坏是实现了梦的预言。这位老妇人活到84岁，临终前竟能写出一封非常完整的信，记述了家庭生活的琐事，一切都十分准确。

从上面这个事例我们能够看出，老年人的记忆并非像我们想象的那么坏，而是常年存在着恐惧心理使他们陷入了严重的记忆障碍之中。因此，为了正确面对老年人记忆力衰退的问题，我们老年朋友要对老年记忆有正确的认识。

从总的发展趋势来看，老年人的记忆力是有所衰退，个别老年人会出现急剧减退的现象，确实令人担忧。但从整体上讲，不像某些人所想象的那样严重。

心理学研究证明，社会上对于老年记忆错误的传统观念与老年人对自己的记忆失去信心，是加速老年记忆衰退的重要心理因素，它比年龄增长对记忆的影响大得多。因此，消除对老年记忆的错误认识，从对老年记忆衰退的烦恼情绪中解放出来，对于防止老年记忆衰退有着极为重要的意义。

实际上每个老年人的记忆潜力都很大。有些学者指出，人的大脑在你去世的那一刻还有相当大的潜力没有发掘出来，据估计，大脑未加使用的潜力竟达90%。

有的学者指出：如果你始终好学不倦，那么你的脑子一生中储藏的各种知识，将相当于美国国会图书馆里藏书的50倍。这就是说，人脑的记忆容量相当于5亿册书籍的知识的总量。记忆力好的人，就是几十年前的往事，也能记忆犹新。人的记忆一般能够保持长达70年至80年以上。

从上面的论述中我们可以清楚地知道，老年人的记忆力确实存在一定的衰退，但其衰退的程度并不是很严重，因此，我们不必为记忆力的衰退感到恐慌，而应该积极地去面对这一现象。

2、懂得老年记忆力的护理

保持良好的记忆能力，有所作为地度过晚年对我们老年人是非常重要的。但是为了防止我们记忆力的衰退，我们应该学会做好对记忆力的护理。

（1）保持心情舒畅

要维护记忆力，我们要保证稳定情绪，舒畅心情。心情舒畅时，精神就会轻松愉快，记忆反应灵敏，思维联系广泛，处理问题确切。反之，无意关心事物，记忆难以建立。

（2）调节大脑功能

大脑需要适当调节才能不变钝。在日常工作、学习和生活的过程中，我们应该安排一定时间听音乐、散步、栽种花木、短程旅游等活动，这样可以调节大脑功能，增强记忆。

（3）保护大脑神经

大脑神经受损会促使记忆力减退，故老年人注意保护大脑神经更为重要。具体做法包括搞好脑血管疾病的防治，力戒过量饮酒、吸烟和过度用脑等，这些都是保护大脑功能、加强和保持记忆力的重要措施。

(4) 锻炼大脑功能

老年人往往因事务繁忙或生活过于悠闲，学习文化知识和某种技艺的机会少，容易引起大脑功能衰退，记忆力下降。因此，我们平时要安排一定的时间学习，使大脑功能得到锻炼，延缓衰退的进程。

(5) 保持生活规律

生活规律性强，大脑功能活动正常，可使意识清晰，思维有条不紊，记忆深刻准确。因此，我们老年人要有合理有序的生活节奏，劳逸结合，起居有常，睡眠充足，饮食适量，这对增强老年人的记忆能力是很有帮助的。

(6) 注意加强身体锻炼

"生命在于运动"，"智慧在于运动"，防止身体早衰的最好方法就是运动。运动就其作用来说，几乎可以代替任何药物，但是世界上的一切药品都不能代替运动的作用。因为一切体力活动都能促进人体的新陈代谢，从而使生命活动旺盛，增强人体对疾病的抵抗能力。运动促进老年人身体的新陈代谢更为重要。当然运动情况应根据老年人身体状况因人而异，做到合理安排。

(7) 注意科学的饮食

大脑在工作时，要消耗大量的氧和营养成分，需要及时补充"能量"，大脑需要的营养第一位不是蛋白质，而是一种叫做"结构脂肪"的东西。它主要存在于动物的脑、肝脏、心、肺及肌肉中。人缺乏结构脂肪，其表现为反应迟钝，注意力不集中，记忆力减退等现象。因此要多吃含有人脑必不可少的无机盐类的粗制食品、植物果实等。

(8) 注意合理地用脑

大脑的正常发展，一方面需要营养物质，如蛋白质和核糖等。另一方面更重要的是与大脑是否得到了严格、系统的锻炼有关。这主要取决于后天的学习和环境影响，也就是取决于用脑的程度。二者缺一，都会使脑的功能濒于枯萎。

有的神经生理学家研究认为，人的大脑，受训越少，衰老也就越快，而工作开始得越早，持续的时间越长，脑细胞的老化过程就发展得越慢。所以终生勤用脑，是推迟衰老的一个妙方。

要想大脑衰老得不那么快，应该养成定时的习惯，定时起床、吃饭、工作、学习、睡眠，这种习惯可大大提高思维的效率，每个老年人都应摸索出自己思维活动的规律，并充分利用它。

总之，老年人要了解自己的记忆状况，制定有效措施，保持或增强记忆力，以防止记忆力过早减退。

3、减缓记忆力衰退的方法

影响老年人记忆力衰退的因素是极其复杂的，主要是与个体内部的生理因素、外部的社会因素以及个体的心理因素有密切关系。人到老年应多加强意义记忆，既可弥补机械记忆之不足，又可使老年人保持良好的记忆。要想改善记忆，可以试着采取以下几种措施：

（1）建立积极的心态

信心足而头脑灵，有决心而记忆深。如学习外语，如果一开始就觉得自己中国话都没学好，还学什么外语，连学的问题都没解决好，怎么能谈得上记忆和学好；如果持另一种态度，觉得“别看我年龄大了点，但一定能学好它”，通过刻苦学习，就会学得好，记得牢。

此外，要对记忆减退现象有正确的认识，从心理上消除“衰老到来”的沉重负担。在回忆事件时，一时记不起，不要焦急，要相信这种现象会延时解除，它随时会在头脑中回忆起来。

出现健忘情形时，要尽量避免过度紧张、焦虑和激动。以防止不良情绪对细胞造成强烈刺激。同时要加强思想修养，提高心理素质，妥善处理各种关系，以和睦、宽松、愉快的心情对待周边的人和事，才有利于预防智力和记忆力的衰退。

（2）明确识记目标

心理学家研究表明，识记的持久性依赖于人所确定的识记任务，目标确定为暂时记住还是永远记住，效果是不同的。因此，老年人在识记有价值的材料时，要有明确的记忆目标，要有恒心，强迫自己的大脑长期记住它。

（3）运用记忆经验

别人总结的记忆经验，可使本来枯燥的记忆材料变得生动有趣，便于记忆。著名物理学家爱因斯坦的朋友说，他的电话号码是24361，话音刚落，爱因斯坦马上说：“我记住了。”朋友很惊讶，爱因斯坦笑着说：“这是两打与19的平方组成的一串数字。”原来爱因斯坦采用了规律记忆法。

在一次晚会上，大家邀请我国著名数学家华罗庚出个节目，华老推却不过，答应背圆周率数字，此语一出，四座皆惊，面面相觑，圆周率有上百位数字，如何背得出，大家都为他捏了一把汗。然而，华老却不慌不忙，准确流畅地背出了一串串数字，博得满座掌声。

大家询问华老为何有这般超人的记忆力，华老诙谐地说，我只不过是利用了这些数字的谐音，讲述一个故事："山巅一寺一壶酒（3.14159……）"原来华老是利用的谐音记忆法。

另外，还有歌诀记忆法、联想记忆法、对比记忆法、循环记忆法等，均可供我们老年人在记忆过程中借鉴。

（4）反复记忆内容

俗话说："复习是学习之母"；孔子说："温故而知新。"不断地反复学习某一项内容，是记忆的有效途径。

有一位学者说，高中时有个朋友，记忆力非常好，很多别人记不住的英语单词，他都很熟悉。一次，同学们发现他的英语单词本上写着很多"正"字，就问他是怎么回事，他答道："在必须记住什么东西的时候，就决心反复记忆13次，那样记住的事情就不会忘记。因此，每当学习时就划正字，直至13次为止。"

原来他记忆超人的秘诀在于不断反复。古人说"厚积言有物，勤练笔生花"就是这个道理。

（5）记忆重在理解

在深刻理解的基础上，记忆所学的知识，才能经久不忘。有的人不求甚解地读自己喜欢的书，或者养成挑书读的坏习惯，不去深究其意，结果读一本忘一本，到头来什么也记不住。

（6）注意合理休息

休息是记忆的润滑剂，有助于我们老年人顺利地进行记忆。常常有这样的情况，头一天晚上怎么也解不开的问题，第二天早晨吃饭时或上班的路上，突然迎刃而解，可见休息对提高记忆力是非常重要的。

（7）选择正确记忆方式

老年人的记忆尤其有特点，面对老年人记忆力衰退的问题，老年朋友应该依据自己的记忆特点，选择正确的记忆方式。

① 从记忆的性质来看：老年人的有意识记忆占主导地位，无意识记忆很少应用。有意识记忆指的是有明确识记目的并运用一定方法的识记；无意识记忆则是事先没有明确识记目的。老年人要充分发挥有意识记忆的作用，以补偿无意识

记忆的不足。

② 从记忆的内容来看：老年人的抽象记忆占主导地位，具体的形象记忆则相对地减少。老年人要尽量运用抽象记忆，提高记忆效果。

③ 从记忆的方法来看：老年人的机械记忆效果差，而意义记忆效果较好。老年人要发挥意义记忆的优势，避开机械记忆的劣势。

(8) 经常写笔记

俗话说“好记性不如烂笔头”，在日常生活中做某些事情也可用文字帮助记忆。如，家人的生日、朋友聚会的时间都可用笔记下，甚至去超市购物前，也可将欲购商品写个字条放在口袋内，购物时拿字条做对照。

(9) 形成习惯思维

人老了家里的常用物品如钥匙、手提袋、雨伞等最好放在固定的地方，用时顺手可得，用完后记得仍旧放在原来的地方，强化记忆到时候就不愁找不到了，这样就容易形成习惯性的思维模式。

总之，老年人一是要勤于用脑，经常阅读和写作。坚持读书、看报、写作的良好习惯，使脑细胞老化进程大大减慢；二是要学习新事物，如学英语、学电脑等，不但要学还要记，尤其要加深理解；三要保持良好的精神状态，延缓脑细胞的减少和老化。

也许记忆力减退是令你深感苦恼的事情，其实，记忆力衰退是可以克服的。下面就向你介绍几种增强和改善记忆力的方法。

一是打坐冥想。每天进行打坐冥想，可以使得大脑皮层负责决策、注意和记忆的部分增厚。具体方法是：在早晨或傍晚，采用盘坐式，闭上眼睛，集中精力，进入较深的意识状态，可以试着专注想象一个图像、一种声音或是只注意你自己的呼吸声，冥想20分钟，就会产生积极的效果。

二是穴位按摩。现将按摩的两个穴位介绍如下：

大钟穴：位于足内踝后5分（即太溪穴）直下与后跟筋腱侧边的交点上。

天柱穴：位于第一、二颈椎水平正中（即哑门穴，一般人在颈项后头发际上5分处）旁1.3寸的颈项后大筋（斜方肌）外缘。

按大钟穴时，以大拇指腹自下而上揉摩120次。按天柱穴时，可用食、中、环三指相平，自上而下均匀推按120次。两穴均早晚各按摩一次。

三是中药治疗。中药远志是增强记忆的妙药。其配制方法为：每次取远志100克，水煎3次，取汁浓缩，炼蜜成膏，每日早晚各服食一汤匙，温开水送服。服完后再另配制。如不服用蜜膏，也可用远志10克，大枣10枚，水煎服，每晚服一剂。常服远志可使耳聪目明、思维敏捷、记忆良好。

第6节 有效减缓老年人语言功能衰退

老年语言功能衰退的主要表现是口齿不清，有时甚至出现表达障碍。这会让老年人郁闷、沮丧，感到生活失去了乐趣。老年人本来与外界的交流已经逐渐减少，如果语言功能再逐渐衰退，那么进一步减少我们与别人交流，这无疑会加剧我们的孤独感。因此，老年人应该及时采取措施，应对语言功能衰退，以使我们的老年生活不再那么孤独。

1、认识语言功能的衰退

语言是人类所独具的一项重要功能，更是人类最重要的交际工具。然而，在现实生活中，我们很多老年朋友语言逐渐变少起来，与别人的交流也逐渐减少。这种减少，有时可能并不是他们不愿意，而是由于口齿不清、言语含糊、口头表达能力下降导致的“语言功能衰退”。

导致老年人语言功能衰退的原因是多方面的，但主要是生理方面的变化，如患帕金森症等。生理的变化致使我们老年人口水分泌多、咽喉部肌肉紧张、肌肉协调性差，这些变化都会造成我们语言表达出现一定的障碍。

除此之外，还有可能是缺少锻炼。随着我们老年人机体的老化，身体各个部分缺少运动，加之与外界交流的减少，致使我们的大脑反应速度变慢，这也会加剧我们的语言功能衰退。

2、应对语言功能衰退的方法

随着语言功能衰退的出现，我们老年人的语言障碍越发明显，发音吐字不够清晰，自己的意愿表达不清，这不仅给我们生活带来了很多不便，也会因此使我们变得少言寡语，孤独寂寞，精神抑郁。为了减缓语言功能的衰退，我们可以从以下几个方面来努力克服：

（1）勤于动脑

大脑是人类神经系统的中枢，语言能力也要受大脑支配。适宜地动脑，脑细胞会更发达，脑力更强，寿命也更长，语言能力衰退就慢；反之，懒于动脑，脑子会发生退行性变化。因此勤于用脑，从某种意义上来说等于老年人精神上的长跑。

勤于动脑的做法可以是多读书、多看报。这不仅会使老年人了解更多的国家大事和获得更丰富的知识，而且能陶冶情操，使生活过得更加充实，并对未来产生新的期望。

有位日本科学家用超声波测量不同生活方式的老年人的大脑，发现平时勤于用脑的人，脑血管经常处于舒展状态，脑神经细胞得到良好的保养，使大脑不会过早衰老，从而也使他们的语言能力没有出现过早的衰退。

（2）勤于动嘴

嘴是脑的近邻，它的一举一动，都会牵涉到脑。平素多说笑、多咀嚼，都会对大脑产生积极的影响。老年人应广交朋友，多说话，多谈心，也可以在空闲时，多给儿孙们讲讲故事，说说笑话，这种勤用语言功能的“大脑体操”，能使大脑思维更加灵活。多咀嚼，同样可防止大脑退化，增强记忆力，促进脑部血液循环，脑血管经常处于舒展状态，脑神经细胞得到良好的保养，从而使老年人的语言能力不会过早衰老。

（3）勤于动手

人的一双手，是人体中最为灵活的器官，也是人体各器官中用得最多的器官。在大脑皮层的运动区，管手指运动的区域远远大于其他器官运动的区域。人的双手通过神经末梢与大脑有着极其密切的联系，运动或者刺激双手，就能通过手脑反射，活化大脑功能。

经常活动手指，可以刺激脑子，防止大脑语言能力的退化。具体做法如弹奏乐器、打扑克牌、学绘画、练书法、写文章、打毛衣，转动“健身球”等，都会使大脑反应更加灵敏。

（4）勤于动腿

俗话说："人老腿先老"。的确，四肢肌肉、关节的功能是否强健，是衡量一个老年人是否健康的首要标志。多让腿部肌肉、关节得到锻炼，不仅可以防止腿部的衰老，还可增强人体的新陈代谢，加速血液循环，强化呼吸道功能，扩大肺活量，使心脏跳动有力，肠胃蠕动加快，脑子反应灵敏，不易患心脑血管方面的疾病。

此外，"脚为心之泵"，勤洗脚，搓脚心，可刺激"涌泉穴"与脚底神经，可调节情绪，活跃思维。而要使大脑灵敏不衰老，经常参加锻炼更为重要。如散步、慢跑、打太极拳、做健身操、跳交谊舞等，不仅能改善血液循环，使人精神愉悦，而且会使大脑得到更充足的供血，促进大脑的正常思维活动和记忆功能，这对于防止大脑的语言能力衰退很有益处。

总之，我们老年人语言能力的衰退既有身体疾病引起的，又有缺少锻炼，大脑功能推脱引起的。我们老年朋友如果出现了语言功能衰退，应该根据具体情况，采取具体措施。如果是疾病引起的，那就从治病开始；如果是大脑等身体功能退化引起的，我们就应该端正心态，勤于锻炼。

老年朋友们，如果有一天你发现自己语言表达困难，出现语言表达能力衰退时，请不要害怕，下面我就介绍几个克服语言表达障碍的小秘方，希望对纠正你语言障碍有所帮助。

一是舌运动的锻炼。保持舌的灵活是讲话的重要条件，所以要坚持练习下面的动作：舌头重复地伸出和缩回；舌头在嘴间尽快地左右移动；围绕口唇以环行尽快地运动舌尖;尽快准确地说出"拉—拉—拉"、"卡—卡—卡"、"卡—拉—卡"，重复数次。

二是唇和上下颌的锻炼。缓慢地反复做张嘴闭嘴的动作;上下唇用力紧闭数秒钟，再松弛；反复做上下唇撅起，如接吻状，再松弛；尽快地反复做张嘴闭嘴动作，重复数次；尽快说"吗—吗—吗"，休息后再重复。

三是朗读锻炼。缓慢而大声地朗读一段报纸或优美的散文。最好是朗读诗歌，唐诗、宋词或者现代诗歌，可以根据自己的喜好来选。诗歌有抑扬顿挫的韵律，读起来朗朗上口，既可以治疗语言障碍，又可以培养情操，好的诗歌还可以激发您的斗志，是一个很好的方法。

四是唱歌练习。唱歌是一个很好的方法。您可以选自己喜欢的歌曲来练习。出现语言障碍之后，你虽然说话变得不利索，可唱歌却不受影响。坚持练习唱歌之后，说话也明显改善。更重要的是唱歌可以锻炼肺活量，有利于改善说话底气不足。

第7节 应对思维能力衰退的心理认知

随着年龄的增长，很多老年人发现自己的大脑反应迟钝了，本来瞬间就可以反应过来的问题，自己现在要想很长时间才能反应过来。同时，自己的那些概括能力、逻辑推理能力，似乎也没有以前强了。

难道老年人的思维能力真的会衰退吗？老年人应该怎么正确面对这一现象呢？

1、认识思维变化的原因及表现

思维是人的一种最复杂的心理活动，是在已有的知识和经验的基础上，对客观现实的概括和反映。人类通过思维认识事物的本质和内部联系，这是一种高级、理性的认识过程，主要包括概括、类比、推理和解决问题的能力。

进入老年以后，老年人的思维确实可能会出现一些变化。一般来说，我们老年人思维出现衰退较晚，特别是与自己熟悉的专业有关的思维能力在我们年老时仍能保持。

然而，我们老年人由于在感知和记忆方面的衰退，在概念、逻辑推理和解决问题时的能力有所减退，尤其是思维的敏捷度、流畅性、灵活性、独创性以及创造性比中青年时期要差。总的来说，我们老年人思维弱化及障碍的表现形式如下：

思维迟钝、贫乏。对有些事情联想困难，反应迟钝，语言缓慢；有些老年人不愿学习，不想思考问题，导致词汇短缺，联想易间断，说话常突然中止。

思维散乱。对自己以前的事情联想迅速，说话漫无边际，滔滔不绝，天马行空，不可收拾。

强制性思维。不自主的偶发毫无意义的联想，或者反复出现而又难以排除的思维联想。

逻辑障碍。主要表现为对推理及概念的紊乱，思维过程繁杂曲折，内容缺乏逻辑联系。

2、应对思维能力衰退的方法

人在老年期思维能力的弱化在各个老年人的身上表现程度不同，有些人思维仍很清晰，甚至仍有创造性思维，而有些人却有严重的思维障碍。

多数情况下，我们老年人的思维变化是由听力、视力等认知能力降低，记忆力下降，或者出现错误思维方式等因素引起的，所以我们老年人在应对思维变化时，可以从以下几个方面着手：

（1）测试并维护听力

医学人员发现，很多老年人因为听力衰退，所以经常要花费很大气力去捕捉别人说的话，领会别人说话的内容，这无疑会使我们老年人的思维能力有所降低。因此，进入老年以后，我们每三年应做一次听力测试。同时，要采取一些措施，来防止我们的听力下降，例如调低音响等。

此外，随着年龄的增长，人体就会出现听力下降，导致重听、耳鸣的现象，通过对耳朵的运动，可以防治和减轻重听、耳鸣。例如用手指按摩耳廓，上下左右拉动耳轮，用手指伸入耳孔轻轻摇或旋转，或者用掌心盖住耳孔，用手指敲击后枕部，做“鸣天鼓”的动作等。

（2）控制BMI指数

BMI(身体质量)=体重（千克）÷身高（米）的平方，理想的BMI指数应在25以下。在记忆力的一项测试中，BMI为20的理想者在过目16个单词后能回忆起其中的9个，而BMI为30——即迈入肥胖门槛者，则只能回忆起其中的7个。BMI对记忆力会有一定的影响，因此我们老年人要提高思维能力，还要学会控制体重。

（3）注意合理饮食

研究表明，多吃绿叶类蔬菜可延缓认知能力下降的速度，这或许是由于绿叶蔬菜富含维生素E的缘故，因此，我们老年人在饮食中不妨多增添些维生素E含量丰富的菠菜或葵花子等。

此外还要经常吃鱼。研究发现，每周至少食鱼一次者与不食者相比，其智力测试成绩明显优异。因此，我们老年人应该保证每周食一或两次鱼。

（4）增强注意力

随着我们年龄的增长，人在筛选不同感觉信息方面的效率有所下降，而混乱的环境则会干扰大脑记忆的形成。为了减少干扰，日常不妨对自己进行一些注意力训练，如在打开电视或收音机的环境下，用做文字游戏或数字游戏、字谜的方法来训练注意力。

（5）检测并控制血糖

研究表明，长期血糖高的女性即使没患糖尿病，其认知轻度损害或患老性痴呆的风险也较高。因为长期高血糖可以导致大脑或血管受损。

具体做法包括最好每年检查一次血糖，每天步行30分钟，可以把血糖稳定在一个水平值上；每天吃4顿至6顿小餐，有助于血糖的平稳。

（6）注意降血压

人的大脑随年龄增长而自然萎缩，而高血压则会加速萎缩的进程。高血压患者比正常人认知损害的可能性高出40%。在具体做法上，我们老年人应该每天至少摄取3份含钙丰富的食物，这样有助于降低患高血压的风险。此外，我们还可以在心情、其他食物等方面，来想办法降低血压。

老年人的思维能力随着年龄的增长，确实会发生一些变化，但这种变化主要和我们认知、记忆等能力的变化有关，所以只要我们正确对待，老年思维能力衰退并不可怕。只要我们老年人能以积极的态度对待生活，积极培养思维品质，那么恢复和保持其良好的思维能力是可以实现的。

为了验证老年人思维能力的变化情况，一项实验对2500名70岁至79岁的老年人进行了8年的跟踪研究，研究人员发现，超过一半的老年人在研究期间认知能力随着年龄增长而下降，但也有30%的人认知能力保持不变甚至有所提高。进一步的研究发现，以下的几个方法是造成他们差异的原因：

锻炼。每周至少一次中等至剧烈程度的运动，能使老年人保持认知能力水平的几率高30%。

教育。高中以上文化水平的老年人，保持认知能力水平的几率几乎比其余人高出3倍。

不吸烟。非烟民比烟民更容易在老年时保持思维敏捷。

社交活动。参加工作、担任志愿者或者和他人共同生活，能使老年人比其他同龄人保持认知能力的可能性高24%。

此外，还有经常擦鼻。鼻是人体呼吸的通道，如果经常鼻塞，呼吸不畅，不仅会出现胸闷、气短等缺氧症状，还是造成记忆力衰退的病因之一。所以要增强记忆，就该从防治鼻病做起。可以用摩擦鼻梁两侧的方法来强化鼻子的机能，每天摩擦鼻梁50次，有发热的感觉即可，要坚持不懈方可见效。

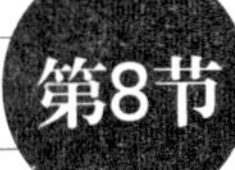

第8节 延缓心理衰老的重要秘诀

日本著名医学家本田一夫说："影响人健康长寿的因素很多，其中一个尤为重要的因素就是情绪因素，即心理性衰老。有人认为心理衰老才意味着一个人的真正衰老，要想延缓衰老，就必须先防止心理性衰老。"

中医常讲"得神者昌，失神者亡"，其实心理衰老是比躯体衰老更应予以重视的。那么我们老年人应该如何应对心理衰老呢?

1、了解心理衰老的原因

心理衰老是指我们进入老年后表现出的思维迟缓、记忆力障碍、性格改变、动作缓慢等一系列衰老现象。产生心理衰老的原因是多方面的：

（1）生理上的因素

我们到了老年，大脑皮层和皮层下的各种神经细胞发生了退行性变化，致使神经纤维的再生能力减低，脑血流量和脑的摄氧量减少，这些都导致了精神衰老。

（2）疾病的因素

高血压和脑动脉硬化两种疾病，最易促使精神衰老，其他如糖尿病、冠心病等也是常见因素。

（3）心理上的因素

主要是急剧的精神刺激，以及长期的“老年性忧郁”，这些最伤人神经，催人衰老。

（4）生活上的因素

如酗酒，纵欲，过食“肥甘”或营养不足，平时不从事力所能及的劳动与适当的活动，过于安逸。

2、认识心理衰老的表现

人进入老年期后，生理衰老明显加快，与之相对应的心理衰老也随之而来。老年人心理衰老的表现千变万化，一些老年心理学家归纳出了10余种较为明显的变化特征，其主要表现有：

（1）感觉、知觉衰退

眼睛老化，听力不如从前，味觉迟钝，以前很好吃的东西现在感到淡而无味。

（2）记忆力衰退

熟人的名字老是记不起来，读书前看后忘；电话号码总要反复看几遍才能记住；刚说过的事，一转身就忘了；常常记不起随手放的东西。

（3）想象力衰退

理想逐渐丧失，幻想越来越少。对新鲜事物缺乏好奇心。言语能力衰退，讲话变得缓慢，而且啰嗦。

（4）思维能力衰退

不容易集中注意力思考问题。学习新事物感到吃力，甚至有点害怕学习新事物、新知识。

（5）情感变得不稳定

较易动感情。遇到困难，不像以前那样镇定自如，经常有莫名其妙的焦虑感。对喧闹声感到很厌烦，看不惯年轻人的言谈与行为。

（6）意志衰退

做事缺乏毅力和探索精神，喜欢凭老经验办事，下决心要做的事常常拖拉而不立即行动，进而什么事情都不想做了。

（7）反应能力下降

动作不如从前灵活，对事物不如以前敏感。一旦疲劳，恢复得较慢。睡眠时间也比以前少了。

(8) 兴趣爱好减少

生活中感兴趣的范围变小了，不再有兴趣看小说、电影、电视，不再喜欢参加各类活动，特别是集体活动。

(9) 产生衰老感和死亡感

总感到自己老了，经常想到自己已临近死亡，常回想已故的亲友，又联想到自己，悲悲戚戚。

(10) 性格更容易发生变化

性格易变得暴躁、易怒、情绪低落、忧郁、焦虑不安、孤僻、古怪，甚至不近人情。

(11) 容易焦虑不安

很多人在度过更年期后，情绪逐渐趋向稳定，但是焦虑不安一直持续到老年期。当环境中有不利因素时，就更容易出现焦虑不安。

(12) 情绪明显地变化

老年人情绪反应的变化一方面是对一般刺激趋向冷漠，喜怒哀乐不易表露，或反应强度降低，使人易产生冰冷之感。另一方面遭到重大刺激，情绪的反应却特别强烈，难以抑制。

(13) 敏感多疑

感觉器官不敏锐，对捕风捉影、似是而非的事往往很认真，常把听错、看错的事当做对他的伤害而感到伤心不已。

(14) 易产生孤独感

原因主要是老年人本身衰老影响了老年人的心理；社会疏远老年人及老年人自己退出社会也是原因之一。他们的性格由外向转为内向，深居简出，懒于交际。

(15) 容易自卑

感到自己老了，不中用了，如果遇到生活以及疾病等诸多困难时，均可使老年人过分伤感，自卑情绪也就随之加重了。

(16) 习惯心理

长年累月的生活习惯与工作习惯，决定了老年人的习惯心理。年龄越大，形成的习惯越固定。

（17）个性心理特点明显

人的个性心理特点是在社会实践中形成的。老年人比起青年人与中年人更显得个性化，例如，顽固地坚持自己的观点和习惯，不赞成别人的意见和看法。

3、应对心理衰老的方法

现代医学研究证明，人们的心理衰老与躯体衰老是不平行的。同时在影响心理衰老的诸多因素中，个人心理又起着相对较大的作用。正因为如此，采取一些措施，推迟我们老年人心理的衰老是有可能的。

（1）精神状态要积极

积极的精神状态，主要为进取心、希望、理想等，对防止老年人心理衰老，保持心理健康具有重大意义。一个人有了进取心、理想，并充满希望和奋发向上，就能老而不衰，充满活力。无论处于何种状态下，我们老年人最好正视现实，向往未来，少回顾过去，可以多看一些喜剧性的节目，多参加一些愉快的聚会，“笑口常开，笑脸常驻”保持沉静乐观，愉快知足的心情，莫说人非，避免老气横秋。

（2）扩大社会交往

当我们心情不悦的时候，不妨借访亲探友散散心，有人说，朋友是最好的药，找同事、老乡、老战友互相谈谈心，说说心里话，诚挚的友情可以治疗精神上的创伤，消除寂寞和惆怅，冲淡和消除不良情绪。

（3）忘年交不服老

所谓忘年交，就是忘记年龄、职业、辈分、性别的一种平等的社交活动。老年人和青年人结为推心置腹、无话不谈的挚友，并保持不断的往来。

忘年交不仅是一种高雅的社交往来，而且能使老年人忘记年龄、萌发童心。老年人较深的阅历，丰富的经验，是青年人所缺少的。而青年人接受新鲜事物快、朝气蓬勃、奋发向上、进取心强的特点，又是老年人所缺少的。

通过忘年交让缺少的和富有的经常在一起交流，可以优势互补。青年人身上的那种活力，对老年人起着潜移默化的作用，可以让老年人达到“忘老”的境界，甚至出现“青春重返”的感觉。

老年人通过这种心理暗示，会产生愉快、轻松、乐观、充满希望的情绪，增强脑力和体力劳动的效率和耐久力，使全身各系统生理功能调节在最佳水平上，保持整体的平衡，可延缓衰老的进程。

(4) 常回忆童年趣事

老年人的远记力保持良好，对童年时代的许多趣事往往记忆犹新，不妨经常“看电影”，回忆童年时代捉迷藏、拍蝴蝶、捉蟋蟀、放风筝，随着父母外出踏青，在外婆家撒娇讨吃、或学唱一段戏曲的情景。这样脑子里经常想到昨天我还是个活泼的小孩，现在还不算老嘛！从精神上保持“鹤发童颜”。

(5) 常拜访童年故人

青少年时代是人的黄金时代，“同学少年，风华正茂”是值得人们回忆的，如果童年时代的同学、朋友离自己不远，不妨经常上门拜访，聊天时多谈一些当年在小学、中学时学习和生活的场景，找一些相处中有趣的事聊聊，以及青梅竹马、两小无猜的情景。

老年人还可拜访学生时代的老师，虽然教师可能已是苍苍白发的老年人，但是在老师面前，我们总是学生，总感到自己年轻。

如果身体条件许可，我们还不妨回到童年时代居住过的旧居，或去拜访少年时代读过书的母校，故地重游，可以触景生情，童心又可再度萌发，仿佛自己又回到童年，回到了学生时代。

(6) 培养一种兴趣

有些老年人喜欢赋诗作词，有的爱好书法绘画，有的喜欢音乐，有的则酷爱写作，许多作家到晚年，仍能写出他的传世佳作。有益的兴趣和爱好，会使我们晚年生活显得光明和美好，使我们变得积极和开朗，像郑板桥拿起画笔、陈景润钻研数学、福楼拜写小说那样，彼时彼刻，一切无聊和空虚，一切心理压力都与他们无缘了。

(7) 参加娱乐活动

娱乐既舒畅胸怀，乐而忘忧，又可作为疾病康复治疗的一种手段。古今中外都有以娱乐来防治疾病的方法，故形成了一种新型的娱乐康复学和娱乐康复疗法。

娱乐疗法的具体内容很多，包括音乐、舞蹈、智力游戏、观看文娱节目、琴棋、诗画、书法等。

因此，如果我们心中不愉快，不如去看看电视、电影，听听音乐或戏曲，通过这些活动可减轻你的痛苦，甚至使自己的痛苦转化为同情艺术角色中的不幸遭遇。

（8）选择外出旅游

我国山河秀丽，名胜古迹遍布各地，老年人在条件允许的情况下，走出家庭小天地，来到大千世界，心胸可为之一振，那巍峨的高山、莽莽的草原、滔滔的江河、辽阔的平原、浩瀚的沙漠、宝石般的湖泊和星罗棋布的岛屿，我们如能涉足其中，可使我们心旷神怡。

壮丽的长江三峡、水墨画似的漓江山水、雄伟的五岳名山，以及其间苍翠的树木，飞泻的流泉，烂漫的山花，绿树掩映在深山伟岩间的排寺古刹，屹立在山巅的宝塔和亭楼，都会使我们心醉，使我们倾倒。此时此刻，我们的一切忧愁苦闷早已抛到九霄云外了。

（9）继续发挥余热

对于很多退休的老年人来说，他们的身体素质还是不错的，他们在老年阶段尚能保持一定的劳动能力和社会活动能力，离退休后整天闲着没事干，心里会产生种种不适，不少人总想找点事做。他们中大部分人都有着丰富的工作经验和某些特长，完全可以利用自己的长处，充分发挥自己的才能，通过各种途径来参与一些社会活动和生产技术指导。

这是一种积极、利国、利民、利己的好事，也可使老年人精神上有所寄托。一旦老年人专心致志于某一事业，往往会将一切痛苦和忧愁都置于脑后，心理压力也减轻了。

心理衰退除了是由老年人机体衰老引起外，还因为老年人缺少脑力和身体的锻炼，所以加强锻炼也就成为我们老年人延缓心理衰老的一个秘诀。

一是多用脑，勤思考。大脑是主宰人体各器官的司令部，大脑的衰老，必然导致各个脏器的衰老，并且大脑对人类的知识、智慧和思维具有重大影响。因此，我们老年人更要多用脑，勤思考，使脑细胞和组织器官不萎缩。

其实，只要有强烈的求知欲，即使高龄老年人，仍能掌握新知识。因为老年人的理解力与判断力不容易降低，容易降低的是记忆、计算能力。当然，在提倡用脑的同时，必须强调要合理地、科学地用脑，而平时起居有常，生活作息有规律，对保护大脑的健康是十分重要的。

二是参加体育锻炼。体育锻炼不仅可以改善和加强老年人的生理功能，增强体质，增加抵抗疾病的能力，而且还可丰富晚年生活，增添生活乐趣，使精神振奋，心情愉快，提高信心，增加主动安排晚年生活的勇气和兴趣，从而增强老年人的心理功能。

第9节 远离灰色黯淡的心理

所谓灰色黯淡心理，就是指自卑失望、悲观沉沦的一种思想情绪。进入老年以后，事业的失落，加上身体的衰老，心理不知不觉间会变得暗淡起来。这种灰色心理如得不到及时防治，不但会影响我们的工作和生活，还会损害我们的身体健康。

那么老年人应该如何克服灰色心理呢?

1、认识灰色心理

美国社会医学家经过调查发现，许多中老年人常会出现消沉颓废、郁郁寡欢等不良心理状态，而自己又矢口否认，这种心理状态被称之为“灰色心理”。

灰色心理的发生，多起因于生理和心理两方面。生理上，人从童年、少年、青年到壮年，有一种永无止境的感觉。但进入中老年，这种成长就逐渐地由缓慢变为停止，以至于最终开始出现衰退。

此时，即使身体没有什么大的毛病，也有力不从心、无可奈何之感。如白发、皱纹的出现，肥胖身躯的形成，动辄产生疲劳感等，都会引起情绪失衡，精神反常。

具体来说，老年人产生灰色心理是基于老年人的以下几个特征：

(1) 自信又自卑

对于老年人来说，年龄、资历、地位、成就、经验等，这些都可说是一种优势。但因为社会对年龄的歧视，使离退休人员的社会地位逐渐降低，家庭人际关系的改变又导致他们的自卑。

（2）既自主又依赖

老年初期，离退休不久，独立性强，生活尚能自理，希望与子女分开住，但想到将来年龄增加，又想与子女在一起。

（3）既感温暖又感孤独

目前我国社会为老年人提供了越来越多的服务，时时可感受到温暖；但由于人际关系的改变，子女多不在身边，甚至很少探望，二老相对（有的失偶）常感到孤独。

（4）既叹老，又不服老

身体的改变，疾病时时在提醒“年纪不饶人”，但有时又感自己还健康，还能有所作为而不服老。

（5）既愿奉献，又求索取

在市场经济条件下，既想作贡献，使心理满足，又对既得利益嫌少，心里还想索取点什么。

（6）既留恋传统，又向往现代化

虽然进入了21世纪，但老年人大都习惯于传统生活，现代文明的渗透诱使他们产生赶潮流的潜意识。

（7）既想重建家庭，又不愿冒昧

孤枕独眠时想到了伴，但重建家庭又困难重重，子女关难过，顾虑重重，犹豫不决。

（8）既希望彻底解脱，又怕死神真的来临

老年人经过一生的磨难，大都从心里能视死如归，但真的见到离世的人又非常害怕。正是因为有以上的这些心态，我们老年人就容易形成灰色心理。

灰色心理是一种消极不健康的心理，可导致中枢神经系统处于一种抑制状态，使机体生理功能调节紊乱，身体疲倦，心灰意懒，注意力不集中，工作效率低，以及出现头痛、失眠、忧郁、反应迟钝、记忆力减退、食欲不振等病症，如存在这种心理，就容易使人衰老。所以，“灰色心理”使我们的老年生活也就“灰色”了起来。

2、应对灰色心理的方法

存在灰色心理的人，并非有什么生理缺陷、短处，或患有绝症，而是不能自我悦纳。总是认为自己老了，什么都不行了，并由此陷入不可自拔的痛苦境地，在心灵深处笼罩着一片不散的愁云。所以要克服灰色心理，还是要以心理调节为主，并加以其他辅助措施。

（1）做好心理调整

进行认知调整，学会泰然处之。我们到了老年，应清醒地认识到生命总是由旺盛走向衰老，这是不可抗拒的自然规律。因此，为生命的衰老而伤感得难以自拔是没有必要的。而豁达坦然地接受人到老年心身所出现的种种变化才是理智的。随之调整自己的生活和工作节奏，注意劳逸结合，尽力而为，量力而行，降低过高的期望值，切忌长期超负荷地工作，主动避免因生理变化对心理造成的冲击。

（2）保持豁达心态

对生活中的各种事情要以乐观的态度去面对，接受已经发生的事实，冷静对待，顺其自然。在遭遇不幸时，既不怨天尤人悲观失望，也不杞人忧天惶惶不安。正确看待人生成败，淡泊名利，保持一颗平常心，提高对挫折的应对能力。

（3）合理安排生活

人在无所事事的时候容易胡思乱想，所以我们老年人要合理地安排老年生活。虽然此时我们的体力开始走下坡，做事情精力有所下降，但若仍然维持适度紧张有序的生活，则可以避免心理失落，充实的生活可改善人的心态。

同时，爱好广泛者总觉得时间不够用，生活丰富多彩是生活体验的丰富，积极状态可增强生命的活力。所以，我们应该让生活方式多样化，不要把生活视野固定在某一点上，若能积极地把兴趣放在知识、运动、娱乐等方面，使生活丰富多彩，则可以活跃单调或疲倦的生活。

（4）适当变换环境

在缺乏变化的环境里容易滋生惰性，而有所变化的环境可激发人的潜在情绪状态。所以，为了改变“灰色心理”，我们老年人可以尝试着改变生活环境，避免灰色心理的侵蚀。

如果无法变换生活环境，也可以采取短期外出旅游，或到子女、亲戚家小住等方式转换心境。同时，增加一些自己的业余生活，也是摆脱“灰色心理”的好办法。

（5）和谐人际关系

人际交往在保持心理健康方面的作用举足轻重。在家庭中，处理好夫妻和代际关系很重要，家人互谅互让、互相信任，在心理上彼此支撑，就会多一份好心情。

至于社会其他人际关系，应把握互相谅解、宽容大度、求同存异的原则行事，学会换位思考，就能减少无原则的是非摩擦。此外，还应多与年轻人交往，从中可以感受生命的活力。

（6）学会主动倾诉

倾诉是我们老年人宣泄情绪的一种好方法，但有很多老年人却因为种种原因，不愿倾诉。特别是一些男性老年人，觉得向他人倾诉自己的苦衷是不光彩的事，有损自己的形象。

倾诉是一种有效的自我心理调节方法，适当的表达有利于释放心理压力。老年人要敢于敞开封闭的心扉，学会主动倾诉，将压抑在心头的郁闷、痛苦在亲友面前痛快地倾吐出来。

灰色心理固然有很多原因，但主要原因是失落、自卑感。现实生活中，就有很多克服这些情绪的小窍门，通过克服这些消极情绪，从而达到消除灰色心理的目的。

适当地学会吃“酸葡萄”的心理，不妨学点“阿Q精神”，善于解脱自己，凡事要看得开、放得下。

对他人、对现实多一份关怀，正确运用“宽容与理解”这对人际“法宝”，改变争强好胜的好斗心态。

必要时调整自己的业余生活，培养生活情趣和爱好，丰富生活内容，避免过于单调。安排好起居，讲求劳逸结合，专业的解压技能，比如冥想，反省。“现代社会太躁动，人们往往容易忘记自己，所以常常自省，这对摆脱困境、摆脱灰色情绪很重要。”

有意识地陶冶情操：不贪求、不计较、不把事做绝，当糊涂时且糊涂，该让步时就让步，以此来培养开朗的性格和宽广的胸怀。

第二章

老年问题的心理淡定

心理问题是老年人最突出的问题，主要是指老年人心理能力和心理特征的改变，包括感觉、知觉、人格特征等。

老年人常常会伴有恐惧、焦虑、抑郁等心理。这些心理问题不仅困扰了老年人的生活，使老年人的生活变得暗淡无光。更为严重的是，这些心理疾病如果继续发展下去，可能会引发更为严重的精神疾病，如老年痴呆症、老年抑郁症、老年强迫症等。

所以，老年人在患有这些心理问题前，应及时做好调整，力争不让这些心理问题光顾我们；如果我们已经患有了这些心理问题，也不要过于紧张，应该抱着乐观的心态，采取各种措施，及时化解这些心理问题，做到从容淡定的对待人生。

第1节 失眠与心理因素的关系

失眠，指无法入睡或无法保持睡眠状态，导致睡眠不足。又称入睡和维持睡眠障碍，中国医学又称其为“不寐”、“不得眠”、“不得卧”、“目不瞑”，是以经常不能获得正常睡眠为特征的一种病症。

长期失眠不仅可引起我们机体免疫力下降、内分泌失调，极易导致高血压、心脏病、糖尿病、中风等疾病，还会严重影响老年人的情绪和心理。

那么老年人该如何认识和面对失眠问题呢？

1、认识老年失眠的原因

据调查，我国有35%的人存在失眠，17%的患者失眠症状相当严重，其中，中老年人占有相当大的比例。

引起老年人失眠的原因很多，主要可分为以下几种：

（1）心理因素

不仅心理障碍的人常常伴有失眠，即使正常人在情绪困扰、心理有压力时也会引起失眠。抑郁、焦虑，对健康过度的关心是慢性失眠者的共同心理特点，大约90%的抑郁症患者均有失眠，70%的失眠者的真正原因可能是抑郁。

失眠者往往入睡时间过长，睡眠时间太短，这些人本身对失眠有较大的心理压力，常常是“越怕失眠越失眠”，不良暗示往往是导致失眠直到失眠经久不愈的重要原因。

（2）环境因素

睡眠环境的突然改变（如外出）、声音嘈杂、灯光太亮、室温过热过冷、湿度太大、床铺不舒服、房间太拥挤等都会影响睡眠。另外，睡前饮茶、喝咖啡也会影响睡眠。

（3）疾病与药物因素

疼痛、呼吸困难、哮喘、频繁咳嗽、心悸、腓肠肌痉挛等都能影响睡眠。服用中枢兴奋药物，或长期服用镇静安眠药后突然停药也会出现失眠。

俗话说“少年睡不够，老年愁难睡。”由于以上原因的存在，老年人随着年龄的增加，睡眠时间会逐渐减少，入睡时间延长，熟睡时间较短，易早醒，这些都是正常现象。

但也有些老年人却经常性入睡困难、多梦、易醒、早醒，有的甚至彻夜难眠。长此以往，会对神经系统、心脑血管系统、消化系统的功能造成不良影响，损害老年人的身心健康，出现这种情况时，我们老年人就应该积极采取措施来应对失眠问题了。

2、应对老年失眠的方法

现实生活中多数老年人的失眠是心理因素造成的，对于这一类失眠，无需药物治疗，可通过改善睡眠习惯和进行心理调适来达到目的。对于其他原因引起的失眠，则应该采取相应的措施予以应对。一般说来，针对老年失眠，主要措施有如下几种：

（1）学会心理调节

老年人失眠的主要原因之一是心理因素的影响，对入睡难，宜泰然处之，不可心存忧惧。

平时我们可以这样思考：虽未入睡，躺着也是休息，和睡眠的作用是一样的。这样就会心情平静，容易入睡。老年人活动、工作不多，一般情况下一日睡眠4小时至7小时已足够，不必担心。

遇到失眠问题，老年人不要害怕，而是应该保持乐观、知足常乐的良好心态。对社会竞争、个人得失等有充分的认识，避免因挫折导致心理失衡。

做好心理调节，我们老年人还要学会自我解脱，也就是在睡前将白天的事情与衣服一起脱下。记住心理学家的建议：努力活在今天，不要让头脑塞满痛苦的回忆或者未来悬而未决的问题。因此，我们老年人在睡觉前应该清理愤怒、委屈和妒忌这些负面情绪，最好想些愉快的事，这样会有利于我们的睡眠。

（2）利用声音睡眠

与其他古典音乐比起来，莫扎特的音乐最具有治疗失眠的功效。它可以使血压和脉搏正常，舒缓神经紧张。不过如果不是他的音乐爱好者，睡前也可以听其他舒缓的器乐曲。

最好乐曲里有波浪拍打海岸的声音，海鸥的叫声，它能使我们很放松。如果这些都不起作用，那就打开电风扇，单调的嗡嗡声会使我们昏昏欲睡。

（3）多参加运动

实践表明，白天多进行一点体力活动有助于正常睡眠。所以老年人白天要保持一定量的体力活动，尤其以规律性的运动更为重要。下午要有足够的室外活动时间，以便接触阳光。因为形成睡眠生物钟规律需要阳光。

此外，对于很多城市的老年人来说，选择一项活动，例如遛狗也会有利于消除失眠。这是因为与四条腿的“朋友”交流会大大降低我们的神经紧张；其次，无论你愿不愿意，晚上你得领着它去散步，这样就可以克服我们的懒惰心理。

练太极拳可以调整神经功能活动，使高度紧张的精神状态得到恢复，阴阳达到平衡。因此，通过练拳养神，能够治疗神经衰弱、健忘失眠、神志不宁等症。

（4）布置睡眠环境

维持合适的睡眠习惯，应有一个安静、清洁舒适的环境。卧室保持光线黑暗和安静，室内温度不宜过冷过热，湿度不宜过高过低。睡前开窗通气，让室内空气清新，氧气充足，但应防感冒。

卧室内不要摆放绿色植物、鲜花。一般来说鲜花的香味容易让我们无法入睡，而绿色植物在夜间会与我们抢夺氧气，影响睡眠质量。

卧室内最佳温度为18度至22度。人体在这个温度内感觉最舒适，所以比较容易入睡。

卧室墙壁的色调以淡色为主。绿色，红色等凝重的色彩容易让人兴奋，无法入睡，对于焦虑型失眠者更是大忌。抑郁型失眠者则应避开蓝色、灰色等使人消沉的暗淡颜色。

卧室窗帘选用厚实的面料可以遮光隔音。在选择卧具方面，老年人易生骨关节疾病，应避免睡棕绳床，以木板床为宜，上垫床褥宜柔软、平坦、厚薄适中，过厚易引起虚热内生，过薄则易受寒气外袭，这些都令人夜寐不安。被子、床单、枕头均须整洁，使人感到舒适。枕头宜有适度弹性，如木棉枕、稻草枕、蒲绒枕、散泡沫枕等。

(5) 上床前注意事项

睡眠之前的那段时间很重要。在这段时间，我们应做好调整，才能为下一步的睡眠做好铺垫。

首先是晚上19时后不要再吃正餐。这不仅对睡眠有益，对身体也同样有好处。在日常生活中，如果晚饭没有吃饱，也不要再吃，可以喝点酸奶或者吃些水果补充一下。

避免睡前兴奋，睡前兴奋，会导致失眠和多梦。因此睡前不要做强度的活动，不宜看紧张的电视节目和电影，不看深奥难懂的书籍。相反，睡前看一些无聊的书或者电视节目也是一种很好的催眠方法。一个有趣的事实：当我们觉得不感兴趣和无聊时，血压会降低，精神萎靡，非常想睡觉。相反，当我们专心致志时，我们感觉不到疲劳。因此，专家建议失眠者不要晚上工作或者看有趣的节目。

睡前少饮水先小便，老年人肾气亏虚，如果没有心脑血管疾患，则应睡前少饮水，解小便后再上床。避免膀胱充盈，增加排便次数。当然，睡前可以喝杯温牛奶或温蜂蜜水。大多数人喝过后会像小孩一样甜甜睡去。同时失眠者在“药补不如食补”的今天，如果采用得当的食疗方法，除不良反应外，且有一定的催眠功效。

要让自己按时睡觉。如果我们老年人能做到这一点，失眠的问题就不会存在，因为身体已经“知道”该睡觉了。

睡前如果有条件可以泡个香精油澡或者海盐澡，放松一下。洗澡时水温不要超过37度，泡10分钟至15分钟即可。洗澡完成后，马上进被窝。

如果洗澡不方便，也可以选择睡前用微烫的热水泡泡脚，至额头有虚汗为佳，可用镂空的磨脚石搓一搓脚底，促进血液循环，改善睡眠质量。脚被称为人的“第二心脏”，专家指出，在冬季坚持泡脚和足部按摩，对治疗老年人失眠效果很好。

如果老年人出现睡眠不好、精神不振、饮食不佳、疲乏无力、情绪不稳等一系列不适症状，可用热水泡脚30分钟，再搓脚心10分钟至20分钟，直至发热，会感到神清气爽，全身轻松。

对一般失眠者，可先用热水泡脚20分钟，水最好泡在足踝关节以上。泡完脚后进行足部反射区按摩，首先将足底搓热，再搓足背及足部内外侧，然后重点按压肾、心、肝、失眠点、大脑、垂体、三叉神经、甲状旁腺、性腺，每个反射区按压5秒至8秒。

睡前半小时的散步会很好的缓和神经系统。散步的时候避免负面的情绪和焦急的思绪。

(6) 上床后注意事项

睡眠时老年人要注意睡姿，以右侧卧为好，这样可有利于肌肉组织松弛，消除疲劳，帮助胃中食物朝十二指肠方向推动，还能避免心脏受压。右侧卧过久，可调换为仰卧。舒展上下肢，将躯干伸直，全身肌肉尽量放松，保持气血通畅，呼吸自然平和。

当然，在床上时不要“翻烧饼”。如果30分钟已经过去了，还睡不着，不要躺在床上“翻烧饼”。起床做一些放松的事，如听听轻松的音乐，或是翻一翻杂志，或是喝一杯热牛奶。等有一些困意了再躺下睡觉。

睡眠诱导也是克服失眠的一个方法。睡前听听曲调委婉、节奏舒缓的音乐，或者学会倾听大自然的声音，如：雨声、虫鸣等。有两个简单的方法：一种是放慢呼吸、想象一下你吸进的空气是如何从体内呼出的，这一练习可以在白天做，时间长了晚上做就可以帮助你的睡眠。

另一种是当你想起不愉快的事情时，你要努力尽快想些轻松、愉快的事情冲淡这些不快。具体的做法是：专注地让脑子去想一个问题。这个问题可以是构思给某人写一封长信，也可以是编造一个长长的故事，或者想象自己在一个喜欢的环境里散步，捕捉在此境中的听、嗅、触、味、视觉感受等。如果在这个过程中不知不觉地睡着了，第二天便可继续前一天未完成的想象。

按摩穴位治失眠。具体做法是按摩一组穴位：百会、太阳、风池、翳风、合谷、神门、内外关、足三里、三阴交、涌泉。按摩次数以失眠程度为准，失眠轻少按摩几次，失眠重多按摩几次。按摩后立即选一种舒适的睡姿，10分钟左右可入睡。如果仍不能入睡，可继续按摩一次即可入睡。

此外，对重度失眠者，除上面介绍的方法外，还可加用酸枣仁20克、远志20克、合欢皮10克、朱砂5克煎水服用，会使睡眠有很好的改善。

当然，对于部分较严重的患者，应在医生的指导下，接受专业的失眠治疗。这样可能会取得更快、更好的治疗效果。

引起我们老年人失眠的原因是多样的，对应的老年人失眠种类也有多种，因此应对措施也是多样的。在治疗过程中，只有针对每一种失眠特点，对症下药，注意日常调理，才能取得良好的治疗效果。

睡不踏实，气血不足的老年失眠患者。他们多属于气血不足型。通常表现为每晚都似睡非睡，白天精神不振、健忘，注意力不集中，有时还会出现心慌。

在治疗上，这类患者主要以养血安神为主，可服用安神定志丸、参松养心胶囊等中成药。同时，可多吃些补血的东西，如大枣、阿胶等；也可试试百麦安神饮，做法是取小麦、百合、莲子肉、大枣各适量，一起炖服。连炖两次，取汁，可随时喝。

入睡困难，肝郁气滞的老年失眠患者。这类患者多属于肝郁气滞型，有时会伴有前胸和腋下肋骨胀痛感。

在治疗上，这类患者主要以疏肝解郁为主，宜多吃小米、牛奶、牡蛎肉、龙眼肉等食物。还要注意调养精神，消除顾虑以及紧张情绪。

此外，睡前用热水泡泡脚也有一定作用。

时睡时醒，老年失眠患者。这类患者多属于脾胃失和型。夜间睡不安稳，同时可伴有口淡，有厌食、大便不成形等情况。

治疗主要以和胃健脾安神为主，可常吃小米莲子百合粥。做法是将小米、莲子、百合用适量的水熬成粥食用，熬出来的粥口感清淡、香甜，又能养心安神，是中老年失眠者的调养佳品。

整晚失眠，老年失眠患者。这类患者多属于心肝火旺型。多由恼怒烦闷而生，以更年期女性多见。表现为急躁易怒、目赤口苦、大便干结、舌红苔黄。

治疗原则主要以清热泻火为主。神经衰弱、心慌、失眠、多梦、黑眼圈的女性，可以服食酸枣仁粥。做法是将酸枣仁50克捣碎后取汁，用粳米100克加药汁煮成粥，每晚睡前食用，可养心、安神、敛汗，还可以用玫瑰花泡水喝。

第2节 学会防治老年性痴呆

老年性痴呆，又称阿尔茨海默病，是指老年老化程度超过生理性老化，或过早老化，致命脑功能障碍，引起获得性、持续性智能障碍。这是一种进行性发展的致死性神经退行性疾病，临床表现为认知和记忆功能不断恶化，日常生活能力进行性减退，并有各种神经精神症状和行为障碍。一旦患上这种疾病，会使老年人的精彩生活成为泡影。

那么我们应该如何认识和防治这种疾病呢?

1、了解老年性痴呆

进入老年以后，越来越多的老年期疾病向我们走来，其中老年性痴呆就是给我们老年人的家庭和社会带来沉重负担的常见疾病。

老年性痴呆的病因目前尚未十分明确，但已知有很多原因都会引起老年人痴呆，主要有：遗传因素、神经递质学说、病毒感染、金属作用、免疫功能紊乱等。

此外，老年人长期情绪抑郁、离群独居、丧偶、文盲、低语言水平、缺乏体力及脑力锻炼等，也可加快脑衰老的进程，诱发老年痴呆。

老年性痴呆起病隐匿，早期症状是近期记忆力减退，性格改变，智力有所下降，空间定向不良，常常会走丢、不识归途、或主动性减少，情感不稳，但日常生活尚能保持。

进一步发展则会使认知功能减退、出现失语、失认、有时有意识障碍。可出现神经系统的定位体征，生活起居已不能自理，常有不耻行为、伦理道德行为。

有的甚至出现幻听、幻视、妄想、躁狂或抑郁的症状。晚期则全面智能障碍，卧床、无自主运动。缄默无语、或言语支离破碎，生活完全不能自理，最终因并发症导致死亡。

2、认识老年性痴呆的信号

老年性痴呆症非常隐匿，不为人们所注意，常常容易在不知不觉中患上这种疾病。因此，正确认识痴呆早期症状，使老年人得到及时治疗，延缓进展，就显得非常重要。

日常生活中，老年性痴呆的信号主要有以下多种情况：

(1) 记忆力日渐衰退

影响日常起居活动，如：炒菜放两次盐，做完饭忘记关煤气。

(2) 处理熟悉的事情出现困难

例如难以胜任日常家务，不知道穿衣服的次序、做饭菜的步骤等。

(3) 语言表达出现困难

例如忘记简单的词语，说的话或写的句子让人无法理解。对时间、地点及人物日渐感到混淆。例如不记得今天几号、星期几，自己在哪个省份。

(4) 判断力日渐减退

例如烈日下穿着棉袄，寒冬时却穿薄衣。

(5) 理解力或合理安排事物的能力下降

例如跟不上他人交谈的思路，或不能按时支付各种账单。

(6) 常把东西乱放在不适当的地方

例如将熨斗放进洗衣机里。

(7) 情绪表现不稳及行为较以前显得异常

例如情绪快速涨落，变得喜怒无常。

(8) 性格出现转变

例如可变得多疑、淡漠、焦虑或粗暴等。

(9) 失去做事的主动性

例如终日消磨时日，对以前的爱好失去兴趣。

以上是平时老年人在生活中常常会出现的现象，当出现以上信号时应当警惕。如果你在几个月内经历了以上几个方面的问题，那就应该考虑去医院接受检查或者治疗了。

3、预防老年性痴呆的措施

祖国传统医学一贯主张“不治已病治未病”，老年性痴呆除在已病之后积极治疗之外，未病之时更应立足于预防。老年人平时可以从以下几个方面，做好老年性痴呆的预防工作。

（1）培养良好的心理素质

老年人的身体开始逐渐老化，在身体的带动下，心理承受力也开始脆弱起来。为此，我们应该树立良好的世界观，实事求是地、科学地分析周围发生的一切，并能冷静、妥善地予以处理，避免偏激、固执等心理偏差的产生，保证心理反应适度。

参加力所能及的工作与学习，以获得心理上的满足感，防止寂寞。培养业余爱好，增进生活情趣，调剂精神生活，改善心境，生活有规律，使心理活动和生活富有节奏感，有利于培养健康的心理。

（2）注意精神调养

人们常说："笑一笑，十年少"，这说明精神的调养重在调节七情之气，注意保持乐观情绪，应节思虑、去忧愁、防惊恐。

这就是说，我们老年人要宁静无惧，恬淡虚无，与世不争，知足常乐，清心寡欲。做到外不受物欲的诱惑，内不存情虑的激扰，这样气血调和，才能健康不衰。

要注意维持人际关系，避免长期陷入忧郁的情绪及患上忧郁症，因为忧郁症也是老年性痴呆症的危险预兆。避免精神刺激，以防止大脑组织功能受损害。另外，维持家庭和睦可以保持心情愉快，能增强抗病能力。

同时，要避免过度的精神刺激，如大怒、忧伤等对大脑的功能是一大危害，所以应以宽阔的心胸面对人生，调节情感，做到情绪愉快而稳定，心理协调，正确对待环境的刺激。

（3）安排合理的饮食

适当限制热量的摄入，每天摄入的热量与消耗的热量应保持平衡，饮食饥饱适中，体重不宜过重。低脂肪饮食，以植物油为主，脂肪不应超过总能量的25%，尽量摄入优质蛋白，如鸡蛋、鱼或瘦肉等。少吃油煎、烟熏食物，禁烟酒。

（4）多参加各种锻炼

根据有关机构的调查发现，在认知功能障碍的人中，低学历的人占较大比例，所以老年人不要怕多用脑，多用脑勤用脑的人产生认知功能障碍的机会相对较少。

“生命在于运动”，许多人都知道，运动可降低中风几率。其实，运动还可促进神经生长素的产生，预防大脑退化。实践证明，适当的体育锻炼有益于健康，如坚持散步、打太极拳、做保健操或练气功等，这些有利于大脑抑制功能的解除，提高中枢神经系统的活动水平。但要循序渐进，量力而行，持之以恒，方可达到理想的效果。除整体性全身活动外，尽量多活动手指。

（5）防治疾病伤害

疾病是引起老年性痴呆的一个重要因素，因此我们老年人要积极防治各种老年病，尤其是心脑血管病等，对预防老年性痴呆有积极的意义。如缺血性脑血管病，多易发生脑梗死；长期患有高血压、高血脂症或糖尿病、心脏病等病史，并有吸烟、嗜酒、缺乏运动、饮食不当等种种不良生活习惯者，常有多次发作的脑梗死，造成脑部广泛病变，脑组织萎缩，因而易患血管性和老年性痴呆或同时存在混合性痴呆。

此外，免疫功能低下易发生病毒感染。有研究认为，某些病毒感染会引起中枢神经系统的退行性改变，可导致老年性痴呆的发生。

4、老年性痴呆的护理

老年性痴呆症对老年人的危害极大，但到目前为止，老年性痴呆症治疗方式虽然很多，但尚无确切的治疗方法。因此，我们还应该从早发现和日常护理着手，来应对这种疾病。

（1）早识别早治疗

一般人会认为“人老了，记性差”是正常的，但老年人不可过于忽视记忆力的变化。为此，我们应该多了解一些老年痴呆的知识，早一些区别什么是良性记忆障碍和轻度认知功能障碍非常必要。目前有研究发现，在轻度认知功能障碍的人群中，有40%的人可能最终发展为老年性痴呆。

早期发现早期治疗，可以使病人的病情得到有效的控制。临床研究也发现，早、中期及时的治疗可使治疗有效率达到70%。

（2）疾病的日常护理

患有老年性痴呆的人应在日常生活中保持活力，多用脑，如多看书、学习新事物，或者和朋友谈天，打麻将、下棋等，都可激荡脑力，刺激神经细胞活力。

一般护理时，应该创造安静、舒适、安全的环境；注意饮食，多吃高蛋白、高热量、高维生素、低糖、低脂的饮食，以清淡、易消化、营养丰富的食物为主；安全护理，防止跌伤、伤人、玩火、噎食等；基础生活护理，协助料理个人卫生；参与娱乐活动及行为治疗。

尤其是血管性痴呆者常伴有吞咽困难，进食时不宜过快，防止食物误入气管，引起窒息。

要注意个人卫生，要提醒自己或者让亲属提醒自己洗脸刷牙，要经常洗澡，若不能自理，可以让身边的人随时给予帮助，避免毛巾、脚布错乱使用。

天气变化时，应及时增减衣服，以及衣着的整洁，防止乱穿衣或倒穿、反穿衣裤等。保持室内环境舒适，空气新鲜，阳光充足。

老年性痴呆是对老年人影响极大的一种疾病，以上只是提供了一些简单的护理方法，至于具体的治疗，老年朋友还是应该怀着积极的心态，去专门的医疗机构，在医务人员的指导下，接受专业的治疗。

老年性痴呆症的特点是，精神和智力异常，病人的知觉、智力、记忆能力持续性减退。中医认为，老年性痴呆是年老肝肾亏虚、脑髓不允所致。

因此，中医在治疗上应多采取滋补肝肾、填髓健脑的中药和食物进行治疗和预防。如枸杞子、鹿胶、龟胶、莲子、山药、黄芪、茯苓、胡麻仁、核桃、紫菜、海带、大枣、百合、桑葚子、赤小豆等药食兼宜之品。下面就介绍几种老年性痴呆食疗方：

核桃粥：核桃30克，粳米200克，大枣10枚。洗净，放入锅内，文火熬成粥，每日服两次。

黑芝麻粥：黑芝麻30克，粳米100克。洗净，放入锅内，文火熬成粥。服时可加蜂蜜一匙搅匀。每日早、晚服食。

枸杞粥：枸杞子20克，小米100克，猪瘦肉末30克，洗净后放锅内共熬粥，服时加少许精盐调味，可经常食用。

牛骨髓粥：牛骨髓15克，黑芝麻15克，糯米100克。将芝麻、糯米洗净后，同牛骨髓一起煮粥。食用时可加少量白糖调味，每日服两次。

羊骨粥：羊骨1000克，大米100克，精盐少许，葱白2茎，生姜3片，莲米10克（研细）。

胡桃首乌炖猪脑：胡桃仁、何首乌各15克，天麻6克，猪脑一副，调味品适量。

第3节 神经衰弱与精神状态有关

关于神经衰弱，简单地说，就是该兴奋时不能兴奋，该抑制时不能抑制，兴奋过程和抑制过程不能平衡。

神经衰弱的表现比较复杂，会同时出现多种精神症状和躯体症状。比如，睡眠不好，心情烦躁，体力衰弱、有疲劳感，并伴有心慌、食欲不振等。

如果出现了这些状况，那么你很可能是患有神经衰弱。对此老年朋友应懂得心理调适和预防。

1、了解神经衰弱的诱因

“神经衰弱”可直译为“神经的虚弱”，它是与神经系统器质性疾患不同的一种功能性疾病，患者大都具有神经质素质。目前认为神经衰弱是指由于某些长期存在的精神因素引起脑功能活动过度紧张，从而导致了精神活动能力的减弱。

具体来说，一个正常人的大脑皮层有兴奋和抑制两个过程，它能指挥一个人白天处于兴奋状态，表现为精力充沛、头脑清醒，夜间则处于抑制状态，正常睡眠。而神经衰弱患者的兴奋和抑制过程容易发生紊乱，晚间失眠，白天则没有精神，不能集中注意力，会使学习、工作效率下降。

关于老年人引发神经衰弱出现的原因，目前，国内医学界比较公认的观点包括以下几个方面：

（1）性格特征

部分老年朋友敏感、多疑、胆怯、主观、自制力差。性格特征明显者可因一般性精神刺激而发病；性格特征不明显者则须较强烈或较持久的精神刺激之后才发病。

(2) 精神因素

精神因素是诱发老年神经衰弱的重要原因。凡能引起神经活动过度紧张并伴有不良情绪的情况都可能是神经衰弱的致病因素。如亲人死亡、家庭不和睦、人际关系紧张、生活节奏颠倒及长期心理矛盾得不到解决时均可能诱发本症。

(3) 躯体因素

老年人的各种躯体疾病或能削弱躯体功能的各种因素，均能助长本症的发生。

综上所述，可以认为老年神经衰弱是在患者性格特征或躯体因素的基础上，精神因素会使中枢神经系统功能长期过度紧张，导致内抑制功能活动削弱和兴奋相对亢进，从而出现极易兴奋、也易疲劳的状态，也削弱了对皮质下植物神经中枢的控制与调节作用，而出现各种植物神经功能紊乱的症状。

2、认识神经衰弱的症状

患有神经衰弱病的老年人表现的症状复杂，同时有多种精神症状和躯体症状，归纳起来可分为六大类症状：

(1) 脑力不足、精神倦怠

机体表现为：经常感到精力不足、萎靡不振、不能用脑，或脑力迟钝、不能集中注意力、记忆力减退、工作效率减退。

(2) 对内外刺激的敏感

综合诸多病人的症状，可归纳出神经过敏的特点：没有器质性病变存在；病人对某个部位、某个症状越注意，痛苦就越明显，倘若转移其注意力，则症状会明显减轻甚至消除；病痛部位的分布不一定符合解剖部位，而且位置也不固定，或会变动；病人叙述的症状多而杂，会使人不得要领，讲了大半天，最后还搞不懂他哪里不舒服。

(3) 情绪波动、易烦易怒、缺乏忍耐性

往往表现为：易烦多忧，易喜善怒。

(4) 紧张性疼痛

通常由紧张情绪引起，以紧张性头痛最常见。疼痛的表现也往往很复杂，可以表现为持续性疼痛，或间歇性疼痛，有的病人还表现为钝痛或刺痛。总的来说，神经衰弱病人紧张性疼痛的表现繁多，但与情绪紧张密切相关。

（5）失眠、多梦

具体表现为患有神经衰弱的老年人在睡眠时，大多出现失眠的现象，少数表现为嗜睡多梦，睡后仍困乏。

3、治疗神经衰弱的方法

神经衰弱虽然不会引起死亡等严重后果，但它却降低了老年人的生活质量，每天白天头晕脑胀，晚上睡不着，不能安享晚年的幸福。

那么老年人神经衰弱怎么办呢？

（1）消除恐惧心理

神经衰弱并不可怕，它不是令人死亡、发疯或变傻的疾病，患者的大脑不会出现任何病变，所以不少国家又把神经衰弱称为“疲乏综合症”。

神经衰弱患者有各种躯体的或心理的不适感、强烈的内心冲突或不愉快的情感体验。这种不正常的病理体验常持续存在或反复出现，但是无论如何脑内是没有器质损害的，因而是不会影响我们老年人的“智力”、“记忆力”的。

现实生活中，个别老年神经衰弱患者生怕自己患的是“精神病”，或担忧将来会转为“精神病”。曾有人对许多精神衰弱患者随访五年，没有发现一人发展为精神病。可见，患有神经衰弱的老年朋友没有必要为此担忧，否则愁上加愁，会使“神经”更加“衰弱”。

（2）进行自我调整

神经衰弱的出现主要和老年人的精神状态有关，所以老年人平时要注意对自己身体、心理的调整，具体表现为：提高人的心理素质，增强机体的自我防卫能力；保持良好的情绪，培养广泛的兴趣；注意睡眠卫生，养成良好的睡眠习惯；加强体育锻炼，要注意劳逸结合等。

（3）采用放松疗法

这是一种通过一定程度的训练，学会精神上和躯体上放松的一种行为疗法。即练习如何按照自己的意志逐渐放松全身肌肉，继而获得心理上的松弛。

具体做法是以舒适的姿势靠在沙发或躺椅上。

首先闭上眼睛，将注意力集中在头部，把牙关咬紧，使两边面颊感到紧张，然后将牙关松开，咬牙的肌肉就会产生松弛感，逐次将头部各处骨肉一一放松。

接着把注意力转移到颈部，尽量使脖子的肌肉弄得很紧张，感到酸痛，然后把脖子的肌肉全部放松，觉得轻松为止。

第三步是把注意力集中到两手上，将两手用力握紧，直至发麻、酸痛、两手开始放松，然后放置在舒服的位置，并保持松软无力状态。

第四步是把注意力移到胸部，先做深吸气，憋几秒钟，缓缓把气吐出，再吸气，如此反复，让胸部觉得轻松为止。这样反复类推，将注意力集中在肩部、腹部、腿部，逐次放松。

最后，全身软软地处于轻松状态，保持2分钟至3分钟。按此法学会如何使全身肌肉放松，并记住放松的次序，每日照此法做两次，持之以恒，可使自己的身心轻松，从疾病中解脱出来。

（4）催眠暗示疗法

此法老年人不可单独使用，必须在心理医生的指导下进行。它是利用催眠术使患者处于类似睡眠的状态，然后进行言语暗示或精神分析，以达到了解病因和消除症状的治疗目的。

进行催眠暗示治疗时，医生首先应让老年患者集中注意力，凝视一物体，同时用单调的语言，使患者进入类似睡眠的状态，然后针对患者的病状，用坚定有说服力的言语暗示，改善患者的紧张、焦虑情绪，最终治愈疾病。

（5）参加多样化活动

通过参加多样化活动，可以调节老年人的大脑神经功能，从而达到治愈神经衰弱的目的。

例如有位数学老师由于经常进行单一而过度的数学思维活动，导致了以失眠为主要症状的神经衰弱。

在医生的指导下，他采用多样化活动的治疗方法治疗，即每天从事多种活动，如做家务、到菜园子劳动、浇灌花草、修剪盆景，搞些小修理，指导孩子学习，探亲访友等，每种活动的时间都不长，一个接一个，很紧凑。一段时间后，他睡眠改善，上床就寝，很快就能入睡了。

按照这位老师的体验，如果一天只从事单一的活动，尽管很疲劳，也难入眠。

多样化活动之所以对治疗神经衰弱有较好的疗效，是因为在多样化活动的情况下，由于大脑广泛区域的神经过程交替活动，使脑细胞得到了锻炼，逐渐增加了大脑神经活动的兴奋过程和抑制过程的相互诱导作用。

因此，到了夜间，大脑中经过白天兴奋性活动的许多神经中枢都发生了负诱导作用，并迅速成弥漫性抑制。这样，“常夜难眠”就变成“长夜好眠”了。

（6）药物辅助治疗

借助药物也可以有效治疗老年人的神经衰弱，经常使用的有抗焦虑药及抗抑郁药，这些药对稳定病人焦虑烦躁或抑郁情绪有明显效果，其中抗焦虑药又多有改善睡眠作用。常用的药物有阿普唑仑、黛力新与氟西汀、帕罗西汀等。若部分病人自觉脑力迟钝、记忆减退，可予服用小剂量脑代谢改善剂，如吡拉西坦、银杏叶片等。

此外，老年人神经衰弱的疗法还有物理治疗，具体有经络导平治疗、电磁场治疗、脑功能保健治疗、生物反馈治疗等多种。

总之，神经衰弱症状繁多，且病程迁延，得病后短期内能药到病除者甚少，虽现有治疗神经衰弱的方法不少，如药物治疗、心理治疗、康复治疗、物理治疗、中医治疗等，每种治疗方法都各有所长，很难说其中的哪种方法效果最好。选择治疗方法一般都因人而异。

治疗神经衰弱正确的方法应该是，在专科医师的指导下，根据病情选择合适的方法，一旦方案既定，不宜随意变动，见效后仍需要做适当巩固。若我们能调动自己的主观能动性，积极配合治疗，更能达到最佳治疗效果。

治疗老年人神经衰弱的方法很多，食疗也是一种较为有效的方法。神经衰弱的老年人，饮食宜清淡，以平补为主。避免吃辛辣有刺激性的温燥食品，如胡椒、辣椒、葱蒜等食品。这里介绍老年人神经衰弱的食疗谱可供参考。

百合米羹。生百合100克至150克，蜂蜜50克，搅拌蒸熟，临睡前半小时食之。适用于神经衰弱、睡眠不宁。

酸枣粳米粥。炒酸枣仁60克，粳米400克。将酸枣煎熟，去渣取汁，与粳米一起煮粥，每次适量食用。酸枣仁具有抑制中枢神经、镇静、催眠等作用。

玉竹猪心。玉竹50克，猪心500克。将玉竹切碎煎水两次，取汁1500毫升，再将猪心与药汁入锅内加葱、姜等调料同煮，至八成熟时，捞出放入卤汁中加入盐、糖等成浓汁，糊住猪心即可。玉竹猪心有安神宁心，养阴生津之效。

桂圆枸杞粥。桂圆肉15克、枸杞子10克、红枣5枚、粳米100克，酸枣仁15克(煎汁去渣)，共煮成粥，晨起空腹和睡前各服一次。适用于血虚眩晕、耳鸣、失眠等症。

桂圆芡实粥。桂圆肉、芡实各20克，粳米100克，酸枣仁15克（煎汁去渣），共煮成粥。食用时调入蜂蜜，分早晚服用。适用于神经衰弱、智力衰退、肝肾虚亏等症。

远志枣仁粥。远志、炒酸枣仁各10克，粳米50克，先将远志、酸枣仁水煎去渣取汁，再与粳米煮成粥。晚间睡前当宵夜食用，适用于血虚所致的惊悸、健忘、失眠等症。

核桃茯苓粥。核桃仁50克，茯苓25克，粳米100克。将核桃仁、茯苓研末，与粳米一同煮粥，可用食盐与香油调味，早晚各服一次。适用于心脾两虚所致的失眠、健忘、多梦等症。

芝麻核桃粥。黑芝麻、核桃仁各50克，桑叶60克，粳米100克。桑叶煎煮取汁去渣，芝麻、核桃仁研末，与粳米共煮成粥。加少许糖调味，早晚各服一次。适用于肾虚多梦、失眠、腰痛等。

猪心小米粥。猪心一只，小米100克。将猪心切成细丝，锅中放油微炒，和小米做成稀粥，加盐少许即可。以粥代饭，早晚各食一次。有宁心安神、促进睡眠之功效。

花生赤豆汤。鲜花生叶15克，赤小豆30克，蜂蜜两汤匙；水煎服，临睡前饮服，可治失眠症。

第4节 学会去除人生的焦虑感

人们在不同场合常有焦虑体验，这是一种正常的生理反应。然而，焦虑过度、持续时间较长就是一种病症了。

著名的心理学家爱丽恩指出：“人的认识直接影响情绪，错误的或不现实的认识会导致异常的情绪反应，进而产生各种身体和心理病症，如果矫正了认识，就能改善情绪反应并消除焦虑症状。”

那么老年人焦虑症到底有什么表现？老年人患上这种心理疾病后该如何调整

克服呢?

1、了解老年焦虑的原因

焦虑失调是我们老年心理疾病的重要成因和表现之一。经常看到有些老年人心烦意乱，坐卧不安，有的为一点小事而提心吊胆，紧张恐惧。这种现象在心理学上叫做焦虑，严重者称为焦虑症。

由于老年人的特殊生理和心理状况，老年性焦虑症通常有其特殊性：有较明显的自主神经功能紊乱症状，如失眠、健忘等；躯体化症状较突出，如头痛、头昏、胸闷、游走性麻木或针刺样疼痛感等；常与躯体疾病如中风、心脏病等合并存在。

老年性焦虑是老年人常见的心理疾病，通常是多种因素叠加诱导形成的。

(1) 心理状况变化

人到了老年，生理和心理状况发生变化，性格逐渐向以自我为中心、顽固、多愁善感及孤独等方向发展。

(2) 一些外在的刺激

人老了，某些急、慢性病痛也接踵而至，容易出现焦虑、紧张和恐惧心理。

通常情况下，老年人的焦虑往往与躯体疾病并存，二者之间又互为因果，形成恶性循环，使躯体症状表现得更加突出，因而往往忽略了焦虑的存在。

(3) 家庭因素影响

如经济财产问题、尊老爱幼问题、健康问题、邻里关系及突发事件等，如果处理不当，也容易让老年人陷入焦虑的泥潭中。

(4) 遗传因素影响

在焦虑症的发生中起重要作用，其血缘亲属中同病率为15%，远高于正常居民；双卵双生子的同病率为25%，而单卵双生子为50%。

有人认为焦虑症是环境因素通过易感素质共同作用的结果，易感素质是由遗传决定的。

最后，社会环境因素如退休后的失落感、对践踏社会道德的不满等也是常见的原因。

2、认识老年焦虑的分类

焦虑是老年个体由于达不到目标或不能克服障碍的威胁，致使自尊心或自信心受挫，或使失败感、内疚感增加，所形成的一种紧张不安带有恐惧性的情绪状态。一般而言，从焦虑的对象来划分，焦虑可分为三大类：

（1）现实性或客观性焦虑

如老年人渴望心爱的孙子、孙女考上大学，他们目前正在加紧复习功课，在考试前祖父母显得非常焦急和烦躁。

（2）神经过敏性焦虑

即不仅对特殊的事物或情境发生焦虑性反应，而且对任何情况都可能发生焦虑反应。它是由心理和社会因素诱发的忧心忡忡、挫折感、失败感和自尊心的严重损伤而引起的。

（3）道德性焦虑

即由于违背社会道德标准，在社会要求和自我表现发生冲突时，引起的内疚感所产生的情绪反应。有的老年人怕自己的行为不符合自我理想的标准而受到良心的谴责。如自己本来是被周围人认为是一个德高望重的人，但在电车上看到歹徒围攻售票员时，由于自己势单力薄，害怕受到伤害而故意视而不见，回来后，感到自己做了不光彩的事，深感内疚，继而坐立不安，不断自责。

从焦虑的缓急程度上来分，老年焦虑症可分为急性焦虑和慢性焦虑两大类：

急性焦虑主要表现为急性惊恐发作。患者常突然感到内心焦灼、紧张、惊恐、激动或有一种不舒适的感觉，由此而产生牵连观念、妄想和幻觉，有时有轻度意识迷惘。急性焦虑发作一般可以持续几分钟或几小时。病程一般不长，经过一段时间后会逐渐趋于缓解。

慢性焦虑症情绪可以持续较长时间，其焦虑程度也时有波动。老年慢性焦虑症一般表现为平时比较敏感、易激怒，生活中稍有不如意的事就心烦意乱，注意力不集中，有时会生闷气、发脾气等。

3、防治老年焦虑症的措施

焦虑心理如果达到较严重的程度，就成了焦虑症，又称焦虑性神经功能症。

焦虑症是以焦虑为中心症状，呈急性发作形式或慢性持续状态，并伴有植物神经功能紊乱为特征的一种神经功能症。这种疾病对老年人的身心有很大的危害，所以在老年人焦虑还没有演变成为疾病前，就应该及时做好防治工作。

（1）保持良好心态

进入老年，我们首先要乐天知命，知足常乐。古人说："事能知足心常惬。"老年人对自己的一生所走过的道路要有满足感，对离退休后的生活要有适应感。

在现实生活中，我们不要老是追悔过去，埋怨自己当初这也不该，那也不该。因为理智的老年人不应该注重过去留下的脚印，而应注重开拓现实的道路。

其次是要保持心理稳定，不可大喜大悲。人们常说："笑一笑十年少，愁一愁白了头"，"君子坦荡荡，小人常戚戚"，所以老年人要心宽，凡事想得开，要使自己的主观思想不断适应客观发展的现实。不要企图把客观事物纳入自己的主观思维轨道，那不但是不可能的，而且极易诱发焦虑、抑郁、怨恨、悲伤、愤怒等消极情绪。

其三是要注意"制怒"，不要轻易发脾气；遇事不要太心急，要以一颗坦然的心面对各种意外事件。

(2) 学会自我疏导

轻微焦虑的消除，主要是依靠个人，当出现焦虑时，首先要意识到自己这是焦虑心理，要正视它，不要用自认为合理的其他理由来掩饰它的存在。

其次我们要树立起消除焦虑心理的信心，充分调动主观能动性，运用注意力转移的原理，及时消除焦虑。当我们的注意力转移到新的事物上去时，心理上产生的新的体验有可能驱逐和取代焦虑心理，这是一种人们常用的方法。

(3) 经常自我放松

当我们感到焦虑不安时，可以运用自我意识放松的方法来进行调节，具体来说，就是有意识地在行为上表现得快活、轻松和自信。

比如说，可以端坐不动，闭上双眼，然后开始向自己下达指令："头部放松、颈部放松"，直至四肢、手指、脚趾放松。运用意识的力量使自己全身放松，处在一个宽松和宁静的状态中，随着周身的放松，焦虑心理可以慢慢得到缓解。

(4) 适应环境变化

很多老年人焦虑是由于外界社会环境的变化引起的，所以我们老年人应该学会如何融入退休后的社会，适应离退休后的各种变化。如通过积极的户外生活、参加老年大学、加入老年俱乐部等，及时适应社会环境变化，这样可以减少焦虑的发生。

(5) 利用药物治疗

如果焦虑过于严重时，还可以遵照医嘱，选服一些抗焦虑的药物，如利眠宁、多虑平等，但最主要的还是要靠心理调节。也可以通过心理咨询来寻求他人的开导，以尽快恢复。

如果患了比较严重的焦虑症，则应向心理学专家或有关医生进行咨询，弄清病因、病理机制，然后通过心理治疗，逐渐消除引起焦虑的内心矛盾和可能有关的因素，解除对焦虑发作所产生的恐惧心理和精神负担。

4、治疗老年焦虑症的方法

如果老年焦虑情绪继续严重，就会演变成为老年焦虑症，对老年焦虑症的治疗是综合性的，药物治疗虽然是主要部分，但还考虑到老年焦虑症的发病对比于青壮年有较多的心理因素，如生活单调、寂寞，若无子女在身旁孤独感会更甚；还有生活上的困难，对心理产生影响，都可能成为诱发因素。

此外，老年人合并躯体疾病，也要同时治疗，要考虑到多种药物应用的相互作用。

（1）利用药物治疗

一种是苯二氮类药物，这是目前临床应用较为广泛的一类药物，品种很多。

还有一种非苯二氮类药物，属于新一代抗焦虑药，根据症状还可以用一些抗抑郁药，但这些药物的使用都有严格要求，必须在专科医师的指导下进行。

选用抗焦虑药物要注意充分考虑到老年焦虑症患者的特殊心理，即更担心药物副作用、关注药品说明书的每一个细节、服药依从性较差、喜欢选用副作用小的中成药进行卫生保健。因此，老年用药要以“安全为主、疗效其次”为原则。选用安全性高、依从性好、疗效确切的中成药类。

（2）采用心理治疗

常用的有认知疗法、放松疗法、行为疗法和支持疗法等。

（3）利用认知疗法

这是目前心理治疗中最常用的治疗方法。因为患者对焦虑症不了解或有不正确的认识，对患者的情感体验和躯体感受应给予合理的解释，消除或减少其对疾病的过度担心和紧张，从而调动患者的能动作用。若同时联合药物治疗，更会提高疗效。

（4）“迪普音”音乐疗法

迪普音是一种对频率、相位都进行过特殊处理的声音，它的频率与人耳固有频率相同，能够在耳蜗、耳前庭狭窄的空域内引起共振，并通过共振对中耳、内耳进行按摩理疗，对耳神经能起到调剂的作用，能减轻耳前庭功能紊乱状态，能反馈到人的大脑，中枢神经和脑垂体，帮助内啡肽生成，可降低、平抚焦虑不安的情绪。

（5）选择支持疗法

老年焦虑症患者大多伴有某些心理问题，需要有人来帮助和支持解决，尤其是亲属的参与更为重要。

上面介绍的几种心理疗法，我们老年人尽量不要自己实施，应请由受过专门训练的心理治疗师来实施。我们要相信，通过合理的药物治疗和恰当的心理治疗，老年焦虑症会得到明显改善，并可争取到良好的治疗效果。

预防和治疗老年人焦虑症，除了常用的情绪疏导外，还要注意饮食。那么吃什么能帮助老年人调理情绪呢？具体的老年人焦虑症饮食原则如下：

一是：素食食用化痰、顺气的食物。如竹笋、冬瓜、萝卜、橘子、柚子、西瓜、海带、海白菜；肉食主张食用鸭子、鹅、鸽子、鹌鹑、乌鸡等。

二是：一些粥类食品也能起到养生静心的功效，如枣麦粥、人参莲子粥、山药大枣粥、肉桂粥、小米粥、南瓜粥等。

三是：多吃偏寒凉的食物和偏酸甜的食物。偏寒凉的食物有百合、芹菜、萝卜、薄荷和多种绿叶蔬菜；偏酸甜的食物可以缓解人的紧张不安。代表食物有：西红柿、红薯、山楂、苹果、赤豆、大枣、山里红、芍药花等。忌食辛辣、腌、熏类等有刺激性的食物，此外患者应按自己的体质有选择地食用适合自己的食物。

四是：以高蛋白、高纤维、高热能饮食为主，这是因为老年焦虑症患者容易失眠，加上心理的焦躁情绪会消耗掉体内的大量能量，因此及时补充营养有利于老年人的身心健康。

五是：补充充足的水分，维持脏腑的正常需要，润滑肠道，利二便，促进体内有害物质的排泄。

第5节 善于防治老年抑郁症

抑郁症是老年期最常见的精神障碍之一，据世界卫生组织统计，每年全球约有100万人以自杀结束生命，有相当一部分的自杀者在自杀前都曾出现过抑郁、焦虑等心理问题。专家预测，到2020年抑郁症将成为仅次于癌症的第二大杀手。

随着人均寿命的延长和老年性疾病发病率逐渐增高，老年人抑郁症的患病率也相应增高，严重危害了老年人的身心健康。如何解决老年人的抑郁症，也成为一个全社会关注的话题。

1、了解抑郁症的病因

老年抑郁情绪与一般的“不高兴”有着本质区别，根本不能混为一谈，它有明显的特征，综合起来有三大主要表现：情绪低落、思维迟缓和运动抑制。

老年抑郁症是一种情感性的精神疾病，其发病原因错综复杂，其中75%的病例都是由生理或社会、心理因素引起的。归纳起来，有以下几种：

（1）生理因素

老年人的各种身体疾病，如高血压病、冠心病、糖尿病及癌症等，都可能引发抑郁症。还有许多患慢性病的老年人，由于长期服用某些药物，也易引起抑郁症。

此外，抑郁症患者的家庭成员的患病率远远高于一般人群，其子女的发病率也高，说明此病与遗传因素有一定关系。

（2）心理因素

抑郁症的出现与老年期的各种功能性的丧失有较大的关系，这些丧失包括工作的丧失、收入的减少、亲友的离世、人际交往的缺乏等。

一是老年人退休后对于角色转变在心理上常常会出现不适应，如职业生涯的结束、生活节奏放慢、经济收入减少等，巨大的落差会产生失落感，导致情绪低落。

二是我们交往圈子变窄，人际互动减少，缺乏情感支持。

三是亲友的离世，特别是配偶的去世往往会对老年人形成较大的精神创伤，容易诱发抑郁症。此外，周围的老年朋友的逝世也会引起老年人对死亡的恐惧。

（3）人格因素

一般来说，素来性格比较开朗、直爽、热情的人，患病率较低，而性格过于内向、或平时过于好强的人易患抑郁症。这些老年人在身体出现不适、或慢性病久治不愈时会变得心情沉闷，或害怕患绝症、或恐惧死亡，或担心成为家人累赘，从而形成一种强大而持久的精神压力，引起抑郁。

2、认识抑郁症的症状

老年抑郁症是老年人常见的一种心理疾病，以情绪低落、兴趣缺乏、活动减少为主要表现，归纳起来，这种疾病的主要症状有：

（1）抑郁心境

基本特点是情绪低落，苦恼忧伤，兴趣索然；感到悲观绝望，痛苦难熬，有度日如年、生不如死的感觉；常用活着无意思、高兴不起来等描述其内心体验；典型者有抑郁情绪，昼重夜轻的特点，常与焦虑共存。

（2）思维迟缓

思维联想过程受抑制，反应迟钝，自觉脑子不转了，表现为主动性言语减少，语速明显减慢，思考问题费力；反应慢，需等待很久，在情绪低落地影响下，自我评价低，自卑，有无用感和无价值感，觉得活着无意义，有悲观厌世和自杀打算，有自责自罪，认为活着是累赘，犯了大罪，在躯体不适基础上容易出现疑病观念，认为自己患了不治之症。

（3）意志活动减退

主动性活动明显减少，生活被动，不愿参加外界和平时感兴趣的活动，常独处；生活懒散，会发展为不语不动，可达木僵程度；最危险的是反复出现自杀企图和行为。

（4）躯体症状

大部分老年抑郁病人都有躯体及其他生物症状，例如心悸、胸闷、胃肠不适、便秘、食欲下降和体重减轻。睡眠障碍突出，多表现为为入睡困难。

（5）其他方面

老年抑郁发作时也可能出现幻觉，人格解体，现实解体，呈现强迫和恐怖症状。因思维联想显著迟缓及记忆力下降，易影响老年患者的认知功能，出现抑郁性假性痴呆。

3、防治抑郁症的方法

老年人抑郁的后果极其严重，甚至危及生命，因此，要做好抑郁症的预防工作，一旦发现患上抑郁症，要及时接受治疗。

（1）培养广泛兴趣

老年人要多动脑、多学习。学习可延缓心理的老化，推迟大脑的衰老，所以人虽离退休了，学习却不能终止，每天多动一些脑筋，保持大脑功能的灵活性，可使人精神振作。老年人学习保健知识，还能指导自己更好地生活，防止疾病的发生。

（2）矫正饮食习惯

到了老年，一些不良饮食习惯要及时矫正。特别是要注意营养，可进食易消化的蔬菜、水果、鱼类，不宜进食含脂肪过多的食物。

老年人食欲不振，进食减少，会影响钾离子的吸收，当血钾过低时会产生情绪抑郁。所以当老年人食欲不振时，必须注意补钾。若因高血压而服用利血平、降压灵之类的药物，时间过长也可诱致抑郁情绪产生，应引起注意，及时更换药物，防患未然。

平时还要多吃一些富含钙类的食物，如黄豆及豆制品、红枣、韭菜、芹菜、蒜苗、鱼、虾、芝麻、冰糖、蜂蜜、核桃、牛奶等。忌食酒类及咖啡等食品。如果餐前用脑过度，进餐时情绪激动、愤怒，餐后立即用脑、用力工作劳动，均不利于病症的消失。

（3）注意起居生活

进入老年，虽然离退休了，但也要注意生活规律，适当参加一些力所能及的社会工作，发挥自己的能力。这样能使老年人体会到自己存在的价值，精神上有了寄托。而且由于保持了旺盛的精力，从工作生活中能得到乐趣，会感觉晚年生活是充实、幸福的。

（4）亲近大自然

生活中，老年人特别要注意心胸开阔、乐观舒畅。可在身体条件允许的情况下参加一些旅游活动，开阔眼界。大自然的美丽风光，可使老年人心情欢快、坦然。同时也可做些类似种花、养鱼、养鸟、钓鱼、下棋的事情，增加生活情趣，陶冶性情。

（5）避免精神受刺激

老年人由于生理机能衰老的步伐加快，一旦受了刺激容易出现消极情绪，就要积极摆脱它。如与家人闹矛盾生气，此时，可以通过听音乐、看戏、散步等方式来缓和一下情绪；若身体疲劳，兴趣减低时就要马上好好休息。

一旦出现负面情绪，不要恐慌，可以吃巧克力等自己喜欢的零食，先缓解焦虑情绪,也可以通过购物、运动等自己习惯的解压方式放松心情,但不可过度依赖。

（6）多与别人交流

老年人离退休后往往觉得孤独寂寞，平常缺乏兴趣爱好的老年人遇上不如意之事，更容易胡思乱想。不同境遇的老年人，如果多参加一些社区的活动，不仅可以扩大朋友圈子，而且不少老年人可以找到兴趣爱好相同的伙伴，既丰富了生活内容，又能通过相互交流，相互开导，使老年人的身心得到健康的发展，有效地预防抑郁症的出现。

因此，进入老年，特别是遇到不顺心的事情时，我们应广泛与亲朋好友沟通交流，说出自己的痛苦，寻找他们的帮助。同时应胸怀坦荡，真诚坦率，豁达大度，宽仁博爱，使自己有个好心情。多交几个无话不谈的朋友，你的快乐就会增加，忧伤就会减少。

（7）适当做一些家务

在日常生活中，老年人可在力所能及的情况下，协助子女做些家务，例如收拾房间、买菜、教导孙辈等，要知道老年人绝不是家庭的负担，他们丰富的人生阅历是家庭中最宝贵的财富。

（8）不过分关注健康

老年人要关心自己与家人的健康这本没有错，但决不能把所有的精力都集中在健康上，很多老年人的心理疾病经常是这样“研究”出来的，越琢磨就越觉得自己不舒服，很容易就陷入到一个恶性循环里，使自己在生活中看到的全是疾病，再也顾不上那些美好的东西，如此又怎能不抑郁呢？

（9）借鉴日光疗法

在冬季以及阴雨连绵的季节，老年人最易发生抑郁症。这与他们大脑垂体中松果体激素分泌失调，导致生物钟节律变化有关。因此，在冬季或阴雨天气利用室内灯光照射，可以明显改善老年人的抑郁症状。

(10) 采用按摩穴位法

简单的按摩减压法，操作如下：将右手中指尖放在左掌心——劳宫穴，再把左手中指尖放在右掌心，闭上眼睛，排除心中所有杂念，两手指尖用力按压两分钟。

另外，按摩“身柱”和“肩井”两个穴位。“身柱”位于背部第三胸椎下方，为了使颈、背伸直。指压时挺胸，一面缓缓吐气一面压6秒钟，如此重复20次。

采用同样的要领指压后颈根和肩膀中央的“肩井”，它能除去肩部的紧张，从而通过身体放松，来达到使时刻紧绷的精神放松的目的。

(11) 睡眠剥夺治疗

这是一种短暂剥夺睡眠的疗法。具体方法是我们在治疗日保持不睡觉，必要时可午休30分钟至60分钟，晚上通宵不眠；次日白天继续保持清醒，且不准午休，直至晚上睡眠为止，作为一次治疗，每周治疗两次，8次至10次为一疗程。当然，如果老年人伴有严重的躯体疾病，则禁用该疗法。

(12) 利用药物治疗

治疗老年抑郁症的抗抑郁药种类很多，如三环类多虑平、阿米替林以及四环类麦普林等。但这些抗抑郁药必须由医师根据病人的情况选用，患者应按医嘱服用，不可随意增减药量。

中医强调辨证论治，对老年抑郁症的诊治同样也是如此。中医对抑郁症首先要辨明虚实，然后分别选用不同的抗抑郁药物进行治疗。

抑郁症的实证常见的有肝气郁结、气郁化火和痰气郁结等。对肝气郁结者，症见精神抑郁，胸闷胁痛，腹胀嗳气，不思饮食，脉多弦细。其治宜以疏肝理气为主，可选用四逆散治之。方药及用法：炙甘草、炙枳实、柴胡、白芍药各3克粉碎为末，白开水调服，每天一剂，分3次服下。

对气郁化火上逆者，症见头痛头晕，胸闷胁胀，口苦咽干，苔黄舌红，脉多弦数，治宜清肝泻火，可选用加味逍遥散。方药及用法：当归、白术、茯苓、甘草、白芍、柴胡各6克，栀子、牡丹皮各3克。每天一剂，水煎服。

对痰气郁结者，症见咽中似有物梗阻，咯之不出，咽之不下。治宜利气化痰，可选用半夏厚朴汤等方。方药及用法：半夏、厚朴各10克，茯苓、生姜各15克，紫苏叶6克。每天一剂，水煎服。

此外，抑郁症的虚症通常可分为久郁伤神和阴虚火旺两大类。对久郁伤神者，症见精神恍惚，悲忧善哭，疲乏无力，治宜养心安神，可选用加味干麦大枣汤。方药及用法：炙甘草10克，小麦30克，大枣5枚，酸枣仁15克，远志、香附、柴胡、郁金、香橼皮各10克。每天一剂，水煎服。

对阴虚火旺者，症见眩晕心悸，心烦易怒，失眠。其治宜滋阴清火，养血柔肝，可选用滋水清肝饮。方药及用法：熟地、山药、山茱萸、茯苓、泽泻、柴胡、白芍、酸枣仁、当归各10克，牡丹皮、栀子各6克。水煎服，每天一剂。

第6节　抛弃敏感多疑的心理

敏感多疑是指神经过敏、疑神疑鬼的消极心态。具有敏感多疑心态的人往往固执己见，通过“想象”把生活中发生的无关事件拼凑在一起，或者无中生有地制造出某些事件来表现自己的成见，于是把别人无意的行为表现，误解为对自己怀有敌意。这种心理既会折磨自己，也会伤害别人。

据有关资料表明，多数老年人或多或少存在着不同程度的多疑心理，可以说敏感多疑问题已成为影响老年人生活质量的一个重大问题。

1、认识老年敏感多疑的原因

现实生活中，任何人都可能有程度不同的猜疑心，而在有些老年人身上则表现得更突出一些，这是什么原因呢?

这是因为到了老年，常常会出现一系列生理功能衰退的现象，如视觉不清，听觉不灵，记忆不强，行动不便等。而有些老年人当自己看不清、听不清又记不住时，就爱反复地发问，如果得不到比较满意的答复，有时就会主观臆断别人是在背后议论自己，甚至是有意讽刺、挖苦、欺侮、排斥、冷落和陷害自己。个别的老年朋友，还会疑神疑鬼地感到别人是在算计他，想偷窃他的财物。

所以，有些老年人常爱把存款之类的钱物东塞西藏，结果到后来自己也记不清也找不到时，就认为它果然被人偷走了。

还有少数老年人，常常对邻居和子女婿媳的一言一行斤斤计较，甚至向怀疑心理方向发展，轻者可以变成老年性格乖僻，重者可以患上以猜疑为主要特征的“老年期妄想症”。

由于猜疑，还可能引起“疑病症”。比如，年老体弱的人容易感觉身体不适，这本是很自然的，但有些老年人因对外界的兴趣减少，对自身的关切增多，且不时目睹同龄人不幸患病离世等，因此，自己略感不适便猜疑身体有病，急于投医求药，同时，一方面担心查出病情，害怕身患绝症，另一方面明知无病症时，又疑心医生和家属对自己隐瞒了病情。

总之，人老以后，性格特征也会发生一系列变化，归纳起来有：以自我为中心性；内向性；保守性；好猜疑；常往坏的方面去猜测、嫉妒心强；缺乏坚韧性和灵活性；比较执拗；适应能力较差；总是怨天尤人、牢骚满腹；疑心病大；依赖性强；有抑郁倾向。

这些变化首先是生理变化造成的。由于老年人感觉能力衰减，对外界认识造成困难、易于凭主观去猜测。老年多疑以胡乱猜疑、嫉妒、乖僻的形式反映出来。

精神方面的因素是多种的，如离开工作岗位，社会活动的减少，人际关系的疏远，以及家庭中的地位改变和不和睦等，均会使老年人的自尊心受到伤害，增加了戒备心，从而使老年人总处于紧张的防御状态。

凡事都有度，对于老年朋友来说，保留一份疑虑、多生个心眼或许可起到自我保护作用，但猜疑过度，且又毫无根据，则多半是病态现象。老年人如出现上述多疑现象，又不能接受别人的解释，事实摆在面前也不能令其信服，则已经转化为病态，应尽早去医院检查治疗。

2、防治老年敏感多疑的方法

患有敏感多疑这种心理疾病的老年朋友，常常使自己陷入一种痛苦、迷惘、惊恐的精神状态中，同时也给自己的亲人朋友带来了很多烦恼。因此，防治老年敏感多疑就成为保护我们老年人身心健康的重要问题。

那么如果患上了敏感多疑心理，应该怎么办呢？

（1）了解原因，树立信心

老年敏感多疑心理产生的原因，往往和消极的暗示有关。为了有效地防治“老年多疑症”，首先要了解它的起因。

其一，不安全感所致。到了老年，精力逐渐衰竭，体力不支。这种感觉，带给老人的心理感受是“我已经老了”。他认为，在家庭中他已从“当家做主”的地位上跌了下来，开始成为累赘，所以会由此生出许多“猜想”，如子女是否嫌弃他了等。往往会在疑心重重中越陷越深。

其二，主观臆断所致。老年人在判断问题时常常是以“经验”为基础的，带有许多个人经验的因素。因而，这些判断往往有失误。但是，越是这样的判断对于老年人就越有诱惑力。

如何解除这种由“不安全感”引起的“多疑症”呢？那就是树立老年人的自信心。所谓自信心，就是想方设法，用事实证明我们还没有老，应该让自己做些力所能及的事。

（2）认识危害，加强修养

老年人要认识到无端猜疑的危害及不良后果。英国哲学家培根说过：“猜疑之心犹如蝙蝠，它总是在黑暗中起飞。这种心情是迷惑人的，又是乱人心智的。它能使人陷入迷惘，混淆敌友，从而破坏人的事业。”

我们认识了多疑的危害，就要果断地克服多疑，要用高度的理智、宽阔的胸怀，友善的态度对待他人，只要我们心广大如天地，虚旷如日月，就不会为这些小事而斤斤计较，无端猜疑了。

（3）自我暗示，厌恶猜疑

当老年朋友猜疑别人看不起自己，在背后说自己坏话，对自己撒谎的时候，心里可以不断地反复地默念“我是他的长辈”、“他不会看不起我”、“他不会说我坏话”、“他不会对我撒谎”、“我不该猜疑他”、“猜疑人是有害的”、“我讨厌猜疑”等。

这样反复多次地默念，就可以帮助老年朋友克服多疑的毛病。心理学家证明，从心理上厌恶它，在观念和行动上也会随心理的变化而放弃它。

（4）热爱生活，培养爱好

老年人的最大痛苦是缺乏生活活力，为此，可以发展一些个人爱好，以激发对生活的热爱。

例如可以买一些金鱼、鸟雀之类的小动物，让自己增加新的生活情趣。也可以养一只小猫，与小动物之间建立感情交流。

生活中，还可以让自己多与亲朋好友来往，和家人多交谈。没事的时候让子女多陪同自己外出散步、游玩，以改变封闭的生活方式。

进入老年，生活圈缩小了，再加上耳聋更加重了孤陋寡闻。如果能够让子女与老伴常陪自己到外面走走看看，就可以用视觉、触觉、嗅觉、味觉来补偿其听觉的缺憾。这样能延缓耳聋老年人心理的衰老进程，缓解因耳聋而产生的古怪性格。作为耳聋老年人，本身也应以积极热情的态度对待生活，多与人接触，多开展一些爱好，丰富自己的生活，并且以更宽容的心态面对生活。

(5) 巧妙转移注意力

对老年人的多疑，儿女解释了几次之后，有时会有点不耐烦，他们常常会抱怨：“你怎么那么犟呢？”很明显，出现这种情况无疑对我们的打击很大，也会令子女头疼。

为此，平时我们可以告诉子女，让他们在我们出现多疑时找一些活动让我们转移注意力。

具体做法是告诉子女，当和我们起冲突时，子女不要和我们争论，尽量理解老年人因为年龄大而产生的一些情绪。如果和我们沟通总是有矛盾，子女可以把机会“让”给老年人的同学、朋友，同龄人的支持和理解，也许能让我们多疑的问题得到更好地化解。

另外，儿女如果有时间，可以让他们多和我们接触。以帮我们把注意力从那些“疑点重重”的事情上转移开。生活中有了新内容，新的社会关系，老年人自然会少留意过去的事。

当然，老年人敏感多疑的程度有轻有重，如果过重已经影响自己的生活，那时就应该去医院接受更为专业的治疗了。

老年人敏感多疑是一种不健康的心理表现，它是家庭成员、朋友、同事情感之树的蛀虫，是生活、工作道路上的羁绊。下面就介绍一些方法，帮助你克服这种心理：

一是身体疾病早发现。生理疾病是老年人出现精神障碍的高危因素，身体不舒服应及早就医，但不要对疾病过于焦虑。

二是身体动，心理也要动。有的老年人很注意锻炼身体，除此之外，还应注意多参加社会活动。和别人交流是一种“心理运动”，一些问题在交流中自然就过去了。

三是刺激性大的事情少参与。老年人打打牌，打打麻将是不错的脑力活动，但要注意输赢。如果输赢太大，尽量少参与。因为刺激太大对我们的心理会造成影响。

四是动用老年人的智力。据研究发现，60岁以上的老年人智力发展仍具有相当的潜力，老年人并不是“不中用”。所以我们应该加强学习，参加一些从前因为工作忙而没法做的兴趣爱好活动。

第7节 摆脱老年恐病症的心理

老年人经常看到身边的朋友、同事遭遇各种疾病，有的甚至被疾病夺去了生命。加之自己的身体也常常出现各种不适，所以，老年人更会感觉到人的生命似乎真的非常脆弱，所以特别容易产生对疾病的恐惧心理。

这种心理不仅会对老年人的心理造成不好的影响，对疾病的预防与治疗也会起到负面作用。

1、认识老年恐病症的心理

有一些老年人本来身体很健康，可一看到同龄好友生病或病逝后，也觉得自己身上这里痛那里痛，顽固地认为自己也患了某种疾病。虽经检查未发现异常，自己仍不能消除疑虑，由此产生恐惧、悲伤等消极情绪，给工作及家庭生活带来了不必要的影响，这就是“恐病症”。

老年恐病症的产生有以下原因：

（1）身体“自然滑坡”

到了老年，大部分人会出现“生物性衰老”现象，比如劲头不足、容易疲倦、胃口差、皮肤松弛、体重增加等。

（2）敏感多虑

老年人往往多思善虑，看了某篇医学科普文章，常会联想到自己，有时不免把自己身上的不适症状和书本上讲的来个对号入座。

(3)容易触景生情

老年人常去医院看望病人，总认为病人的今天就是自己的明天，惶惶不可终日。例如一位年逾古稀的洪阿婆去医院探望一位年纪相仿的患肺病的老姐妹，紧接着又参加了一位同事的追悼会。这让她联想到自己近几月的身体不适，于是长吁短叹。

(4)心情不佳

有些因工作不顺利、子女不孝或不在身边、经济拮据等原因，造成心情不佳的老年人，看到同龄人生病、致残或死亡后，很有可能赌气地想干脆和他们一起生病、致残或死亡算了。这样，由环境影响心理，心理影响行为，不知不觉中，自己也就仿佛真的成了“病人”了。

2、防治老年恐病症的心理措施

老年恐病症是一种不正常的精神心理状态，这种状态，对老年人的精神、心理和生理均有不同程度的影响，因此，如果我们有了恐病症，就必须尽快给予治疗。要对付恐病症，可从以下几方面着手。

(1)保持情绪乐观

临床实践证明，乐观的情绪可以使人的生理机能，尤其是免疫机能和内分泌机能处于最佳状态，可以增强机体抵抗力，协调机体反应性，有利于预防疾病；一旦真的不幸患上疾病，也比较容易治愈。

因此，“恐病症”患者应摒弃恐病心理，培养豁达、乐观的情绪，不疑病，不恐病，首先从精神和心理上拒疾病于千里之外。

(2)做好心理防御

不良的精神心理状态是“恐病症”产生的根本原因。心理状态正常者不疑病，不恐病，生了病也不害怕；而心理状态不正常者则无病疑病，小病疑大病，大病疑绝症，处处从坏处着想，逐渐成为疾病的奴隶。

由此可见，心理调节非常重要，它相当于一堵“防火墙”，可使人免于“恐病症”的侵袭。

(3)充分相信医生

关于老年人自己有病还是无病，小病还是大病，大病还是绝症，最有权威下结论的无疑是医生。

因此，老年恐病症患者一旦怀疑自己有病，切不可盲目“自我诊断”，“自我药疗”；不可自作聪明地找科普报刊甚至医学专业书籍“自我印证”，因为未经过医学专业训练的患者，无法驾驭复杂的医学专业知识；也不可求神问卦。而应该找信得过的医生，由医生帮你解决难题。

（4）正确对待疾病

人毕竟是血肉之躯，终会有患病的时候。如无患病固然可喜可贺，但如经医生检查我们确实是患有某种疾病，患者则应该面对现实，不逃避，不讳医，勇敢面对。在疾病面前，老年人应该“在战略上藐视疾病，在战术上重视疾病”，积极配合医生的治疗，把疾病治愈。这时，患者切勿以对付“恐病症”那套方法来对付真正的疾病，以免耽误病情，影响身体健康甚至危及生命。

除此之外，对付“恐病症”的办法还有一些，如有意识地向医生学习，增加防病治病的知识；培养坚强的意志，增强心理承受能力；多接触一些情绪乐观、身体健康的人，以便使自己潜移默化地受其影响等。

总之，恐病是没有益处的，老年人一定要善于创造一个欢乐、开阔的环境，用新的乐趣、新的知识丰富自己的生活，学会抵制恐病情绪。每当有了恐病思想时，可找知心朋友倾诉你心中的疑虑、恐惧感，千万不要闷在心里，因为这样反而会憋出病来。

克服老年恐病心理，需要老年人在对待疾病问题上，克服疏忽麻痹和神经过敏这两种心理。患病后要及时诊治，正确对待，又要防止“草木皆兵”，避免盲目猜疑。同时老年朋友也可以做好以下两点，来应对恐病心理。

学会宣泄恐病情绪。积极扩大兴趣爱好，如练习书画、养花养鸟、收藏垂钓、外出旅游等。充实的业余生活，能带给你融融情趣，能“乐以忘忧”。精神有了寄托，也就摆脱了孤寂、郁闷、恐病的折磨。另外，要广交益友，找知心朋友倾诉心中的疑虑、恐惧感，这有利于恢复心理平衡。

要充分认识“老有所学”的必要性。勤用脑可以防止脑力衰退。因此，老年人根据自身的具体条件和兴趣，学习和参加一些文化活动，如阅读、写作、绘画、书法、音乐、舞蹈、园艺、棋类等，不但可以开阔视野、陶冶情操，丰富精神生活，减少孤独、空虚和消沉之感，而且是一种健脑、健身的手段，有人称之为“文化保健”。

第8节 正确地面对老年强迫症

强迫症是以强迫观念和强迫动作为主要表现的一种神经症。以有意识的自我强迫与有意识的自我反强迫同时存在为特征，患者明知强迫症状的持续存在毫无意义且不合理，却不能克制的反复出现，甚至很痛苦，但却无法摆脱。

那么老年人应该如何面对老年强迫症呢？

1、了解老年强迫症的症状

强迫症是老年人中比较常见的一种病态心理，其症状多种多样，既可以是某一症状单独出现，也可为数种症状同时存在。在一段时间内症状内容可相对的固定，随着时间的推移，症状内容可不断改变。

（1）强迫观念

即某种联想、观念、回忆或疑虑等顽固地反复出现，难以控制。其中强迫联想表现为反复回忆一系列不幸事件会发生，虽明知不可能，却不能克制，并激起情绪紧张和恐惧。

强迫回忆表现为反复回忆曾经做过的无关紧要的事，虽明知无任何意义，却不能克制。

强迫疑虑表现为对自己的行动是否正确，产生不必要的疑虑，要反复核实。如出门后担心门窗是否确实关好，反复数次回去检查，不然则感到焦虑不安。

强迫性穷思竭虑表现为对自然现象或日常生活中的事件进行反复思考，明知毫无意义，却不能克制，如反复思考：“房子为什么朝南而不朝北？”

强迫对立思维表现为两种对立的词句或概念反复在脑中相继出现，如想到“拥护”，立即出现“反对”；说到“好人”时即想到“坏蛋”等。

（2）强迫动作

强迫的动作很多，主要表现为强迫洗涤，既反复多次洗手或洗物件，心中总摆脱不了“感到脏”，明知已洗干净，却不能自制而非洗不可。

强迫检查。通常与强迫疑虑同时出现，患者对明知已做好的事情不放心，反复检查，如反复检查已锁好的门窗，反复核对已写好的账单，信件或文稿等。

强迫计数。不可控制地数台阶、电线杆，做一定次数的某个动作，否则会感到不安，若漏掉了要重新数起。

强迫仪式动作。在日常活动之前，先要做一套有一定程序的动作，如睡前要按一定程序脱衣鞋并按固定的规律放置，否则会感到不安，而重新穿好衣、鞋、再按程序脱。

（3）强迫意向

在某种场合下，患者出现一种明知与当时情况相违背的念头，却不能控制这种意向的出现，十分苦恼。如母亲抱小孩走到河边时，突然产生将小孩扔到河里去的想法，虽未发生相应的行动，但患者却十分紧张、恐惧。

（4）强迫情绪

具体表现主要是强迫性恐惧。这种恐惧是对自己的情绪会失去控制的恐惧，如害怕自己会发疯，会做出违反法律或社会规范甚至伤天害理的事，而不是像恐怖症患者那样对特殊物体、处境等的恐惧。

（5）强迫对立思维

此种恐惧与病人的强迫性思维有联系，病人害怕自己会出现对立思维，而产生强烈的情绪反应。如害怕在某些场合自己会出现强迫，而感到恐惧，从而尽量避免出现在这样的场合。

2、认识老年强迫症的病因

引发老年强迫症的病因很多，一般可以把这些病因归结为遗传因素、性格特征及心理因素三个方面：

（1）遗传因素

研究发现，如果老年人的近亲中有患有强迫症的人，那么这类老年人的患病率高于一般老年人。

（2）**性格特征**

三分之一的强迫症患者病前具有一定程度的强迫人格，其特征为拘谨、犹豫、节俭、谨慎细心、过分注意细节、好思索、要求十全十美，但又过于刻板和缺乏灵活性等。

（3）**精神因素**

作为一种心理疾病，精神因素是该病的一个非常重要的诱因。一般认为，凡能造成长期思想紧张、焦虑不安的心理因素或带来沉重精神打击的意外事件，均是强迫症的诱发因素。

3、治疗老年强迫症的方法

一般来说，强迫症状有时严重，有时减轻。当患者心情欠佳、傍晚、疲劳或体弱多病时较为严重；在患者心情愉快、精力旺盛或工作、学习紧张时，强迫症状可减轻。而老年人整日没有多少事做，心情不好，再加上身体的某些不适，这些都会使强迫症状更加严重。

同时，因为有强迫症，老年人容易深感焦虑，主观上力图和强迫思维、动作对抗，结果反而越演越烈，严重时可能会作出一些过激行为，也有可能会进一步引发其他精神疾病。因此，如果我们患有强迫症，就应该抓紧治疗。具体方法有以下几个方面：

（1）**自我调整治疗**

对于老年强迫症患者来说，心理治疗的目的是使我们老年朋友对自己的个性特点和所患疾病有正确客观的认识，对周围环境、现实状况有正确客观的判断，丢掉精神包袱以减轻不安全感。

老年人要冷静分析本人的人格特点和发病原因，包括童年有无产生强迫症的心理创伤。如能找出原因，应树立必胜信心，尽力克服心理上的诱因，以消除焦虑情绪。如果老年朋友不能自己找出原因，可以寻求医生的帮助。认真配合医生，找出心理因素，进行系统的心理治疗或药物治疗。

日常生活中，老年人要以坚强的意志力克服不符合常情的行为和思维。矫正强迫症行为和思维要循序渐进，并持之以恒，不断总结成功的经验，同时多参加集体性活动及文体活动，多从事有理想有兴趣的工作，培养生活中的爱好，以建立新的兴奋灶去抑制病态的兴奋点。

采取顺应自然的态度。有强迫思维时，老年人不要对抗或用相反的想法去“中和”，要带着“不安”去做应该做的事。有强迫动作时，要理解这是违背自然的过度反应形式，要逐步减少这类动作的反应直到和正常人一样，坚持练习，必然有益。

注意心理卫生，老年人要努力学习对付各种压力的积极方法和技巧，增强自信，不回避困难，培养敢于承受艰苦和挫折的心理素质是预防的关键。

（2）人际关系治疗

此种方法强调人际关系的因素，避免单纯研究孤立的个人行为。它强调老年人在接受治疗的同时，也要动员家人、朋友加入进来。具体方法如下：

老年人要告知家庭成员，使他们成为我们心理分析的咨询员，或者称为欣慰治疗的助手，协助老年人实施反应阻止训练计划；把我们自己置于他们的严密监护下，当我们欲进行强迫动作或思维时，家人就应以谈话或邀请参加某种活动的方法分散转移我们的注意力，以阻止强迫动作和思维的发生。

（3）药物辅助治疗

患有强迫症的老年朋友，可用三环类抗抑郁剂及单胺氧化酶抑制剂治疗。

氯丙咪嗪，它对强迫症状有较好的疗效，同时对伴随的抑郁症状也有治疗效果。氯丙咪嗪的治疗剂量为150mg至300mg每日分两次口服。开始用时剂量宜小，再逐渐加量。

氟西汀，即百忧解，它对强迫症状有较好疗效，氟西汀的治疗量为每日20mg至80mg。

氯羟安定，它对强迫症状也有一定效果。氯羟安定的治疗量为每日1mg至2mg。

（4）精神外科治疗

严重的强迫症可破坏患者大脑的某些部位如额叶内下侧、扣带回等，因此，对少数症状严重、久治不愈的老年强迫症患者，应该请相对专业的精神外科治疗。

此外，四步法、生物反馈疗法、系统脱敏疗法、厌恶疗法、心灵重塑疗法、森田疗法、暴露疗法等，这些对于治疗老年强迫症都有一定效果。

老年强迫症是一种很顽固的心理疾病，我们越是想抵制它，它表现得也就越严重。通常情况下，转移注意力是治疗老年强迫症的一个重要方法。下面我就给你介绍一种转移注意力的方法，那就是15分钟法则。

对于患有强迫症的老年人来说，转移注意力不是件轻松的事。要将强迫思考瓦解，然后做该做的事，要花极大的力气，承受莫大的痛苦。我们运用15分钟法则，就是延缓反应的时间至少15分钟以上。

采用这种方法的原则就是：千万不要没有延迟就立即反应。注意这不是被动的等待 15 分钟，而是在这段时间内我们做“再确认”、“再归因”与“转移注意力”。然后我们要做其他有兴趣、有建设性的活动。

在一段时间之后，再评估强迫症的冲动，看看强度是否下降，并且记录下来。即使一点小小的下降，也要鼓励、奖赏自己。

虽然这种方法练习的目标是延迟15分钟，但只要不断地练习，将会大大地将低强迫症的强度。一般而言，越多的练习，就会越顺手。不久之后就可以延迟20分钟或30分钟以上了。

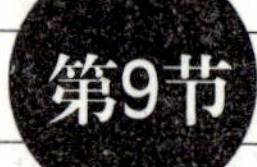

第9节 生老病死是不可抗拒的规律

生老病死是自然规律，是人力不可抗拒的，人人都会有死亡的这一天。古往今来，无论是帝王将相，英雄豪杰，还是平民百姓，凡夫俗子都无法避免。但是，在现实生活中，有很多老年人，却产生了恐惧死亡的心理。死亡或与死亡相关的各种字眼，都成了他们最大的忌讳。

那么，老年人应该如何认识和坦然面对死亡呢?

1、了解恐惧死亡的原因

现实生活中，每个人都怕死，老年人更是如此。很多老年朋友到老的时候才发现自己有很多事情没有做完，但自己已经老了，没有时间可以做自己想做的事情了，便觉得死亡是很恐怖的东西，而且遇到不好的子女不孝敬他们，使他们没有勇气面对死亡。

有些老年人一生病，就对死亡极其恐惧。看到墙壁或天花板，就以为那里有鬼，老是想到阎王要来索取他的命了，整日茶饭不思，精神恍惚。

那么老年人为什么这么恐惧死亡呢？从人类的进化来说，对于未知的事物保持恐惧，这并不是一个缺点，而是一种保护自己的手段。人死了，感知觉活动自然也就停止了，因此没有人知道死亡以后是怎么样的。对死亡的未知，也是人们会对死亡产生恐惧的原因之一。对老年人来说，死亡比年轻人要近得多，因此对于一无所知的“另一个世界”的恐惧，自然也比年轻人要多一些。

从社会心理学的角度来说，人到了老年，死亡的几率开始上升。也许自己还算健康，但当每次同学聚会，去公司参加庆典，与周围同伴聊天时，发现自己当年的同学、同事、老伙伴相继过世，难免不胜唏嘘，恐惧感也不禁在心底产生了。

同样，从自己的角度来说，死亡意味着和伴侣、子女的诀别，如果家庭关系和睦，对彼此都恋恋不舍的，自然也会害怕与他们分开。所以对于老年人来说，死亡带来的孤寂感，也是让人恐惧死亡的原因。

此外，人类是有想象力的动物，当我们从电影、电视剧、新闻报道等节目中看到那些濒死者的挣扎、呻吟，亲属的哀号，往往会想到“自己死的时候会不会也是那样？”这种对痛苦的害怕，不免会转移到恐惧死亡上来。

2、以平静的心态坦然面对死亡

不管我们怎么想，人总是要死的，生老病死是不可抗拒的自然规律。正因为死亡的存在，才能使生存变得更有意义更有价值。平静地面对死亡，是迫不得已的选择，是一种没有选择的选择，但是也是一种积极的、勇敢的选择。

老年人不仅要正视死亡这一现实，更应该将死亡与生命融合起来，以平静、淡然的心态迎接即将来临的死亡，从容地走完自己生命的最后一段旅程。要做到这一点，需要重视以下几方面：

（1）做好心理准备

一般说来，很多老年人一般都能预感到自己的时间不多了，此时应该有计划地安排好自己的剩余时间，让自己的晚年生活过得丰富而多彩，不使生活中留下过多的遗憾。

（2）克服懦弱思想

有些老年人因为恐惧等原因，常常还会选择一些极端的行为，如自杀等。老年人应该明白，生比死更有意义，活着就是一种幸福，任何人都没有理由轻生。

死亡只是使我们的生命划上了休止符，而世界照旧存在。但是对于我们来说，一切都消失了，没有声音，没有色彩，死让我们失去了独一无二的真正的存在，认识到这一点，我们就更应该珍惜自己的生命，以积极的态度对待人生。

（3）提高心理品质

老年人正确地对待死亡，还需要成熟的个性、良好的适应能力、坚强的意志力和稳定的情绪等心理品质，这对于一个人的整个生命过程都是至关重要的。

法国的哲学家蒙田老年人说："人到老年，既受不了生，也受不了死，对生活既不反抗，也不能逃避，怎么办呢？"对此他下了结论："人生的幸福取决于安详和知足的心境，果断和自信的心灵。"在即将告别人世之际，这份安详和知足、果断和自信对于保持平静的心态，显得尤为重要，也尤为珍贵。

（4）有知足心理

"知足常乐"是很多信奉中庸一类人的人生格言，生活知足，寿命也要知足。"人生七十古来稀"，在此之前离开人世的又有多少？对自己的寿命知足，会使以后的生命更加丰富多彩。

（5）要重视现实

人总是要死的，我们虽然可以通过锻炼、保养、医药等争取健康长寿，但何时死亡是谁也无法预料的。"生死由命"虽是宿命论观点，但也是人们无法抗拒的现实。"死去原知万事空"，留恋、牵挂是没有用的。

既然如此，我们又何必对死亡害怕和恐惧呢！与其怕死也死，不怕死也死，那我们又何必怕死，把死看做是一种回归不是更好吗！

毛泽东说："战略上要藐视敌人，战术上要重视敌人。"我们老年人对待死亡也一样，在战略上藐视它，不怕死。在战术上重视它，坚持科学锻炼、保养、防病治病，争取健康长寿。我们主观上不怕死，客观上就有可能不死，这是健康长寿的另一个方面。

“人生七十古来稀”这是旧中国贫穷落后的结果，现在我国的平均寿命已达70多岁，耄耋老年人多得很，百岁老年人也不少。但人到“古稀”总是“隔天远，隔地近”，死亡总会不期而至，或迟或早无法预料，所以我们要能够正确面对死亡。具体可以参照以下做法：

一是正确地对待疾病，疾病是人类的敌人，它会危及我们的生存。和疾病作斗争，某种意义上是指和死亡作斗争。积极的心理活动有利于强化人的免疫功能，乐观的态度、充足的信心是战胜疾病的良药。

二是树立正确的生命观，老年人应该明白，任何人都不是为了等待死亡而来到这个世界上的。因此，正确的人生观、价值观，是每个人心理活动的关键。生活、学习、工作、娱乐才构成了人生的意义。

第10节　克服厌世轻生的心理

近年来，随着我国人口老龄化日益明显，老年人厌世轻生行为也越来越受到社会的普遍关注。一般认为，老年人风雨一生，历经世间沧桑，心理上应该更加成熟，不会轻易选择轻生这条绝路。

那么，老年人为什么会有厌世轻生的心理，老年人厌世心理应该怎样克服呢？

1、认识厌世心理的产生原因

我们在经历世间的风风雨雨之后，不知不觉间跨入了人生的暮年。劳累了一生，此时安闲下来，本应该安享晚年。不幸的是，有些老年人迫于各种压力，却厌恶人世，视余生为畏途，心理处于极度压抑、消沉甚至绝望的状态。

老年人产生厌世心理的原因是多种多样的，归纳起来大致有两大类。

（1）外在原因

最为普遍的是受子女或其他亲属的抛弃虐待，使生活失去依托，对前途失去信心，心里感到极度的压抑、空虚、孤独、失望和悲观。

此外，家庭纠纷、经济拮据、老年丧偶、夫妻离异等，都可能使老年人感到晚年生活无趣无望，产生严重的丧失感和绝望感。

（2）内在原因

最多的情况是体弱多病，病魔缠身，久治无效，对生活失去信心和乐趣。还有些老年人性格孤僻偏执，不善社交，觉得生活孤单寂寞，苦涩乏味，会产生厌倦感。

2、应对厌世心理的措施

厌世心理是一种非常消极的情绪，他对各个年龄段的人都有很强的危害性，尤其是老年人。老年人要克服悲观厌世心理，就需要摆脱孤独，始终保持一个健康向上的心态，顺利走完人生的最后历程。

（1）正确的人生观

人为万物之灵，这是因为人具有思维能力，即人所独有的极其复杂、丰富的主观内心世界，而它的核心就是人生观。如果有了正确的人生观和世界观，一个人就能对社会、对人生、对世界上的万事万物持正确的认识，能采取适当的态度和行为反应，就能使人站得高，看得远，做到冷静而稳妥地处理各种问题。

也许在进入老年以前，我们的人生观中包含了很多积极的，勤奋的，凡事追求完美等心态。进入老年以后，我们的人生观可能要做一些调整，不要对自己过分苛求，应该把奋斗目标定在自己能力所及的范围之内。尽量使自己有完满完成目标的可能。这样，心情才会十分愉悦。

（2）保持乐观心态

乐观是心胸豁达的表现，乐观是生理健康的前提，乐观是人际交往的基础，乐观是生活快乐的保证。虽然我们已经进入老年，事业很难再有突破；虽然我们可能疾病缠身，每日忍受疾病痛苦；虽然亲人子女可能对我们不孝，我们终日处于孤独、无助状态……但是，只要老年人愿意，都可以保持乐观。因为，乐观将使我们心理年龄永远年轻。

（3）学会调控情绪

进入老年的人情绪也会多变起来，消极的情绪会经常找上我们。因此，我们要学会自我调控情绪，排除不良情绪，让自己在愉快的环境中度过每一天。

积极向上的情绪，使人心情开朗，轻松稳定，精力充沛，对生活充满热情与信心。因此在生活中应避免不良情绪的发展，遇到不好的事，要换个方法变个方式思考，我们将大有收获。

遇到不愉快的事情，我们应及时向朋友、亲人倾诉，以疏散郁闷的情绪。自我放松，多参加休闲运动。积极参加集体活动，搞好人际关系，我们会发觉自己的每一天都是快乐的。

（4）不嫌弃自己

不嫌弃自己的人，对别人的褒贬好恶也就比较淡然，而自我嫌弃心理特别重的人，对他人也就非憎必爱了。在人际关系中如果大家都自我嫌弃，关系一定搞不好，如果对自己的性格急躁不以为然；能够自我宽容，那么他对同样是性格急躁的朋友也能够宽容。在宽容的人际关系中，我们就会觉得人生很美好，也就不会产生厌世心理。

（5）不自寻烦恼

老年人有些烦恼是自己寻出来的，俗话说："自作自受"。不要为一些小事而大动肝火。"塞翁失马，安知祸福"，凡事都有两重性，既有好的一面，又有坏的一面，因祸得福、乐极生悲是生活中常见的事。因此老年人对一些生活琐事不要过分认真。

（6）避开差的环境

我们老年人常常会遇到一些不愉快的场景，并给我们的心理留下了一些阴影，例如看到一些亲人临终的痛苦，参加一些朋友的追悼会等。

既然这些环境会影响心情，我们可以尽量回避去参加这些活动。对世俗复杂环境能避开的就避开，不要轻信别人的胡言乱语，这对我们的心理健康会有很大的帮助。

（7）培养多种兴趣

老年人一般时间比较充裕，如果没有一些感兴趣的事情可以做，就会产生孤独感。因此，我们应该注意在日常生活中培养一些个人兴趣爱好，如种花、喂鱼、养鸟、下棋、绘画、集邮等，在积极参与各种活动中消除孤独心理。

（8）与晚辈交朋友

老年人如果只有同龄朋友，往往会在好友的相继去世中体会到自身"来日苦短"，从而产生悲观情绪。因此，我们在多与老年人交友的同时，还应该多与晚辈交朋友。

这样一方面可以摆脱孤独心理，另一方面还可以在年轻人蓬勃向上的情绪中受到积极的影响，找回青春，恢复信心。

（9）活到老学到老

老年人离退休后不能完全脱离社会，应该多寻找一些合适的机会，不断补充新的知识，继续发挥个人余热。在体现自身价值的过程中，延缓衰老进程，摆脱孤独心理，保持身心健康。

日常生活中，老年人除了要帮助摆脱孤独、克服厌世心理外，我们还应该尽量远离各种危险品，如果有身体疾病，应积极接受治疗，更不可被人蛊惑，一时糊涂走上绝路。

实践表明，人们日常生活中的一些行为是可以改变人的心情的。为了克服自身的厌世心理，我们老年朋友就可以从身边的小事做起，来改变我们的厌世心理。

每天都能保持甜美的笑容。对生活失去兴趣的人，经常眼神呆滞，愁眉苦脸，而对生活充满希望的人，则眼睛总是闪闪发亮满面春风。

人的面部表情与人的内心体验是一致的。笑是快乐的表现。笑能使人产生信心和力量；笑能使人心情舒畅，精神振奋；笑能使人忘记忧愁，摆脱烦恼。所以，我们老年朋友要学会笑，学会微笑，学会在受挫折、受疾病困扰时笑得出来，就会提高对生活的乐观情绪。

做人一定要昂首挺胸。遇到挫折而气馁导致厌世的人，常常会垂下头。而乐观的人，得意的人，获得胜利的人总是昂首挺胸，意气风发。如果我们每天都能够昂首挺胸，我们的情绪也会在不知不觉间改变的。

第三章

情绪保健的心理调控

心理学认为："情绪是指伴随着认知和意识过程产生的对外界事物的态度，是对客观事物和主体需求之间关系的反应。是以个体的愿望和需要为中介的一种心理活动。情绪包含情绪体验、情绪行为、情绪唤醒和对刺激物的认知等复杂成分。"

大量生活实践表明，积极的情绪有利于身体健康，而消极的情绪则会对健康带来不良影响。所以，老年人必须培养和建立积极乐观的情绪，使自己的情绪与生活协调一致，为祛病延寿提供可靠保证。

第1节 不要让孤独感笼罩心灵

孤独感是一种封闭心理的反应，是感到自身和外界隔绝或受到外界排斥时所产生的孤伶苦闷的情感。一般而言，短暂的或偶然的孤独不会造成心理行为紊乱，但长期或严重的孤独可引发某些情绪障碍，降低人的心理健康水平。

孤独感还会增加与他人和社会的隔膜与疏离，而隔膜与疏离又会强化人的孤独感，久而久之，势必导致严重后果。所以老年人要善于面对孤独、化解孤独。

1、了解老年人孤独的原因

有人说，人老就意味着孤独。的确，人到老年后，生活圈子日渐缩小，曾熟悉的群体日渐疏远，子女要忙的事越来越多而对父母无暇顾及，于是前来听老年人倾诉内心情感的人也日益减少，致使孤独感常与老年人相伴。

据资料反映，约有三分之一的老年人经常有孤独感。总的来说，老年人孤独感的原因主要有以下几个方面。

（1）家庭方面

在家庭结构方面，目前我国的家庭结构已经从传统“四代同堂”的大家庭中分化出来，成为“两代同堂”或“小夫妻”型的家庭结构，子女婚后大多离长辈而去，难得一聚。

与子女相处方面，好儿女志在四方，坏儿女嫌弃老年人。大凡有事业心强闯荡天下的子女，很少能守在父母身边，伴随父母。某些良心欠佳的子女，仅对父母的遗产和劳动力感兴趣，而对老年人的生活、健康状况，兴趣爱好全然不顾。

在与子女关系方面，很多老年人与子女合不来。老年人与年轻人的代沟有扩大趋势，老年人固守的价值观念、生活方式、不为后生认可，由此而疏于代际交往，与子女分开生活。同时，随着生活节奏的加快，亲人整日忙碌，无暇与老年人接触。

此外，丧偶等因素也会造成老年人心理上的孤独感。对于那些单身老年人来说,受制于“老不正经”压力或子女的阻拦,不能再婚,也是造成孤独的重要原因。

（2）事业方面

因离退休而离开了工作单位和同事，从开放的大范围退缩到封闭的小圈子，原有的知识结构，技能训练能力，往往已不适应现代社会。

（3）兴趣方面

进入老年，兴趣索然，自娱乏门。有不少老年人未培养起自己的兴趣爱好，离开工作岗位后，除了吃饭睡觉，便是看电视、身心无所依托。

（4）病理和生理的变化方面

如脑动脉硬化、某些激素水平的变化等，可使有些老年人性格变得孤独、怪癖。

同时，老年人经历了数十年的风风雨雨，经受、饱尝了人生中所有的甜酸苦辣，遭受过无数的挫折和打击，体验人生生存的艰难，幸福的来之不易。所以人到老年为人处世更为谨慎，更为老练，这是老年人的优点，是老年人的宝贵财富。但老年人谨小慎微，畏畏缩缩，顾前思后，这就成为弱点、缺点。所以老年的另一特点，一般是胆小怕事。由于老年人的胆小，所以老年人更经不起孤单，经不起孤独。

此外，随着社会的发展，封闭的现代高楼居住环境，更加重了老年人孤独的状态。

2、认识老年人孤独的危害

孤独的危害不在于生活上的独处，而在于心灵上的感受，如果心灵充实，兴趣广泛，那就不会有“孤独”的感觉，如果心灵空虚，无所事事，这时的独处，就会带来恐惧、就会越想越烦，越想越怕，结果会带来恶性循环。

孤独的危害首先表现为，孤独感蒙蔽了心灵，孤独感遮挡了阳光，孤独感阻塞了视听。

独处并不值得怕，可怕的是对独处的恐惧，焦虑、胡思乱想。结果就会背上沉重的包袱。这时的独处危害就大了，它表现为心灵空虚，思维失常，行为迟钝，精神呆板，所有的危害很快就会相继侵袭而来。而这都是由于错误的孤独感所带来的祸害。

具体来说，孤独感对老年思维的危害可表现在下列各点：孤独感产生形成后，大脑思维就会集中在孤独的恐惧、恐慌上，大脑的思维功能几乎全部被孤独的恐慌所占据，其他的思维都会被排斥，以致除了整日忧虑恐惧孤独外，其他都成了空白；什么兴趣也没有了，什么事也做不好，什么东西也学不进去，甚至连记忆也会减退，这就是大脑的思维功能出现危机，大脑的心理功能发生故障，发生紊乱。这时，人对环境的看法起了变化，一切都可能变成灰色的，家本来是最温暖的地方，这时就会变成了冰窟。

孤独对老年人生理方面的危害也是非常巨大的。越来越多的研究证实，孤独会对人的生理带来沉重打击。美国的最新研究甚至显示，孤独伤身等同于每天酗酒或抽15根烟。

研究表明，孤独的人血压比社交活跃的人高出30毫米汞柱，患心脏病和中风的可能性比普通人高3倍，死于心脏病和中风的概率达到正常人的两倍；孤独的人容易染上不良嗜好，因为它会削弱人的意志力和决心，容易放弃运动，倾向于摄取更多脂肪和糖分、烟酒；孤独的人睡眠不好，衰老得快；孤独感会增加人体压力激素皮质醇的分泌，从而削弱人体免疫系统，增加患癌风险。

同时，孤独的人，体内往往缺少热情物质，比如让人活力四射的多巴胺和让人稳如泰山的血清素。这些神经递质的长期缺乏，很可能最终诱发抑郁症和隐性精神分裂。

3、消除孤独的方法

老年人的孤独是可以摆脱的，而且是应该摆脱的。有一项调查，88名百岁老年人孤独忧郁的只有4名，占4.5%。而大部分的长寿老年人都能够调整心态，摆脱孤独。所以我们老年人要想长寿，要想有一个幸福、充实的晚年，就要调整自己的心态，走出封闭自己的圈子，尽快摆脱孤独。

（1）正确对待现实

老年人都喜欢怀旧，总拿过去的幸福生活与现在的衰老做比较，回忆过去的美好时光难免令人产生伤感、孤独情绪。

此时，我们老年人要面对现实生活，要明白生老病死是自然规律，坦然接受失去亲人的事实。子女成家后，关心老年人的时间少了，也应谅解，不要对子女要求过高。只有以坦然的心态面对身边的各种变化，才能坦然面对现实。

（2）参与社会工作

所谓参与社会是指老年人退休后，根据社会的需要和本人的能力，通过不同的途径，选择适当而又有意义的工作为社会作贡献。

凡是有一定精力的老年人，都应该根据自己的不同情况，选择一种或几种老有所为的形式和内容。老有所为的形式和内容很多，可以因人而异。老农民领上儿女，发展庭院经济，培植山林，是一种为；老工人传授技术，为兴办乡镇企业服务是一种为；老专家、工程技术人员用其所长而返聘是一种为；老厂长、经理当现任企业领导人参谋的是一种为；离退休学者著书立说是一种为；万千老年人为儿孙们管好家务，支持中青年在各自岗位上拼搏，也是一种有意义的为。

有理论、有文化、有经验的老年人可以老有所为，需要老有所为。没有一技之长，文化水平低的家庭老年人也一样可以有所为，也需要有所为。社会发展、家庭料理，需要老年人们有所为，而且老年人自身的精神生活也需要有所作为。

按心理学观点，真正的快乐是在从事建设性、有意义的活动中产生的，是在获得成绩、增强信心得到自我满足的时候产生的，也是得到他人的承认、接受、肯定的时候产生的，科学发明的获奖，除了本身的社会价值外，还为成功者带来了真正的快乐。

在老有所为中，我们广泛地接触人，建立新的良好的人际关系。为提高工作效率，还必须了解工作内容、性质和涉及的方方面面，既可增长知识，加强人际交往，结交新朋友，又可以消除孤独与寂寞，增添生活乐趣。

（3）广交朋友

人们的快乐在与他人处于良好关系中产生，是在人与人相互依赖和信任中得到的，老年人也不例外。在与他人的交往中，自己能满足他人的需要，自己也能得到他人的支持、鼓励和帮助，从而产生对他人的信任和尊重，这样的人也会感受到真正的快乐，良好的人际关系在心理上给人以温暖，是爱的源泉。老年人可以在人际交往中消除寂寞、得到慰藉，寻求真正的快乐。

同时，人们在玩笑中和娱乐中也有快乐感。朋友聚会可以给人提供生活的享乐，能使人紧张之余得到放松，可以调剂生活，对身心健康是有益的。

（4）上老年大学

老年人要排除孤寂，除了参与社会活动外，还有一条重要途径就是参加老年大学的学习。

生活中，老年人把老年大学当做勤于学习的场所，又视为老年乐园重新回到社会生活中来，可以结识新朋友。老年大学的学员除上课外，还组织游园、参观、举办舞会、节日联欢等活动。

老年大学帮助老年人，消除了孤独，满足了爱好，挖掘了潜力，掌握了本领，增强了幸福感和生存的价值，促使老年人过着积极的健康生活，所以，老年大学既是一所传授知识的学校，又是老年人排除孤寂的场所。

(5) 多与别人谈心

生活中，老年人整日在家，活动范围小，又年老、体弱多病，加上对子女的牵挂和对往日好友的思念，内心常常不平静。精神上的这些苦恼、烦闷、忧虑需要向外宣泄，向人诉说。因此，多谈心无疑对我们老年人消除孤独非常有用。

为此，平时我们可以与家里的子女们聊聊天；邀请一些老年朋友来家里坐坐，聊聊天；给亲人、朋友打电话，谈谈心等。

(6) 探寻自娱之道

老年人是得天独厚的“悠闲族”，有人称离退休是“第二人生”之始。此时，没有子女相随，卸了抚育重担，正可自寻乐趣。

为了克服孤独感，老年人可多培养体育锻炼、书画、养花等兴趣爱好，充实自己的生活，使自己在精神上有所寄托。此时，我们老年人可以选择鱼虫花鸟、走亲访友，身心怡然。甚至有点癖好也无妨，幽默闲适大师林语堂称：“名、利、色、权，都可以把人弄得神魂不定，只这趣字，是有益身心的。”可见有了这种消闲自娱、仰赖健全、乐观的心态，就会感觉到越活越有味，孤独也就不见了踪影。

(7) 和谐邻里关系

老年人最愿意接触的是邻居，因为他们具有人际吸引的主要因素之——邻近性。和邻居和睦相处使老年人不会感到孤独。俗话说：“远亲不如近邻。”只有对共同生活在周围的人怀着友好而健康的情感，与之互谅、互爱、互助，才不会有孤独的感觉。

学会利用独处的时光，变孤独为思考。长则思考自己的成就和未来，短则想想自己的一天过得怎样，都好过于沉浸在孤独中不能自拔。

面对孤独，我们老年人不要过多地考虑它，而要在忙碌着设计自己的生活和工作。如果我们有看不完的书和做不完的事，时刻处在寂静的环境中学习、思考、构思、创作，在这种情况下，寂寞就变成了提高自己的源泉。

老而好学是老年人告别孤独的一个好方法。同时，老年孤独的结果，首先会使我们孤陋寡闻，头脑自我封闭起来，形成精神空虚。由精神空虚而六神无主，行动上就会混乱起来，哪还会有绚丽多彩的晚年?

同时老而不学，只吃老本，也无法适应日新月异的社会发展。不仅难以实现老有所为而且有时还会拖社会的后腿，对新事物这也看不惯，那也看不惯。所以，我们老年人要告别孤独，就要重视学习。

老年人学习的方式是很多的。平时在家庭里，读书看报，看电视，听广播，网上浏览各种新闻信息是常用的学习方式。它可以为我们打开通向社会的窗口，可以使你足不出户而遨游世界，可以知道历史上社会上的种种变化和论断，也可以令你每天每时观察到现代政治、经济、科学、文化瞬息万变的形形色色。

同时，有条件的地方，可以上老年大学，可以参加一些老年协会。例如现在很多城市都有老年摄影协会，老年集邮协会等。我们老年人参加这些协会，多与具有共同爱好的老年朋友相互学习，这样既增加了我们的知识，又丰富了我们的晚年生活，而孤独也在我们参与的繁忙中，偷偷溜走了。

第2节 要摆脱老年吝啬的心理

节俭是我国人民的传统美德，在老年人身上体现得最为明显，这很值得称颂。但凡事都要有一个度，很多老年朋友过分节俭，到了自私、吝啬的程度就不好了。现实生活中，这种情况并不少见。不少老年人随着年岁的增长，变得越来越自私吝啬。

老年人的这种吝啬心理不仅会使别人感到不快，还有可能招致别人的讥笑。那么我们老年人应该如何克服小气、吝啬心理呢？

1、了解老年吝啬的原因

有不少本来慷慨大方的人，进入老年后不知不觉间居然变得小气吝啬起来了，样样都要分个“我的”、“你的”，甚至对自己的妻子、儿女也要留个心眼。这种变化常常会让身边的晚辈觉得难以理解。

其实，老年人的自私，是人在老年期的一种变态心理，与通常人在思想上存有的自私有本质上的不同。常常是由于老年人对周围环境存有一种不安全的感觉，才促使他们以“自私”去适应变化的环境。

一般说来，我们老年人容易产生自私心理的根源有以下几条：

（1）缺乏他人的关心，在经济上要依靠他人

因为有了经济上的顾虑，所以变得吝啬起来。

（2）社交范围缩小，是非判断能力开始逐渐减弱

社会上有一种“亲生仔不如近身钱”的说法，这使一些老年人不管现实状况如何，盲目担忧落到悲惨境地而变得自私。

（3）社会地位和家庭处境有了改变

有的老年人曾经在工作中身居高位或在家庭中独掌大权，年长退位释权后，只好退求其次去控制一些小事小物。

（4）人越老，心性越像“老小孩”

试问有几个小孩子没有一些自私表现？所以老年人的自私吝啬和孩子的这种自私表现有一定的相似性。

最后，老年人的吝啬还可能是一种消极的自我防备：焦虑是人的行为的基本能力。为了应付各种焦虑，人们会本能地建立起自我防御机制。冷漠、吝啬、没有责任感就是这种防御机制的表现。

此外，老年人的自私吝啬心理还有可能与早年的生活经历，对社会问题的看法，以及心理存在的一些担忧等因素有关，如“过去穷怕了”、“习惯成自然”、“还有个小孩没有结婚”等。

2、认识老年吝啬的表现与危害

在报刊上我们常常也会看到这样的“奇闻”：某地一位拾破烂的老年人，平日里吃不像吃，穿不像穿，在她死后却发现有大量的钞票塞在墙角落里。其实这种现象就是老年吝啬的表现。一般说来老年吝啬的表现有以下几大方面：

（1）节俭、小气

吝啬的老年人的一个突出的表现是小气，对自己的东西总是很珍爱，即便是很不值钱的一点东西，也舍不得送人。在生活中很节俭，虽然自己有钱，但吃饭穿衣总是过分的节省。

（2）自私性

吝啬的老年人非常计较个人得失，碰到事情总怕自己吃亏，对个人利益丝毫不能让步。总是高估别人，低估自己，永不知足，因而也具有贪婪小气之心。

（3）冷漠性

吝啬的老年人非常看重自己的财富与利益，为了获得更多的利益，可以对别人的苦楚表现得冷漠无情，即便是自己的儿孙，有时也不去考虑。

（4）封闭性

吝啬的老年人很少参加社交活动，也不关心周围的事物，不愿意帮助别人。

吝啬心理虽然看起来就是小气一点，并没有太大的坏处，但实际上它有很多其他方面的坏处。

对自己的伤害。由于有吝啬心理，很多老年人在生活上总是过于节俭，吃不好，穿不好，甚至有病也不舍得看医生，这自然对老年人的身体不利。同时，由于吝啬，有时看到老伴、子女把东西送人、花销很大等行为时，总是心理很不舒畅，好像是吃了大亏一样。

对别人的伤害。不少有吝啬心理的老年人，把自己的东西藏得很秘密，即使自己的儿女也不给，这自然会引起儿女的反感，从而容易造成与晚辈关系的紧张。

在与外人相处时，很多老年人非常吝啬，不愿意把自己的东西和别人一起分享，别人有困难不愿给予帮助，这自然会引起别人的反感。时间长了，就容易把我们孤立起来了。

老年人本来就很孤独，如果再因为吝啬使子女不愿理自己，原来的朋友不愿和自己交往，有困难的时候也没有人问，这对我们老年人来说无疑是很可悲的，也是非常可怕的。

3、克服老年吝啬的建议

老年吝啬对老年人有多个方面的危害，所以我们老年人理所当然地应该克服这种心理。老年吝啬心理当然有经济条件方面的原因，但更多的还是老年人心理上的原因，如多虑、多疑、对啥也不放心等。所以我们老年人还是要从心理方面注重调节，来克服吝啬心理。

（1）心理领悟法

从精神上思考，领悟吝啬的错误。人活在世上，需要钱，但更需要亲情与友谊。小气冷漠，只会割断亲情，使自己成为孤家寡人。

虽然部分老年人过去曾经受到过不公正的待遇，也不必纠结于此，要理智地看待。别人需要帮助的时候拉别人一把，日后自己有难处，才能得到他人的关心。

（2）充实提高知识

人的气量与人的知识修养有密切的关系。有句古诗说：“曾经沧海难为水，除却巫山不是云。”一个人知识面广了，立足点就会提高，眼界也会相应开阔，此时，就会对一些“身外之物”拎得起，放得下，丢得开；就会“大肚能容，容天下难容之事”。

当然，满腹经纶、气量狭隘的人也有的是，但这并不意味着知识有害于修养，而只能说明我们应当言行一致而已。作家培根说：“读书使人明智。”因此，经常读一些心理卫生学方面的书籍，对于我们老年人开阔自己的心胸，克服吝啬习惯会有很大的帮助。

（3）制定理财计划

老年人的自私吝啬心理和经济状况有一定的关系，为此我们老年人要有详实、合理的理财计划，以保证自己的经济有保障。

在理财计划的指导下，我们一方面不做无谓的消耗，不过分的享乐，留下金钱以备不时之需，既要继承节俭、仔细的美德；另一个方面该花之处要肯花，该花之时不心疼。

（4）多做利他行为

一个人想要改正自私吝啬心态，不妨多做些利他行为。例如关心和帮助他人，给希望工程捐款，为他人排忧解难等。

私心很重的老年人，可以从让座、借东西给他人这些小事情做起，多做好事，可在行为中纠正过去那些不正常的心态，从他人的赞许中得到利他的乐趣，使自己的灵魂得到净化。

比如吃饭，坐车，朋友给你垫过钱了，我们要记住，不能每回都让人家垫或者明显人家比你垫得多，你得找个基本平衡，宁可自己多出点。因为这些都是小事，你吃一点亏也没什么，朋友会把你当朋友。

（5）对生活充满信心

因为担心，所以我们常常变得吝啬。其实没有必要担心太多，要对生活充满信心，不要过分瞻前顾后。

另外，不要对儿孙的事情操心过多，俗话说："儿孙自有儿孙福"，相信他们一定会生活得比自己更好。只有对未来不感到担忧，才能高高兴兴地享受今天的一切。

吝啬心理既危害了我们老年人本身，也伤害了身边的人，所以我们应该想办法尽力消除这一心理，而皈依宗教法，给我们克服吝啬心理提供了一定的帮助。

几乎所有的宗教都提倡扬善除恶。例如佛教就告诫人们多积德，来世有报；恶有恶报，善有善报，多做好事，多资助困难之人，菩萨是可以看到的；善良之人必定心想事成，不育者将有子嗣，经营者将带来永昌，百姓人家将无病无灾等。

宗教是一种信仰，具有助人的暗示作用能消除人的吝啬心理。我国港澳台地区、东亚及世界各地有不少虔诚的教徒都大力资助社会慈善事业，做了不少好事。虽然我们很多老年人不是宗教徒，但我们可以借鉴宗教里的一些思想、做法，多做一些善事。在做善事中感受快乐，在做善事中摆脱吝啬心理。

第3节 嫉妒是一柄双刃毒剑

嫉妒心是一柄双刃毒剑，因为嫉妒心既威胁别人，又毒害自己。嫉妒者往往度量偏小，量小者往往又易生嫉妒之心。用今天的心理健康标准来看，嫉妒是对他人优越地位而产生的不愉快的情感，也是对别人的优势以心怀不满为特征的一种不悦、自惭形秽、怨恨，甚至带有破坏性的负面感情。这种不健康之心理于人于己都没有好处，必须远离。

在一般人看来，嫉妒似乎与争强好胜、与年轻人、与女人有关，其实，嫉妒也常常会“光顾”我们老年人。现实生活中，有部分老年人嫉妒别人的健康、智力、手艺等。这种嫉妒心理不仅会使老年人的情绪变坏，身心受到伤害，也会使我们在与人相处时出现各种问题。

那么我们老年人应该如何正确对待嫉妒呢?

1、认识嫉妒的根源与危害

嫉妒是一种负性情绪，是指自己的才能、名誉、地位或境遇被他人超越，或彼此距离缩短时，所产生的一种由羞愧愤怒，怨恨等组成的情绪体验。

从定义可看出，嫉妒通常是弱者所具有的一种心理。由于我们老年人在社会生活中处于弱者的地位，因此容易产生嫉妒的心理。只是各人抑制的程度与表现的形式有所不同。

如有些老年人由于生理上和心理上的日益衰老，感到自己从此不能再与青壮年相比。一种夕阳西下，处处不如人的惶恐不安的心理油然而生，容易使他们或者对青壮年的“年龄尚少”产生嫉妒；或者对同龄老年人及青壮年人在“智力”、“体力”方面超过自己有所嫉妒；或者对同性别的老年人和青壮年人在“仪表美”

方面的优越天赋有所嫉妒；或者对儿子与媳妇、女儿与女婿所流露的过分“亲昵”有所嫉妒；或者对其他家庭在政治、经济收入、生活条件、子女成才等方面的明显优势产生嫉妒。

此外，嫉妒还源于病态竞争，与个体的性格、文化背景、阅历、世界观关系密切，具体表现为：自我封闭、自卑、以自我为中心等性格缺陷者容易产生嫉妒；特定的文化背景影响，如儒家的中庸之道，不患寡而患不均；不能客观地认识自己，总是认为自己应该是万事超人前，其实这是不可能的也是无必要的；角色定位错误，不能自得其所的享乐；无所事事，才会去挑别人的刺；自我实现受阻时，也容易产生嫉妒心理。

嫉妒心理是一种破坏性心理，它对我们的生活、人生都会产生消极的影响，研究结果发现，嫉妒能引起人体内分泌紊乱，肠胃功能失调，神经衰弱等病症。

嫉妒还会直接影响我们的情绪和积极乐观的心态；容易使我们产生偏见。由于嫉妒是一种人对人的态度方面的消极因素，存在嫉妒心理的老年人，往往不肯服老，不让幼贤，论资排辈，技术保守，不愿“青出于蓝而胜于蓝”，不愿别人胜过自己。

这种异常的心理，既不利于社会的安定，家庭的团结，也不利于老年人自身的身心健康。更有甚者，嫉妒心理还有可能演变为病态的嫉妒妄想症等疾病。

2、克服老年嫉妒的方法

嫉妒是一种消极、有害的心理，它破坏了我们的人际关系，伤害我们与亲朋好友之间的友好感情，甚至会由于攻击性情绪的发泄造成悲剧。同时，嫉妒也有害于自己的身体健康。

为了克服嫉妒心理，我们不妨采用一下这些方法。

（1）认清嫉妒危害

遭到别人嫉妒的人自然是痛苦的，嫉妒别人的人一方面影响了自己的身心健康，另一方面由于整日沉溺于对别人的嫉妒之中，没有充沛的精力去享受自己的晚年，使自己的晚年生活在暗淡之中。认清这些，我们才能走出嫉妒误区的第一步。

（2）正确认识自己

金无足赤，人无完人，世界上没有十全十美的事情。繁花似锦，总有凋谢之时。一个人限于主客观条件，不可能样样比别人好，事事比别人强，时时都走在别人前头。

有时候，自己在这方面比别人强，但在那方面又比别人差；在处理这件事情上，自己略高一筹，在处理那件事情上，又略逊于他人，这是符合客观规律的。

要求什么都高于别人，领先于他人，这是不切实际的苛求。如由于兴趣、爱好、气质、风度、修养、学识和环境等因素，自己虽然付出了巨大努力，但还是赶不上其他人，这也是正常现象。只有承认自己有长处，也有短处，才能避免攀比心理。

（3）做到心胸宽广

嫉妒是个人心理结构中“我”的位置过于膨胀的具体表现，总怕别人比自己强，恨别人比自己强。因此，要根除嫉妒心理，我们老年人首先要根除这种心态的“营养基”，即自私。

只有驱除私心杂念，拓宽自己的心胸，才能正确地看待别人，悦纳自己，这就是人们常说的“心底无私天地宽”。

（4）学会换位思考

“将心比心”是老百姓常说的一句俗语，老年人当出现嫉妒情绪时不妨将心比心，学会换位思考。当嫉妒之火燃烧时不妨设身处地为对方着想，扪心自问：“假如我是对方又该如何呢？”

运用心理换位，可以让自己体验对方的情感，有利于理解别人，有利于阻止不良的心理状态的蔓延，这是避免嫉妒心理行为之有效的办法之一。

（5）多关注自己的事

嫉妒的起因就是看不惯别人比自己强。如果我们能集中精力，把全部精力投入到自己的兴趣爱好之中去，例如我们如果是摄影爱好者，我们可以多看看喜欢的摄影技术知识，多与老年摄影爱好者交流等。通过不断的学习、交流、探索，使我们自己的知识、技能不断得到提高。

这样既可以减少嫉妒的诱因，又丰富了老年生活，将自己的闲暇时间填得满满的，自然也就减少了“无事生非”的机会，这是克服嫉妒心理最根本的方法之一。

（6）完善个性特征

大凡嫉妒心理极强的老年人，都是心胸狭窄、多疑多虑、自卑、内向、心理失衡、个性心理素质不良的人。所以，进入老年以后，我们有了足够的时间和精力，来努力完善自己的个性因素，提高自己的心理素质，以健康的心态面对生活。

(7) 保持快乐心情

人们常说："快乐之心药可以治疗嫉妒"，这是说要善于从生活中寻找快乐，正像嫉妒者随时随处为自己寻找痛苦一样。如果一个人总是想：比起别人可能得到的欢乐来，我的那一点快乐算得了什么呢？那么他就会永远陷于痛苦之中，陷于嫉妒之中。

快乐是一种情绪心理，嫉妒也是一种情绪心理。何种情绪心理占据主导地位，主要靠人来调整。所以，我们老年朋友遇事多向好的方面想一下，多让自己的心情快乐一些，那样我们看到别人的快乐、幸福，就不会有那么多嫉妒情绪了。

(8) 减少一份虚荣

虚荣心是一种扭曲了的自尊心。自尊心追求的是真实的荣誉，而虚荣心追求的是虚假的荣誉。对于有嫉妒心理的老年人来说，他们要面子，不愿意别人超过自己，不愿看到别人比自己过得幸福、快乐，常常愿意以贬低别人来抬高自己。可见，正是一种虚荣，一种空虚心理的需要激发了我们老年人的嫉妒心理。所以，在现实生活中，如果我们能克服一份虚荣心，那么我们就能少一分嫉妒。

(9) 多出门多交流

现在我们生活质量提高了，不愁吃、不愁穿，本应幸福度过晚年，但由于子女不在身边，又没有事可做，没人聊天，便会感到孤独寂寞。所以，在孤独、寂寞等心理因素的促使下，这些老年人看到别人快乐地生活时，自己难免会生出嫉妒之心来。

我们老年人应该明白，孤独、寂寞是我们不愉快的根源，但它们并非不可克服，只要我们多走出家门，经常找老年人拉拉家常、聊聊天，寂寞就会逐渐远离我们的。

此外，我们还可以发展一些兴趣爱好，去参加一些休闲活动，如棋、牌、书画、球类、旅游等，营造美好的精神乐园。只要让我们的心里快乐起来、充实起来，那么我们就不会看到别人一家团圆、看到别人安享晚年而生嫉妒之心了。

同时，消除嫉妒之心，还有很多种方法，例如我们可以采取转移注意力。积极参与各种有益的活动，嫉妒的毒素就不会孳生、蔓延；学会自我宣泄，遇到不愉快的事时，最好能找知心朋友、亲人痛痛快快地说个够，帮助我们预防嫉妒朝着更深的程度发展等。

我们都知道嫉妒的危害性，多年来，人们围绕如何消除嫉妒提出了很多种具有很强操作性的方法，下面就列举了其中的5种：

一是正确认识法。嫉妒心的产生往往是由于误解所引起的，即人家取得了成就，便误以为是对自己的否定。其实，一个人的成功不仅要靠自己的努力，更要靠别人的帮助，荣誉既是他的也是大家的，人们给予他赞美、荣誉是理所当然的。

二是攻击嫉妒法。嫉妒心一经产生，就要立即把它打消掉，以免其作祟。这种方法，需要靠积极进取，使生活充实起来，以期取得成功。

三是想开些消除法。所谓“人人都有本难念的经”，人生总有不如意之事，我们老年人也不例外。如果正处在消极的状态下，看到别的老年人健康、快乐，自然容易产生嫉妒之心。此时，如果我们能较平静、客观地面对现实，多想一些好的事情，少去想消极的东西，自然能达到克服嫉妒的目标。

四是正确比较法。一般而言，嫉妒心理较多地产生于周围熟悉的，年龄相仿、生活背景大致相同的人群中。因此，只有采取正确的比较方法，将人之长比己之短，而不是以己之长比人之短。

五是自我驱除法。嫉妒是一种突出自我的表现。无论什么事，首先考虑到的是自身的得失，因而引起一系列的不良后果。所以，当出现嫉妒苗头时，就立即自我约束，摆正自身位置，努力驱除嫉妒心态，可能就会变得“心底无私天地宽”了。

第4节 空虚是心里不充实的表现

空虚是指百无聊赖，寂寞孤单，闲散寂寞的消极心态。即人们常说的“没劲”，是心里不充实的表现。

人进入老年之后，由于离开习惯性的工作岗位，心里会茫然无措，最容易导致生活无聊、心灵空乏。

如果任空虚这种情绪持续下去，就有可能引发各种心理疾病，还有可能使部分老年人走上犯罪之路。对此，老年人应该以良好的心态和行为消除空虚感。

1、了解空虚的原因和危害

一般来说，人们心里空虚是不思追求、无所事事或不愿事事造成的。因为不思追求，失去了人生的奋斗目标，就不会有奋斗的乐趣和成功的欢愉。因为无所事事或不愿事事，就会感到生活无聊、心灵空乏虚无，就会感到寂寞难忍。

空虚通常发生在这样两种情景之中：一种是物质条件优越，无需为生活烦恼和忙碌，习惯并满足于享受，看不到也不愿看到人生的真实意义，没有也不想有积极的生活目的；另一种是心比天高，对人们通常向往的目标不屑追求，而自己向往的目标又无法达到而难以追求，结果是无所追求，心灵虚无空荡，精神无从着落。

具体到老年人来说，突然告别了工作，无奈地接受了离退休生活，却没有意识到精神世界对人的重要性，没有人排解和开导自己，更没有什么事情填充这样的空虚，心理的空虚就会不断增大。

空虚对老年人的危害是非常明显的。在日常生活中，为了摆脱这种心理上的空虚感，很多老年人就有可能因寻求刺激而去抽烟、喝酒、赌博、甚至闹事，以此来消遣时间。个别的老年人还会走上偷盗、奸淫等犯罪的道路。

2、应对老年空虚的方法

现在许多老年人无事可做，感到空虚、无聊甚至厌世。这种一日三餐、扳着指头过日子的现象，无形中会使老年人处于一种烦闷和焦虑的状态，严重影响身心健康。为了摆脱空虚，我们老年人可以采取以下措施。

（1）将游玩放在心上

到了老年后，大多好奇心下降，玩心淡漠，这无疑会加剧我们的空虚感。为此，我们应该转变观念，既然退休了，空闲时间多了，就应该多出去玩。如有目的地对就近地区所在的场所与建筑进行了解，并有计划地逐日游玩，利用空闲的时间到附近地方转一转。

（2）调整需求目标

心中的空虚往往是在没有追求，没有理想的情况下，觉得自己的生活没有内容而出现的。因此，对生活目标进行调整是十分必要的。根据个人的具体情况，制定出生活的长远规划和近期目标，以求实现，从而调动自己的潜力，就会觉得生活非常有意义。

此外，我们仍要有梦想。没有梦想，没有追求是很多老年人空虚的根源，所以要摆脱空虚，我们依然要有自己的梦想。无论一天怎样度过，都要抽出一段时间“做梦”，即异想天开，通过梦想可以使我们无法得到的渴求得以满足。未实现的愿望在梦想中实现，这样会使您得到一种极少有的安慰与轻松。

同时，在适当的时候，在条件允许的情况下，我们也可以找几个老同志，一起去实现自己的梦想。

（3）重视学习的作用

读书是老年人填补空虚的良方。因为书是人类经验的结晶，是知识的源泉。读书会使我们找到解决问题的钥匙，使我们从寂寞和空虚中解脱出来。读书越多，人的心灵就越充实，生活也就越精彩。

以前我们购存的书刊，往往由于生活、工作紧张没有时间一本本细读。现在我们有的是时间，重新阅读不但可以消除无聊，而且还可以充实精神生活。

（4）大胆地做些尝试

一个人在人生的过程中，总有一些常常敢想却不敢做的事，有些想法甚至伴随终生，最终却还是留下遗憾而去。

所以，此时我们可利用大量的闲暇时间，大胆地尝试自己的想法。经过无数次尝试，无数次的失败与成功，我们就不会再为生活感到空虚和无聊。

（5）改变一些习惯

在长期的生活过程中，人们往往形成一种尽可能把事情凑在一起做的习惯，如上街修理自行车时，带上买菜的篮子，再顺便提上要送还别人的东西等，这样便会省出大量的时间。

但是，这种习惯却往往是导致我们无事可做、陷入空虚的主要原因之一。若自己能改掉这一习惯，尽可能把一些事情分开去做，不仅会使自己觉得有事做不再无聊，而且还避免了集中做事可能引起的过度疲劳。

（6）转移目标法

当处于空虚状态时，我们不妨转移目标，培养自己的业余爱好，如绘画、书法、打球等，使空虚的心平静下来。当有了新乐趣后，就会产生新的追求，有了新的追求就会逐渐完成生活内容的调整，并从空虚状态中解脱出来，去迎接丰富多彩的生活。

（7）重新投入工作

工作和劳动是人摆脱空虚的极好措施。因为当人把精力集中到工作和劳动中时，就会有忘我的力量，使人忘却空虚所带来的烦恼，在工作和劳动成果面前会倍觉自我价值增加，会使人生充满希望，解除不良心态的痛苦。

对于我们老年人来说，虽然我们告别了原来的工作，但我们也可以通过返聘、自谋职业等方式，重新返回工作岗位，从工作中获得摆脱空虚的希望。

（8）制订社交计划

参与社会交往是老年人摆脱空虚的一个好方法，但有些老年人却由于种种原因，很少参加社交活动。为了自身的心理健康我们老年人应该克服种种原因，学会参加各种社交活动。

开始时，交往任务可以简单一些，然后逐渐加强交往的难度。在交往过程中，尊重别人的特点与习惯。一方面要善于帮助他人，从中赢得别人的尊重和真诚的友谊；另一方面，又要善于求助于人，通过别人的帮助，使自己的心情变得开朗。

（9）少睡眠多运动

日常生活中，我们老年人千万不可把睡眠当成消除空虚与无聊的好办法。因为过多的睡眠会很快导致体力的衰退、心理老化。而只有进行坚持不懈的体育运动，才可增强体质，这也是消除无聊与忧愁的好办法。

在老龄化浪潮汹涌而来之际，我们广大老年朋友如何摆脱空虚，过上充实的老年生活，成为很多老年朋友共同关注的话题，而网络交流的出现，给老年人提供了一条不错的途径。

老年人在网络中找乐，得到最多的是一种精神慰藉。例如一些单身老年人在网络上，通过一些交友网站，重新找到了老年伴侣，并步入了老年婚姻的殿堂。

一些爱好摄影、爬山的老年人，通过一些论坛、聊天工具，找到有共同兴趣的老年朋友等，平时他们一起去摄影，去爬山，使自己的老年生活变得多姿多彩起来。

一些网站还为老年人开设了博客功能。生活中，有很多老年网友注册了博客。平时这些老年人在博客写一些生活心得等内容，既充实了自己的生活，也给其他人的生活经验参考提供了方便。

网络也是我们老年人参加各种活动的一个平台。例如很多网站会在一些节日里组织一些活动。一次，一个网站在中秋时，举办了一场“网上中秋晚会”。老年网友们在语音聊天室从晚上20时一直玩至深夜23时，他们在网上唱歌、朗诵、讲故事、猜谜语……晚会结束时，许多人仍意犹未尽。

同时，网络也是很多老年朋友实现再就业的一条重要途径。比如一些企业、社区就在网络上向老年人发出了招聘信息。那些希望再参加工作的老年人就是通过网络找到了一些适合自己的工作。

老年精神出现空虚是一个普遍现象，网络的出现让我们从孤独、封闭的生活空间里走出来，在休闲娱乐、与人沟通中获得精神慰藉和生活乐趣，并在不知不觉间摆脱了空虚；所以我们老年人要摆脱空虚，就应该多与网络打交道。

第5节　生气是老年人健康的杀手

俗语说：“树老怕经风，人老怕生气”。生气是我们老年人健康的杀手，长寿的天敌。但是很多老年朋友看到社会上不公平的事，遇到子女态度不好，有时和老伴发生一点争执，都会生气，有时还会因为生气而生病。

那么老年人如何才能不生气呢？

1、了解老年人生气的危害

无论是中医还是西医，它们都一致认为，爱生气的人很难健康，更难长寿。一般说来，生气至少有以下几大害处。

（1）伤脑

气愤之极，可使大脑思维突破常规活动，往往会做出鲁莽或过激举动，反常行为又会形成对大脑中枢的恶劣刺激，气血上冲，还会导致脑溢血。同时，大量血液涌向大脑，这时血液中含有的毒素最多，氧气最少，对脑细胞的伤害不亚于一剂“毒药”。

（2）伤神

生气时由于心情不能平静，难以入睡，致使神志恍惚，无精打采。

（3）伤肤

经常生闷气会让你颜面憔悴、双眼浮肿、皱纹多生。

（4）伤内分泌

生气会令内分泌系统紊乱，使甲状腺分泌的激素增加，久而久之会引发甲亢。

（5）伤心

生气时心跳加快，出现心慌、胸闷的异常表现，甚至诱发心绞痛或心肌梗塞。这是因为生气时大量的血液冲向大脑和面部，会使供应心脏的血液减少而造成心肌缺氧。心脏为了满足身体需要，只好加倍工作，于是心跳更加不规律，也就更致命。

（6）伤肺

情绪冲动时，呼吸就会急促，甚至出现过度换气的现象。肺泡不停扩张，没时间收缩，也就得不到应有的放松和休息，从而危害肺的健康。

（7）伤肝

生气时，人体会分泌一种叫“儿茶酚胺”的物质，作用于中枢神经系统，使血糖升高，脂肪酸分解加强，血液和肝细胞内的毒素会相应增加。

（8）伤肾

经常生气的人，可使肾气不畅，易致闭尿或尿失禁。

（9）伤胃

气满之时，不思饮食，久之必致胃肠消化功能紊乱。这是因为生气会引起交感神经兴奋，并直接作用于心脏和血管，会使胃肠中的血流量减少，蠕动减慢，食欲变差，严重时还会引起胃溃疡。

（10）损伤免疫系统

生气时，大脑会命令身体制造一种由胆固醇转化而来的皮质固醇。这种物质如果在体内积累过多，就会阻碍免疫细胞的运作，让身体的抵抗力下降。

长期生气的人，会在身体上留下不同的痕迹。从外表看，脾气火爆，经常处于发怒状态的人，多数会秃顶。严重的还会使头顶变尖；程度轻点的，会在额头两侧形成双尖的M形微秃。

常生气的人容易长色斑。生气时，血液大量涌向头部，因此血液中的氧气会减少，毒素增多。而毒素会刺激毛囊，引起毛囊周围程度不等的炎症，从而出现色斑问题。

2、认识老年人生气的原因

要做到不生气，就必须知道我们老年人生气的原因。日常生活中，老年人会生5种气：

（1）闲气

源于心态不好，没气找气，这样的人易生病。

（2）怨气

源于一种怨恨的情绪，是一种不良情绪的宣泄。

（3）闷气

多发于和老伴之间，两人一生气就没完没了，谁也不和对方说话，这种闷气最伤身体。

（4）赌气

源于老年人经常不满意或受指责，而赌气的结果，最受伤的往往是自己。

（5）怒气

指性格急躁的老年人，很容易爆发怒气，怒伤肝，愤怒使人肝气不舒、胸闷、胸肋胀痛，这种气如不加控制，危害最大。

引发老年人生气的首要原因是外界刺激引起的神经激动，例如和别人发生矛盾，受到别人指责，看到不平之事等，我们老年人在突然刺激下，血液加速循环就会产生紧张、焦虑、愤怒等情绪。

其次和老年人的性格有关。多数老年人情绪较为稳定，能够很好地控制，但也有些老年人则平日里脾气就很火爆，遇事更为冲动，更容易生气。这种性格上的差异也是由各种原因造成的，如遗传、生存环境、多年习惯等。

此外，老年人爱生气还有健康与状态方面的原因。我们在患病、饥饿、疲劳、没睡好觉时，情绪低落等状态时，就特别容易生气，一点小事也会常常引起很大的怒火。

还有类似天气、气候等环境因素的影响。夏季是事故高发期，在炎热、憋闷的环境下情绪也不稳定，而下雨天多会使老年人沉郁、易怒。

3、消除生气的办法

人到了老年，性情心理都会随着年龄的变更而有所变化，心情常会烦躁不安，往往一遇到不顺心的事，极易感情冲动，发怒上火，甚至暴跳如雷。为了化解怒气，做到不生气，我们老年人可以参考一些措施。

（1）提高自己修养

这就要求老年人也要加强学习，提高自己的各种修养水平，深刻认识生气的危害，凡事要高瞻远瞩，要想得开，放得下，不鼠目寸光，不针尖对麦芒，逞一时之能，图一时痛快。

（2）做到“和为贵”

宽容是一种美德、一种境界、一种精神。当然宽容不是软弱、不是无能、不是怕对方，而是为了简化复杂的人事关系，化干戈为玉帛，避免恃勇斗狠的一种可贵品质。

要有宰相肚里能撑船的胸襟，他人气我我不气的雅量，大人不计小人过的气度，让他三尺又何妨的风格，远离烦恼，心态自然好，身体机能和谐。

（3）正确对待生气

无论人的修养如何，一个普通人一生中不可能不生气，生气其实也给我们提供了一个很好的认识自己的机会。因此，关键的不是逃避和懊悔，重要的是去面对，当然，这种面对是需要智慧和勇气的。所以，我们在生气时和生气以后，也不要过于自责，而是应该坦然面对，我们要做的是以后尽量不要生气。

（4）调整自己的思想

遇到可能会让我们生气的事情时，提醒自己换个角度想，任何事情都有好坏两面，去想想好的一面吧！在生气的时候提醒自己，每个人都有权成为他想成为的样子，我们要求别人按照我们的意愿做事，只是自己找气生。

（5）解决现实问题

假如我们察觉一些从过去一直存在至今的怨恨，这些怨恨可能跟邻居、以前同事、家中成员或其他强势者有关，如果我们不能或不想放手，就找一个方法，在一个安全的环境下，讨论或表达各自的愤怒，把这些“包袱”一一解决了，以后就能少生气了。

（6）接受不完美

每个人都不可能完美，谁都不例外。那就接受和爱现在的这个自己吧！接受每个人都会犯错的事实，接受每个人身体不健康的现实，不要为自己年老体衰，不要为自己有某种疾病就抱怨、生气。

（7）学会延缓发怒

如果我们遇到一件事情的直接反应就是发怒，试试看，延缓15秒之后，再以自己一贯的方式爆发。下一次延缓30秒，不断加长这个时间，一旦能延缓发怒，我们就已经学会了控制。延缓就是控制，多加练习，最后就能完全消除。

（8）学会幽默自嘲

平时我们多想想人生，其实人生就像一场戏，既然是一场戏，我们又何必为了一点小事生气。如果生气时有一面镜子在我们面前，我们一定能看到镜子里的那个家伙两个鼻孔冒着热气，着实滑稽可笑。因此，遇到可能会使我们生气的事，可以退一步天地宽，试对它一笑置之，就不会生那么多气了。

（9）进行自我暗示

生气的时候，跟自己的感觉沟通，问自己发生了什么事？要告诫自己保持冷静、冷静、再冷静，要极力克制自己的情绪；要告诫自己，不要钻牛角尖，不要气不平，不要怕吃亏。

其实吃亏是福。警告自己："我这时一定不能发火，否则会影响团结，把事情搞砸。"心中默念："不要发火，息怒、息怒。"这样坚持下去，就会收到一定的效果。

（10）学会生理调整

生气的时候，可以深呼吸，研究表明，缓慢地深呼吸，吸完保持一会儿，会让大脑氧气供应量加大，使你冷静。此外，按压内关穴，也可以缓解愤怒。

（11）保持短暂沉默

名人朱自清说过："沉默是最安全的防御战略。"当意识到自己要发火时，最好的办法是约束自己的舌头，强迫自己不要讲话，采取沉默的方式，这样会有助于缓和激情、冷静头脑，让沉默成为一种表达身心平衡、抑制精神亢奋不借外力而能化解怒气的灵丹妙药。

（12）注意力转移

心理学研究表明，在受到令人发火的刺激时，大脑会产生强烈的兴奋灶。这时如果有意识地在大脑皮质里建立另外一个兴奋灶，用它去取代、抵消或削弱引起发火的兴奋灶，就会使火气逐渐缓解平息。例如，转移话题、寻些开心快乐的事情干，选个令自己愉快的音乐、戏曲，阅读引人入胜的小说、诗歌，或出去走走等。

(13) 释放怒气法

把有意见的、不平的、义愤的事情，坦率地讲出来，以消怒气，称之为释放怒气法。在家庭生活和工作环境中，相互之间产生了磨擦和矛盾时，开展积极地批评和自我批评，不仅可以释怒，保持身心健康，而且还能消除隔阂，增强团结。

(14) 意识控制法

用自己的道德修养和意志修养，使消极的怒气不发生或减低情绪反应，这就是意识控制法。大哲学家苏格拉底的夫人是个脾气暴躁的人，常常当众给这位著名学者以难堪。

一天，苏格拉底在跟一群学生谈论学术问题，夫人突然跑来，无端地大发脾气。她先是大骂一阵，接着又往苏格拉底身上浇了一桶水，把他全身都淋湿了，使在场的人都感到很难为情。按照常理，苏格拉底会暴跳如雷，与夫人争吵一番，理论一阵。

可是，苏格拉底却只是诙谐地笑了一下说："我早就知道，打雷之后，一定会下雨的。"在场的人听了以后，都欣然地哈哈大笑，连其夫人也跟着笑了起来，使紧张的气氛突然变得轻松，尴尬的局面化解了，这不但没有降低苏格拉底的威信，而且他的学生更加敬佩其高尚的气质修养。

(15) 怒气升华法

这是指把怒气转变为从事科学、文化、艺术、体育等活动的动力，即化悲痛为力量。历史上"文王拘而演《周易》；仲尼厄而作《春秋》；屈原放逐乃赋《离骚》；左丘失明厥有《国语》；孙子膑脚不韦迁蜀，世传《吕览》；韩非囯于秦，《说难》、《孤愤》，诗三百篇，大抵圣贤发愤之所作为也"，这些都是典型的怒气心理升华的佐证。

(16) 让朋友来帮忙

我们可能发现在某些特殊的情况下，想控制自己的情绪非常困难。那么，就找别人帮忙，例如，在我们快生气的时候，一位好朋友以不妨碍的方式提醒我们，可使我们冷静下来。

晚年生活，贵在安度。这是我们老年人健康长寿的基本原则。只要能做到想得开，看得远，不以物喜，不以己悲，不拘于一得一失，以平和的心态对待人生，就会使得晚年生活幸福健康，其乐无穷。

生气对人的危害，早在很多年前就被我国人所认识的，为了做到不生气，我国智慧的古代学者写了许多告诫人们不要生气的诗词歌赋，现在摘录两首，我们老年人反复吟诵，对我们克制怒气会有所帮助。

莫生气

他人气我我不气，我本无气他来气。
倘若生气中他计，气下病来无人替。
请来医生把病治，反说气病治非易。
气之危害太可惧，不气不气真不气。

不气歌

人生就像一场戏，因为有缘才相聚。
相扶到老不容易，是否更该去珍惜。
为了小事发脾气，回头想想又何必。
我若气死谁如意，况且伤神又费力。
邻居亲朋不要比，儿孙琐事由他去。
吃苦享乐在一起，神仙羡慕好伴侣。

第6节 自责会使人陷入痛苦之中

所谓自责，是指因自己的缺点、错误而产生内疚感，这是一种正常现象。但如反应过分，甚至对一些并不严重的缺点或失误感到有罪恶感，对之念念不忘，悔恨，并要求给予惩罚，就会出现自责型人格障碍，不仅会使人深陷痛苦之中，而且对人的健康也有很大影响。

那么我们老年人该如何对待自责情绪呢？

1、认识老年人自责的原因

老年人自责的原因有很多种：看到儿女生活不好，自责自己没有能够改变子女的状况，没有给子女买上房子；以前某件事没有做好，造成了损失，自责自己无能；以前做过对不起别人的事，感到内疚自责等。

大多数爱自责的老年人属于内归因，就是不论发生什么样的事，不考虑客观原因，总是认为和自己有关。这些老年人常常将“不行”、“无能”等自我贬损性的字眼挂在嘴边，并常萦绕在心中，这会使人丧失自信心，导致心理不健康。

消极的自责常常表现为过度的自我责备，从而产生沮丧、悔恨、郁闷、绝望等心理，这种心理常常会引起老年抑郁症等心理疾病，会严重影响我们老年人的身心健康。

2、克服自责的方法

轻微的自责没有多大危害，但自责过度就会对我们自身产生不利影响。老年人总爱把自己的缺点、问题扩大化，认为是不能接受的，从而使自己陷入痛苦之中。为此，我们老年人应该从以下几个方面，来克服过度自责心理。

（1）认清自责危害

虽然我们的自责是因为没有能够解决儿女们的问题，但如果我们因自责而陷入悲伤情绪，孝顺的儿女又岂能不为我们担忧。

同时，自责过深，人难免抑郁成疾，这心病一犯，反而会给子女增加负担。当我们放下自责的情绪，以顺畅的心态对待生活，安心享受社会回馈给我们的回报，生活进入良性循环时，我们也就更能为社会、为家庭贡献自己的潜力了。

所以，既然我们自责也没有用，我们何必再无端地责备自己呢？当我们抛弃了自责情绪，不但可以让自己坦荡地面对生活，更能让儿女舒心，让朋友放心。如此，比起整天愁眉苦脸唉声叹气，生活不是会美好很多吗？

（2）多回想昔日辉煌

有些老年人回忆过去，总认为一生平庸，能力有限，业绩平平，一生也没有啥成就，为此感到很是自责。遇到这种情况，我们不妨多回忆一下过去的成功经历。

成功的回忆让人振奋，而失败的回忆却让人陷入沮丧。当回想自己过去的成功之处，回想当年对社会作出的各种贡献时，我们会产生一个欣慰的想法：人生于此，实无愧已。

(3) 适当赞美自己

步入老年时，我们获得的赞美之声往往不及年轻时那样多，这时我们会感到失落，感到自卑，为自己的能力、地位感到愧疚、自责。

此时，既然人们吝啬对我们的赞美之词，那我们就不妨自己赞美自己。俗话说："赞美是自信的催化剂"，我们自信了，腰杆挺直了，还有什么事情可让我们自责的呢？

(4) 降低期望值

期望越高，失望越大，这句话放在老年人身上也同样合适。当我们进入晚年时，不妨将对自己的期望值降低，做事注重过程多于结果。如此，期望不高，事情之结果必然会令人惊喜的。

例如我们没有能力解决孩子的工作问题、房子问题，那就让儿女自己想办法，毕竟他们已经是成年人了，我们只能提供一些力所能及的帮助而已。

(5) 不苛求完美

任何人都不能做到完美，老年人更不例外。所以我们应该容许自己犯错误，容许自己把一件事情做得不那么完美。每个人都有自己不擅长的地方，给自己一段时间去学习。

把生命看做一个过程，和自己比较而不和别人比较，今天比昨天进步一点，明天比今天进步一点，那就是成功的。哪怕暂时还不够好，哪怕自己和别人比还差得很远，都没有关系，因为学习是需要时间的，即使我们已经是老年人。

(6) 多找错误原因

当我们遇到错误时，常常会想错误的原因，如果我们感觉这个错误主要是我们造成的话，那么我们就会很自责。为此，别再习惯性地认为事情出了差错，就一定是自己的问题，我们可以为错误多找一些其他原因。

比如接孙子，去晚了以至于让孙子在外面冻感冒，为此我们很自责。此时，我们不妨想想，也许怨堵车太厉害，也许怨孙子的体质弱，也许老师应该照顾一下没有被家长接走的孩子等。如果我们能够在其他方面寻找一点原因，我们内心的自责感就会降低很多。

世上谁人不老？世上谁人从未犯错？很显然，两者答案皆是否定的。试想，如若人人因为衰老，人人因为人生的败笔而深感自责，这个世界，恐怕早已淹没于人类的一片叹息之中了。因此，当我们再次感叹自己老而无用时，不妨以此话激励自己："人非圣贤，孰能无过？"

过度自责是一种消极的情绪，但对于很多老年人来说，它又很难摆脱，现实生活中，很多老年人虽然知道自责并不好，但总是无意间又因为某种原因自责起来。当然，自责并非完全无法克服，我们可以做一些基本的训练，来消除自责心理。

训练的基本步骤是：第一步，针对每天所遭遇到的不愉快事件，找出自己对此所作出的消极评价，并且写在纸上。

第二步，分析导致消极评价的错误认知方式是什么。

第三步，自我批判错误的认知方式，并有针对性地提出合理的信念，以此反击那些自责心理。

据心理学家鲍恩斯研究，每天花一刻钟的时间进行训练，只要坚持两个月，自责就会被驱逐得无影无踪。

第7节 学会摆脱悲观的困扰

性格悲观是老年人的大敌，因为悲观的老年人更缺乏与他人的沟通，心理压力大，同时缺少多方面锻炼，这会使我们老年人的身体和心理都会变得越来越差。

无数的医学研究表明，没有悲观情绪的老年人的平均寿命比悲观老年人高出许多。无疑悲观成为加快老年衰老的一个重要原因，那么我们老年人该如何摆脱悲观，走向乐观呢？

1、认识老年悲观的原因

随着年龄的增长，人会不断地衰老是一个自然规律，但是这一过程的进展程度却不是一成不变的，是深受各种因素影响的。其中一个重大的危害因素就在于老年人的悲观情绪。

其实，关于悲观的危害很多老年人都明白，但总是无法摆脱悲观心理。这和老年人所面临的一些变化，以及与变化相对应的心态反应有关。这些变化和被动反应包括：

（1）衰老感

随着我们身体的老化，精神头减弱，衰老感就会逐渐产生。而且衰老感一经产生，就会加剧精神老化，由此有可能导致意志衰退、情绪消沉，心情悲观。

（2）“空巢”孤独感

我们老年人离退休告别单位，回到家中孤苦伶仃甚至孑然一身，由于社交圈子变小，原来的熟人关系渐渐淡了，而新的人际关系尚未建立；在岗在位时的一些想法、愿望没有实现。不免失落，遗憾，有离群、被疏远之感。

（3）怀旧感

美化、向往过去，不一定是对现实不满，而是证明我们开始老了。怀旧感的一个表现是恋旧物。收集或保留无用的东西，说是总有一天会用得着的，还认为有保留价值、纪念意义。结果好端端的新房子，却堆了一屋的破烂儿。

（4）理想减少，好奇心衰退

没有了太多的追求，实用主义抬头，什么事都是可干可不干，对各种娱乐、社交表现得淡漠，感觉一切都没有意思。在家、在外都不知所措。

（5）情绪变得反常

或愤怒、暴躁，点火就着；或迟钝、低落，没有激情，有的是麻木，以至变得有些痴呆；焦虑感、抑郁感常常光顾。

（6）恐惧未来

消极自我“暗示”，被动、无奈地做“等死队员”。我老了，我不行了，说什么时候“走”就“走”了。如有的老年人，某一天突然一根长寿眉毛断了，于是忧心忡忡，担心是否不吉利。

因为有了这些消极的变化和消极的心态，所以老年人出现悲观情绪也就在所难免了。

2、克服老年悲观的方法

中医认为：百病都喜欢乘虚而入。如果我们心情悲观，自然为各种疾病的滋生提供了可乘之机。同时，悲观沮丧也加剧了老年痴呆、老年抑郁等精神疾病的发生。所以，老年人必须注重从心理调节、体育锻炼等多个方面，来消除悲观情绪。

（1）正视衰老变化

要克服悲观心理，我们要有自知之明，正视自己性格变异的可能性。弄清楚可能出现的病理、生理原因，以及变异的表现和趋向。做到自我克制，自我纠正、遇事三思。只要心理有了清醒全面的认识，我们才不会盲目悲观。

（2）主动调节情绪

当我们的情绪不好时，要认识不良情绪对身体的危害，有改变自己不良情绪的愿望与决心，重视和主动去调节。有人说悲观、忧郁的情绪就像小偷一样，偷去生活的乐趣，偷走了健康，甚至生命。长寿老年人胡夫兰德强调："一切对人不利的影响中，最使人短命夭亡的要算不好的情绪和恶劣的心境。"

因此，老年人无论是多么高兴或多么悲痛的事都要稳住神，否则会伤神伤身，人生总会有顺境和逆境，处境顺利时，不欣喜若狂，碰到不幸事件也不悲观失望，这确实是养生要方。

（3）勇敢面对不幸

应用心理学之父威廉·詹姆斯说："能接受既成的事实，就是能克服随之而来的任何不幸的第一步骤。"我们在生活中总会碰到一些不如意的事，甚至是极其不幸的事，对待这些事有两种不同的态度，一种是想办法适应；另一种是让忧郁与悲哀毁灭自己。显然我们应该选择前者，在不幸面前，只要我们勇于并善于去克服，就能平安渡过难关。

（4）不断激励自己

进入老年以后，我们要预防和克服离退休后那种不服老、不服气的脱离实际的想法，或追求安逸，无所事事的想法，鼓励自己对未来生活充满憧憬、向往和追求，树立人生第二青春的奋斗目标，树立对美好生活新的信念，以保持继续进取的动力，战胜晚年生活中的困难与曲折。

激励自己不断增强进取心和社会责任感，同时又要量力而行的尽自己的能力，不当消极悲观的落伍者。

（5）适当保持糊涂

进入老年以后，家就成了老年人的主要活动场所和根据地了。平日里，如果看到子女的一些不孝行为，或者听到子女的一些不太友好的话，我们常常会感到生气，感觉自己无用了，遭子女们嫌弃了，于是悲观心理就逐渐产生了。因此，我们老年人的悲观与否，很大程度上就来自家庭的和睦和亲人的关爱与否。

为此，我们老年人应学会“装聋作哑、不做主”的“难得糊涂”，对家长里短的闲言碎语，可采取随听随忘的“糊涂”态度；对一些非原则的问题，可采取不知道、没看见的“糊涂”；对有些家务尽可能放权、放手、放心，采取当家不做主的“糊涂”。

这样就能以清醒的“糊涂”消除那些烦心的杂音，以理智的“糊涂”融洽一些复杂的关系，以聪明的“糊涂”平息可能发生的矛盾，从而构建幸福的家庭港湾，使一家人喜洋洋、乐融融，自己也享受到人轻松、身自在、心清静的快乐。

(6) 戒除消极暗示

这就是说，我们虽然老了，心态绝对要年轻。要是人老了，心也老了，那才是真的老了。如果我们经常暗示自己，我已经老了，身体不行了，难免我们的心理也就会逐渐产生衰老感。

因此，在日常生活中，我们不能老想着自己老了，更不能老把这挂在嘴边。不要想这些，一切如同往常，做应当做的事，说应当说的话。

(7) 学会自我宽慰

衰老是人生的必由之路，进入老年，体力与智力不能与青年人相比，这是客观规律，我们没法改变，也没必要改变，我们失去了旺盛的精力，却也收获了安详与宁静的生活，又何必为了衰老而感到悲观呢！

面对社会的进步，我们因适应不了新形势而产生悲观，这也是不必要的。社会在前进，科学在发展，老年人思想上难免有落后的一面，想法和看法与社会潮流可能有一定距离。这是客观存在的，不必自卑、自弃，不要勉强做力不从心的事。

(8) 坦然面对死亡

老年人心理上最直接的威胁是死亡。死亡是日近一日地逼近，使我们不能不心生恐惧，以为来日无多，于是手忙脚乱，弄得身心两衰。其实，死亡是上帝平等赐给所有人的，上自帝王权贵，下至平民百姓，大家机会均等，有什么可畏惧的！

王瑶生前讲过：“不想死，不等死，不怕死。”我们可以用这句话来鼓励自己，增加面对死亡的勇气。

(9) **丰富生活内容**

孤独、寂寞常常会加剧悲观情绪，所以我们应该经常多做一些休闲娱乐活动，寻找精神上的寄托。克服不良情绪，有意识地充实生活内容，并结识一些老年和中青年朋友，生活在群体的友爱之中。留心别人衰老后的性格变异，然后再反躬自看，就能克服变异，保持心理、精神上的卫生，才能有益健康长寿。

(10) **多做有氧运动**

中医研究表明，遇到不如意的事时，要想及时消除悲观沮丧，最好的办法就是跑步。大多数悲观沮丧者是因为缺乏运动，而跑步是一种有氧运动，除了活动筋骨、肌肉之外，还能加强心、肺和循环系统的功能，跑步还能分散注意力。跑步时，人的身体会获得新的感受，这种感受，会使人忽略因心情沮丧而引起的不适。

因此，建议老年人应加强健身锻炼，最好养成天天锻炼的好习惯。锻炼可以选择跑步，年龄大的人也可以选择慢跑，或者散步。如果不能坚持天天锻炼，每周至少也应锻炼3次，每次不少于半小时。这样，我们就能够远离沮丧。

当然，对于那些因疾病引起的悲观，要消除悲观情绪，还应该和治疗相结合。首先要从认知上改变对疾病的认识，要接受自己有疾病的事实；其次应解除过分担心疾病带来的危害；其三要积极配合医生治疗。如果能够按照这种步骤做好调适，接受治疗，那么即使老年人的病不能很快康复，也会消除悲观，愉快、充满希望地过好每一天。

心情舒畅对老年人摆脱悲观困扰，保持乐观心情具有举足轻重的作用。老年人为了使自己能经常保持乐观情绪，要学会善于自我调节情绪，无论处于什么情况下，都能找到乐趣，具体来说就是要做到“四乐”。

一是知足常乐，对生活中发生的一些不合理现象要想得开；对周围的人和事，甚至对待自己的子女和亲属，不要要求太高和太多。

二是自得其乐，老年人要主动寻找乐趣，不使生活枯燥乏味。如艺术是一种美的享受，过去无暇顾及，如今闲暇了，老年正是好学时。老年大学里有书法、绘画、花卉、园艺、雕塑等课程，学习一门课程使自己沉浸在艺术情趣之中，使胸襟开阔，情调高雅。

三是助人为乐，多为他人着想，多帮助别人，不图报酬，志在为他人解忧消愁，不仅能使自己感到内心充实，又可在奉献中找到人生真正的乐趣，使生活过得更有意义。

四是苦中作乐，人在生活中难免遇到不幸，要善于调节自己的心情，要想得开，“心底无私天地宽”。要善于安慰自己，设法从不幸中尽快解脱出来。要有“不管风吹浪打，胜似闲庭信步”的度量和信心，保持乐观情绪。

第8节 克服过度的紧张心理

一个人在生活中拥有一定的紧张感并非是什么坏事，尤其进入老年以后，整日无事可做，此时如果能够有一些紧张感，找点事干，往往能消除空虚和失落的感觉。

但凡事都要有个度，如果紧张太剧烈，就会对老年人的身心健康不利。那么我们应该如何对待紧张心理呢？

1、认识紧张对老年人的利弊

许多老年人离退休之后，突然从有节奏的紧张工作状态，一下子转变为“饱食终日，无所用心”的心态，这时，老年人如果处理不好这种心态，就会忧愁烦恼，病痛接踵而来，导致体质迅速下降，人也变得憔悴苍老，对生活失去信心。有的甚至会在短时期内弄得多病缠身，过早衰老。这就是缺乏适度紧张而带来的综合症。

科学家们发现，积极的生活方式会刺激人体的适应机能或遏制疾病的发展。

如果一个人能保持一定紧张度的工作和生活，保持豁达、快乐的心情，可使体内分泌更多的益于健康的激素。这种激素能增强机体的免疫力，使机体形成一个较为完整的免疫系统，抵御外界的不良刺激和疾病的侵袭。因此，医学家们把“适度紧张”形容为“生命之盐”。

同时，适度紧张还能促使心脏血液的良性循环，以供给全身各个器官组织，而血管良好的舒张、收缩功能，对于增加血管通透性，减少心血管疾病有着十分重要的意义。

当然，既然是“盐”，不能没有，但也不能过度，适度才有益无害。

现代医学以为，精神紧张可以导致很多种疾病，例如胃溃疡、胸腺退化、神经衰弱、免疫功能降低等。调查还表明，很多老年病人中，有60%以上的人是因为精神紧张而患病的。有些人的疾病是长期处在紧张状态之中而形成的。这是因为我们老年人生理性能已开始衰退，所以在紧张的状态下，身体很容易出毛病。

2、应对紧张的方法

虽然紧张有利有弊，但总的来说过度的紧张对老年人的危害是很大的，所以我们必须要学会消除紧张心理。消除紧张心理的一般思路就是转移一下注意力，做我们感兴趣的事情，以缓解紧张的情绪。

（1）坦然面对变故

老年人的紧张多来自于外部的刺激，所以要消除紧张，就要坦然面对人生之中的生老病死、天灾人祸、迫害诬陷、老伴去世、子女碰到意外伤害等情况，因为这是难以预料的，也是难免的。

平时无故的担心是没有必要的，真的出现这些情况时痛苦、紧张也不能解决问题。

（2）参加休闲运动

如果感到精神紧张时，可以考虑参加一些休闲运动。如听音乐，不论是古典、民族还是流行音乐，都有助于你缓解紧张的情绪，如果能跟着音乐的节奏跳上几步，感觉会更好。如果会唱歌、弹钢琴、吹口琴、拉小提琴或其他乐器，不妨暂时用来应付一下紧张情绪。

运动是最有效的松弛方法之一，运动可大可小。简单的运动，只要我们躺在床上，用10分钟的时间做一些伸展动作，四肢感到舒展就可以了。

如果家里养着花，可以在紧张的时候去给鲜花浇浇水，欣赏植物可有效地放松紧张情绪，同时可以呼吸到新鲜空气。

（3）选择洗澡法

淋浴或浸浴不但可以消除紧张情绪，还有消除疲劳的功效。具体做法是泡在温热的水里，闭目养神，静静地休息20分钟，我们会感觉到全身放松。

(4) 多与别人交流

如果精神很紧张，可以给好朋友或家人写信、打电话，将所遇到的事情写出来，这样不仅可以增加与对方的联系，同时我们的紧张情绪也会随之而得到发泄。

(5) 选择腹部呼吸

实践表明改变呼吸也可以起到改变情绪的效果。具体做法是，平躺在地板上，面朝上，身体自然放松、紧闭吸气，最后放松，使腹部恢复原状。正常呼吸数分钟后，再重复这一过程。

(6) 吐吸情绪法

当出现紧张、烦躁情绪时，可以试着利用想象和呼吸来缓解情绪。具体方法是，找个舒服的环境舒适地坐好，全身放松，并将注意力放在呼吸上，当吐气时，试着想象负面的情绪正从鼻孔往外流出；当吸气时，想象正面的情绪被吸进你的肺，再从肺慢慢地进入你的血液里，最后经由血液输送到身体各个器官。持续这个动作约5分钟，慢慢地就会感觉到温暖，同时情绪也得到了舒缓。

(7) 手滚铁球法

手滚铁球这个运动能为心灵带来平静和清醒。这是因为规律的铁球撞击声响有助于沉淀心情，进而让心平静下来；而不停转动的手，则有助于刺激脑部思考。

紧张心理对老年人有利也有弊。那么，我们该怎样把握紧张之度呢？此时，老年人不妨根据自己的体质、兴趣、爱好等情况，制定一个便于操作而又能够让自己保持适度紧张的作息计划。

如每日早晨打太极拳，或放鸟，然后看报、买菜等；中午也要休息一下；下午到树林去散散步。总之，每人要选择适合自己身体素质的爱好和活动。

如果生活作息时间有节奏，忙而有序，饮食有序，动静结合，睡眠充足，做事效率高，老有所为，这种状态就属于适度紧张之内。

这样，既增添了生活乐趣，也提高了老年人的生活质量。由于身体各部分肌肉活动增多，也就促进了新陈代谢，这无疑非常有利于身体的健康。

相反，如果太过于紧张，会使人感到身心疲惫，食欲减退，睡眠受到影响，这就是过度紧张发出的信号，这样会适得其反，应及时调整自己的生活计划。

第9节 急躁有百害而无一利

急躁是一种冲动性、情绪性与盲动性相交织的负面心理。老年人由于自身社会角色的改变，孤独感、自卑感会增长。加之社会地位越来越差，不如在工作岗位时受到别人的尊重，如果再有一些不顺心、不如意之事接踵而来，自控能力也会随之降低，于是就会产生急躁心理。

急躁心理对老年人有百害而无一利。那么我们老年人应该如何克服急躁心理呢?

1、认识急躁心理的危害

脾气急躁对老年人的危害很大，可以概括为以下几种：

（1）脾气急躁对自己的健康不利

因为脾气急躁、激动不安会引起体内儿茶酚胺类神经递质增多，交感神经活动亢进，造成的结果是心跳加快、血压增高、肌肉紧张增强，有些老年人甚至在情绪激动时诱发心绞痛、中风或引起溃疡病复发、呕血等。

（2）脾气急躁损害人际关系

因为脾气急躁的人容易对别人发火，伤害别人的感情，结果会使原有的友情破裂，别人不愿再接近我们。

（3）脾气急躁的人急于求成

不作充分准备就行动，结果常常和自己的愿望相反，使自己的行动会遭到挫折。在愤怒得厉害时，甚至做出非理智的行动，以致动手打人，摔坏东西。

2、应对急躁心理的方法

脾气急躁对我们来说，是有百害而无一利，所以一定要下决心改掉。要戒除急躁心理，我们可以从以下几个方面来采取对策。

(1) 转变对事物的认识

要改变脾气急躁，就要找出急躁的原因。脾气急躁的人不理解事物的发展有其客观规律，实现目标需要有一个过程，以为单凭主观愿望急于求成，就会成功，这是急躁的一个重要原因。老年人社会阅历丰富，只要能够静下心来认识问题，就一定能够认识到事物的成功并非一蹴而就。有了这个认识，遇到失败时，我们就应该坦然一些，不必急躁愤怒。

(2) 宽容对待别人

老年人急躁的一个重要原因，是要求别人的想法、情绪和行为完全符合自己的愿望，一旦发现别人说的做的不顺自己心意，就勃然大怒。

很明显，这种想法是非理性的，也是很不公正的。就像自己不乐意受别人支配一样，别人也喜欢按他们自己的意愿办事。如果我们从内心承认别人和自己不同，别人有权按他们自己喜欢的方式行事，我们就会学到一种宽容的态度。

(3) 转移注意力

若发生急躁心理时，人的大脑皮层常会出现一个强烈的兴奋灶，如果能有意识地调控大脑的兴奋与抑制过程，使兴奋灶转换为抑制平和状态，则可能保持心理上的平衡，使自己从消极情绪中解脱出来。

例如，当自己急躁、烦恼时，就不要再去想引起急躁的事，尽量避免烦恼的刺激，有意识地听听音乐、看看电视、翻翻画册、读读小说等，强迫自己转移注意力。这就可把消极情绪转移到积极情绪上，淡化乃至忘却烦闷。

我们还可让自己的思维长上翅膀，自由畅想，到幻想的世界中去遨游；也可与他人漫无目的地畅谈，免得在难解的事上钻牛角尖，给自己带来无端的烦恼。这样随着时过境迁，能心平气和地解决难题，化解矛盾，往往能收到较满意的成效。

(4) 评价推迟法

急躁心理常常来自对“刺激”的评价，也许是别人的一个眼神，也许是别人的一句讥讽，甚至可能是对别人的一个误解。事发当时我们可能会非常急躁、愤怒，可是如果过一个小时、一个星期，甚至一个月之后再评论，我们或许会认为当时对之发怒“不值得”。

(5) 理智控制情绪

理智控制是指用意志和素养来控制或缓解不良情绪的暴发，努力使激怒的情绪降至平和的抑制状态。当急躁心理出现时，我们要马上意识到不对，要迅速冷静下来，主动控制自己的情绪，用理智减轻自己的怒气，使情绪保持稳定。

急躁不仅危害了我们的身体，也危害了我们的社会交往，使很多人对我们敬而远之，我们也被形容为“脾气暴躁”的老年人，这真是很不幸的事。下面就介绍几个消除急躁的小窍门，希望对广大老年朋友有用。

一是后退法。即让自己在发表态度、观点前先克制自己，在考虑周全后再发表，或者索性就不发表意见。

二是忘却法。让自己忘掉那些令自己情绪激动的因素，只看事情本质，就事论事。

三是三问法。“我现在是冲动状态吗？”“会造成恶劣影响吗？”“后果是怎样？”

第10节 不要让忧虑占据心理

忧虑不同于抑郁。抑郁主要由于躯体疾病以及对日常生活丧失兴趣等原因引起，表现为忧愤烦闷；而忧虑表现为不放心、不安心，多是由对某种事物的担心、挂念引起。

忧虑心理对健康危害很大，尤其是我们老年人，机体承受能力较差，遇到不如意或产生忧虑心理时，应采取有效方法及时排除。

那么我们应该如何不让忧虑占据心理呢?

1、认识老年忧虑的诱因

进入老年以后，很多老年人总是充满忧虑，很小的一件事也会忧虑很久，这对健康很不利，所以必须克服忧虑。对此我们首先就要认清引起老年忧虑的原因是什么。一般说来，引发老年人忧虑的原因有以下几种。

（1）经济方面的忧虑

经济收入状况决定着老年人生命生活质量的优劣，也影响着老年人的心理状况，是我们最主要的担心之一。虽然我国城市老年人的离退休金大幅上涨，但是，由于物价上涨等原因，许多老年人的担心并未随其经济收入的增加而减轻。

与城市不同，由于农村的经济发展水平较低，社会保障制度尚不完善，农村老年人对于生活费来源问题的担心较城市老年人更为严重。如果子女不是太孝顺，这会更加加剧老年人对经济方面的忧虑。

（2）健康方面的忧虑

很多老年人操劳一生，随着机体的老化，很容易疾病缠身，贫血、高血压、高血脂等各种常见病，成了老年人的几大健康问题。目睹身边的老同事、老朋友纷纷去世，更加剧了老年人对健康的忧虑。

（3）家庭方面的忧虑

进入老年，情感变得脆弱起来，常常对身边的人很是忧虑，子女在外总是忧虑他们无人照料，担心生病、遇到其他意外，忧虑子女不孝顺等。看到老伴身体变差，担心对方万一去世，无人陪伴自己等。

（4）精神方面的忧虑

人到老年，从工作岗位上退下来，闲暇时间多了，如果不找点有意义的事情做，日子肯定难熬。于是，还没有开始离退休，或者刚刚离退休担心以后漫长的时间如何打发，忧虑以后的空虚、孤独的日子即将来临等。

（5）其他方面的忧虑

除了上面的忧虑以外，老年人还有对自身以外的忧虑，如对环境的忧虑、对社会道德沦丧的忧虑、对国家发展的忧虑、对某一行业的忧虑等。

2、克服忧虑的方法

忧虑对老年人的身心都有极大危害，所以很多老年人都试图克服忧虑。但忧虑多是由外界的某种因素引起的，而生活中出现的很多外界事情我们无法控制，所以克服忧虑我们能做的主要是调整自己的心态。

（1）及时倾诉出来

这也就是要我们不能把忧虑埋藏在心底。有些老年人，特别是内向性格的老年人有什么忧虑和不安，总是默默地埋在心里，不肯坦白说出来。

这种做法无疑会使忧虑扩大化，只有像竹筒倒豆似的把内心的郁闷、忧虑都痛痛快快地倒出来，才可以减轻心理压力。

当然，倾诉要有度，不要一味地诉苦，有了忧虑之后，首先和老伴、家人、朋友多谈谈，征求他们的看法。

（2）正确认识自己

看到别人强，而自己却不行，也常常会让很多老年人充满忧虑。我们对自己需要有一个正确的认识。

（3）立即处理问题

人老了，特别是离退休之后，面对新的生活，难免会遇到很多困难。遇到困难，不敢面对，老是回避，不但不能解决问题，反而会越发加剧忧虑。面对困难，我们应该勇敢面对，只有不怕困难，才能有效地战胜困难并取得成功，才能使精神和心理得到安宁。

除了困难外，我们还会遇到不愉快的事。和处理困难的方式一样，尽快解决掉，不要留待明天才去处理。否则这些让人心烦意乱的事，留的时间越长，越让人心绪不宁。

（4）积极自我交谈

在与忧虑进行角力的过程中，给自己一点小小的鼓励，往往是眼下我们最需要的能量来源，因为在很多情况下，我们只是自讨苦吃而已。对自己好一点，假装今天是我们能够想象的最好的一天，试着把内心的喜悦，想对自己说的话都写下来，然后读给自己听。

（5）储存一些笑料

当我们身负重压，对一些事情充满忧虑时，能够苦中作乐或给自己一个笑脸，都很有可能让我们的境况有所改变。

要做到这些，我们可以从大脑的记忆库中提取几个最能令自己发笑的片段，然后把它们储存在你的日常意识库中，或者写下来，贴在某个我们很容易看到的地方。当遇到令我们烦恼的事情时，就去我们的“好笑银行”提取存款，让自己开心地大笑一会儿。

（6）逃避思考问题

每个人总会遇到一些自己解决不了的事情，我们老年人也不例外。针对我们自己办不到的事，我们就不要去做，也不要去想它。如果总想去做自己一时还做不到的事，就会令人心绪焦虑不安，影响健康。

睡觉后，一觉醒来，最好马上就起床，不要赖在床上胡思乱想。否则，久而久之，紊乱的思绪就会干扰和影响你的正常思维，烦恼在所难免。

(7) 埋头目标之中

忧虑常常在我们闲着无事的时候找上我们，所以我们应该让自己忙活起来，给每一段时间规定一个奋斗目标，不断给自己提出更高的要求，从而孜孜不倦地为实现目标而努力攀登，使生活、娱乐经常出现新的局面。

有了坚定、明确、始终如一的目标，我们就不容易被周围的变化分心，忧虑也就很难同我们结伴了。

(8) 克服忧虑公式

西方的成功学家曾经提出了一个克服忧虑的公式，即万灵公式，在人们遇到忧虑时，可以做下面三件事：

① 问我们自己："可能发生的最坏情况是什么？"

② 如果我们不得不如此，你就做好准备迎接它。

③ 镇定地想方设法改善最坏的情况。

当我们回答过上面这三个问题，并把答案写在纸上仔细思考以后，会发现的确没什么可担忧的，大不了如此而已，忧虑自然会不消而除。这个公式适合所有年龄段的人。

(9) 不为明天忧虑

有人说："不要为明天忧虑，因为明天自有明天的忧虑，一天的难处一天受就足够了。"很多老年人的忧虑都是为不可预知的未来：万一我得病了怎么办？万一儿子在外面遇到意外怎么办？

其实明天自有明天的好，在今天我们又何必为此作无谓的忧虑。伟大的法国哲学家蒙田也犯过同样的错误。他说："我的生活中，曾充满可怕的不幸。而那些不幸大部分从未发生。"其实我们老年人的生活也是这样，明天只是一个幻影，最重要的是过好今天。

每个老年人都不想活在忧虑之中，很多人还在努力克服忧虑。但尽管人们绞尽脑汁想方设法来消除无谓的忧虑，可效果总不那么令人满意。如果你也正被无谓的忧虑所困扰，那么，请用心理学为你提供的“怪招”，它会帮你告别忧虑。

一是转换视角法。一位老太太有两个儿子，大儿子卖伞，二儿子晒盐。为两个儿子，老太太差不多天天忧虑重重。每逢晴天，老太太念叨：这大晴的天，伞可不好卖哟！每逢阴天，老太太嘀咕：这阴天下雨的，盐可咋晒?

如此忧心忡忡，老太太竟忧虑成疾。两个儿子不知如何是好。幸访得一智者，智者为老太太出一怪招：晴天好晒盐，您该为小儿子高兴；阴天好卖伞，您该为大儿子高兴。如此转念一想，保您忧虑全消。老太太依计而行，果真无忧无虑心宽体健起来。

二是欲擒故纵法。美国心理学家罗兰德的一项治疗忧虑的措施很独到。他不是让忧虑者不去忧虑，而是让忧虑者来个“欲擒故纵”，每天拿出一段时间专门进行忧虑，即“用忧虑战胜忧虑”。

专家们发现，尽情地忧虑一段时间，更能驱除忧虑。具体做法是平时通过想象、放松、转移注意力等方法打断忧虑，告诉自己，会有时间专门去忧虑的；每天专门用于忧虑的时间最好是30分钟；不能“偷工减料”，要保证时间，要专心致志。

这样做的结果是，人往往不能一门心思地去忧虑，逐渐地忧虑便悄然消失了。

三是嘴角上翘法。消除脸上的阴云，您就会告别心中的忧虑。怎么做？现在请跟我做：先请少许调整一下，使情绪平静一些。请您嘴角上翘，尽力上翘。请尽力保持较长时间，1秒，5秒，30秒……不管您刚才索然无味也好，百无聊赖也罢，抑或阴云满天，现在，保您乐起来了。

第11节　学会预防和治疗偏执心理

具有偏执心理的人一般性情多疑，易嫉妒，好争斗，容易产生偏见。他们总是特立独行，像是不合节拍的独奏。尤其人到老年，由于人生遭遇慢慢沉淀，各种慢性疾病增多，性格上变得更为偏执起来。例如可能会表现为极度的感觉过敏，思想行为固执死板，心胸狭隘等。

偏执的心理不仅对自己不好，也会引起周围人的反感。那么我们应该如何预防和治疗偏执心理呢?

1、了解老年偏执的特点

偏执，指病态的自我援引性优势观念或妄想，常见的是关于被害、爱、恨、嫉妒、荣誉、诉讼、夸大和超自然力的妄想。具体来说，老年人的偏执具有以下一些特点。

广泛猜疑，常将他人无意的、非恶意的甚至友好的行为误解为敌意或歧视，或无足够根据，怀疑会被人利用或伤害，因此过分警惕与防卫。将周围事物解释为不符合实际情况的“阴谋”，并可成为超价观念。

在与人相处上，易产生病态嫉妒；好嫉恨别人，对他人的过错不能宽容；过分自负，若有挫折或失败则归咎于人，总认为自己正确；脱离实际地好争辩与敌对，固执地追求个人不够合理的“权利”或利益。

此外，忽视或不相信与自己想法不相符合的客观证据。例如有些老年人则可能听见邻居议论他、骂他，但是同住的家人没有听见这些声音；有的老年人感觉到墙壁上通了电，床上也被坏人通了电，有麻酥酥的感觉；有人则闻见煤油味、香水味，进而疑心家中进来了外人，或者家里的人和外面的人串通一气要陷害自己。

同时，老年偏执还容易表现为情绪焦虑、抑郁、失眠。老年人因为感觉到被害而紧张恐惧、坐立不安或者表现得情绪低落，容易发脾气。

2、认识偏执形成的原因

对于老年人来说，随着年龄的增大，在生理和心理上都会经历一系列的事情。正是由于这一系列的变化，引发了老年人的偏执心理。

（1）在事业方面

退休对于老年人来说，是一个重大的生活事件。许多老年人从忙碌的工作岗位上退下来以后，会产生明显的失落感，觉得没有人再需要自己了，成了废物了，加上才退休，还不能对自己的生活进行很好的计划和安排，心理上被尊重和被需要的感觉不能得到满足，容易萎靡不振、情绪低落。特别对于那些平常性格就比较孤僻，不爱与人交往的老年人，这种感觉尤为强烈。

（2）在家庭方面

老年人随着年龄的增大，将会面临亲人朋友甚至伴侣的离世，或者子女远离，处于身边无人照顾的境地；有的老年人会面临拆迁，要离开居住了大半辈子的旧宅，搬到偏远的城郊的环境变化的问题；而有的老年人两代或者三代同住，家庭关系复杂，有时婆媳关系对立或者老年人被家人看做是累赘，这些对于老年人的心理都是严峻的考验。

(3) 在身体方面

随着老年人年龄的增长，会出现感觉器官功能下降，反应较前迟缓，接受新鲜知识的能力减退的情况。

此时，有些老年人总会沉浸在回忆中，习惯于以往自己熟悉的事物和做法，对现在的一些新鲜事物处处不满，难以找到心中的平衡，对人对事就会产生偏颇的想法。

同时，因为老年人对于挫折的耐受能力会降低，以前很容易处理的一些小事也可能成为疾病产生的诱因，如邻里纠纷，子女的顶撞，子女工作婚姻的不顺利等。

3、老年偏执的预防

偏执型人格的人很少有自知之明，对自己的偏执行为更是持否认态度，因此，老年人对待偏执的态度应该是以预防为主。常见的预防方法有如下几种。

(1) 培养兴趣爱好

老年人的偏执多是“闲”出来和“憋”出来的，所以老年人平时应该心胸豁达，敢于尝试新鲜的事物，把注意力更多的投注在外面的空间，不要过多地为家庭琐事烦恼。积极地参加社区活动，培养新的兴趣爱好。

老年人由于有丰富的生活工作经验，应该发挥余热，就如《闲人马大姐》中的马大姐一样，始终保持积极乐观的生活态度，这样怎么会产生精神上的异常呢？

现代社会对老年人也越来越关注，如喜欢旅游的老年人可以参加夕阳红的旅行团，既可以游览祖国的大好河山，又可以结交到志趣相同经历相似的朋友，何乐而不为呢？

(2) 营造和谐家庭

家庭是离退休后老年人生活的主要环境，老年人的精神状况和家庭关系、家庭气氛息息相关。有的老年人怕给子女增加负担而独自居住，内心很孤独。

很明显，如果老年人能够和家人住在一起，常常说说话，聊聊天无疑对老年人的情绪有很大影响。所以，我们平时可以多与家人聊聊天，给子女照顾一下孩子，料理一下家务等。在与子女相处时，老年人也要听听子女的意见，争取双方平等相处。

(3) 注重情绪调节

尽量避免过度紧张、焦虑和激动，防止不良情绪对脑细胞造成强烈的刺激，同时要加强思想修养，提高心理素质，妥善处理各种关系，以和睦、宽松、愉快的心情对待周边的人和事，才有利于预防智力和记忆力的衰退。

(4) 养成健康习惯

善于学习，有规律、不间断地用脑。保证足够的睡眠，让大脑得到充分的休息。用脑时，应安排短暂的休息和户外活动。养成良好的生活习惯，物品放在相对固定的位置，使用后放回原位，对于一些重要的事情可以采取用笔记录的方式。

(5) 增加脑的营养

平时多吃一些富含维生素 B、C 的食物，新鲜蔬菜，以及富含矿物质胆碱的食物，如杏、香蕉、葡萄、橙、海藻、鱼、蛋黄和卷心菜等。玉米、糙大米、全小麦、黄豆、蒜头、蘑菇、酵母、奶、动物肝脏、沙丁鱼、瘦肉类等亦有益于脑。

4、治疗老年偏执的方法

如果我们已经有了偏执心理，虽然我们自己没有感觉到，但是周围的人不断地提醒我们有这种状况，那么也不用过于担心，应该坚持治疗。

对偏执型人格障碍的治疗应采用心理治疗为主，以克服多疑敏感、固执、不安全感和自我中心的人格缺陷。常见治疗老年偏执的疗法有以下几种。

(1) 认知提高法

由于患上偏执的老年人对别人不信任、敏感多疑，不会接受任何善意忠告，所以如果我们意识到自己患上了偏执心理，或者别人反复指出自己有些偏执。此时，我们就应该反思一下，并去认真了解一下偏执人格障碍的性质、特点、危害性。

如果通过这些认识，再结合自身的特点，发现我们确实存在偏执心理，我们就应该了解纠正方法，使我们对自己有一正确、客观的认识，并自觉自愿产生要求改变自身人格缺陷的愿望。这是进一步进行心理治疗的先决条件。

(2) 交友训练法

患上偏执的老年人应该积极主动地进行交友活动，在交友中学会信任别人，消除不安感。交友训练的原则和要领首先是真诚相见，以诚交心。这也就要求我们必须采取诚心诚意、肝胆相照的态度积极地交友。要相信大多数人是友好的，可以信赖的，不应该对朋友，尤其是知心朋友存在偏见和不信任态度。必须明确交友的目的在于克服偏执心理，寻求友谊和帮助，交流思想感情，消除心理障碍。

其次是交往中尽量主动给予知心朋友各种帮助。这有助于我们以心换心，以取得对方的信任和巩固友谊。尤其当别人有困难时，更应鼎力相助，患难中见真情，这样才能取得朋友的信赖和增进友谊。而我们也能在真诚的友谊中换来心灵的收获，从而有利于消除偏执的猜疑。

其三是注意交友的“心理相容原则”。一般说来，如果双方性格、脾气的相似和一致，则有助于心理相容，搞好朋友关系。另外，性别、年龄、职业、文化修养、经济水平、社会地位和兴趣爱好等亦存在“心理相容”的问题。但是最基本的心理相容的条件是思想意识和人生观价值观的相似和一致，所谓“志同道合”。这是发展合作、巩固友谊的心理基础。

如果我们有一些真心朋友，平时在一起聊聊天，交交心，有困难时真诚帮助，这样自然可以消除我们的一些偏执、多疑心理。

（3）敌意纠正训练法

患有偏执心理的老年人，易对他人和周围环境充满敌意和不信任感。所以，采取以下训练方法，有助于克服敌意对抗心理。

经常提醒自己不要陷于“敌对心理”的漩涡中。事先自我提醒和警告，处世待人时注意纠正，这样会明显减轻敌意心理和强烈的情绪反应。

要懂得只有尊重别人，才能得到别人尊重的基本道理。要学会对那些帮助过你的人说感谢的话，而不要不疼不痒地说一声“谢谢”，更不能不理不睬。

要学会对你认识的所有人微笑。可能开始时你很不习惯，做得不自然，但必须这样做，而且努力去做好。

要在生活中学会忍让和有耐心。生活在复杂的大千世界中，冲突纠纷和摩擦是难免的，这时必须忍让和克制，不能让敌对的怒火烧得自己晕头转向。

老年人如果偏执过于严重，就会演变成偏执性精神障碍。这种疾病的危害隐蔽性很大，人们在一般情况下无法判断或者不会承认自己患上偏执疾病，这就使得偏执极不易治疗。

同时，还有些老年偏执性精神障碍患者，常合并患有躯体性疾病，精神状况往往被躯体产生的症状一并破坏，损失往往已不能挽回。因此，对我们老年人来说，还是应提高对此病的识别能力，以防发生不测，如果已经患上偏执性精神障碍，则应该到专门的医疗机构去接受治疗。

具有偏执型人格的老年朋友喜欢走极端，这与其头脑里的非理性观念相关联。因此，要改变偏执行为，患有偏执型人格的老年人，首先必须分析自己的非理性观念。这些非理性观念包括：我不能容忍别人一丝一毫的不忠；世上没有好人，我只相信自己；对别人的进攻，我必须立即予以强烈反击，要让他知道我比他更强；我不能表现出温柔，这会给人一种不强健的感觉等。

分析了这些非理性观念之后，我们要对这些观念加以调整，以除去其中极端偏激的成分。例如我不是说一不二的君王，别人偶尔的不忠应该原谅；世上好人和坏人都存在，我应该相信那些好人；对别人的进攻，马上反击未必是上策，而且我必须首先辨清是否真的受到了攻击；我不敢表达真实的情感，这本身就是虚弱的表现。

有了这个分析和认识之后，每当我们故态复萌时，就应该把改造过的合理化观念默念一遍，以此来阻止自己的偏激行为。有时自己不知不觉表现出了偏激行为、事后应重新分析当时的想法，找出当时的非理性观念，然后加以改造，以防下次再犯。这种治疗方法就是自我疗法。

第12节 自卑是一种消极的情感体验

自卑是一种消极的情感体验。随着年龄的增长，人体的各器官的机能不断衰退，表现出体力不支，视力和听力减退，行动迟缓，牙齿脱落等。这本是正常的生理现象，但常常会导致老年人产生自卑心理，对老年人的心情和社会交往都很不利。

那么，老年人应怎样克服自卑心理，愉快地度过晚年呢？

1、了解老年人的自卑心理

当人的自尊需要得不到满足，又不能恰如其分、实事求是地分析自己时，就容易产生自卑心理。

造成自卑心理的原因因人而异。一般来说，老年人产生自卑的原因有：各项机能老化引起的生活能力下降；疾病引起的部分或全部生活自理能力和适应环境的能力的丧失；离退休后，角色转换障碍；家庭矛盾等。

自卑对老年人的伤害是很明显的。在心理方面，自卑的人，情绪低落，郁郁寡欢，常因害怕别人看不起自己而不愿与人来往，只想与人疏远，缺少朋友，顾影自怜，甚至愧疚、自责；自卑的人，缺乏自信，优柔寡断，毫无竞争意识，抓不住稍纵即逝的各种机会，享受不到成功的欢愉；自卑的人，常感疲劳，心灰意懒，注意力不集中，工作没有效率，缺乏生活乐趣。

在生理方面，自卑的人大脑皮层长期处于抑制状态，而绝少有欢乐和愉快的良性刺激转换，中枢系统处于麻木状态，体内各个器官的生理功能相应的得不到充分的调动，发挥它们应有的作用；同时内分泌系统的功能也因此而失去常态，有害的激素随之分泌增多；免疫系统功能会下降，抗病能力也随之下降，从而使人的生理过程发生改变，出现各种病症，如头痛，乏力，焦虑，反应迟钝，记忆力减退，食欲不振，早生白发，面容憔悴，皮肤多皱、牙齿松动，性功能低下等，这就是衰老的征兆。

也就是说，自卑这种不利于健康的有害心理，会促使我们在人生道路上走下坡路，加速自己衰老的进程。

2、克服自卑的方法

自卑压抑了老年人的智慧和能力，危害了老年人的身心健康，危害反过来进一步加重了自卑心理，这种恶性循环无休无止，会使老年人的晚年生活变得暗淡起来。所以老年人必须采取措施，克制自卑心理。

（1）乐观对待暮年

人到了暮年丝毫没有自卑的理由，只要尽力而为就会博得众人的理解与尊重。乐观地对待一切，当一切病魔甚至癌症向我们挑战时，就要像对待敌人那样，要有树立战胜疾病的信心和勇气，并以科学的态度对待它。

事实证明，积极的乐观主义，犹如精神原子弹，对疾病有巨大的威慑力量。

（2）正确评价自己

对于老年人来说，自卑往往有着辉煌的过去，因而养成很强的自尊心，可是进入老年以后，突然发现身体不好了，精神也不行了，以前因为职位等原因形成的个人威望也没有了，面对巨大的落差，自卑也在所难免。

其实，我们对过去的成绩要作全面地分析，过去的已经成为过去，关键是如何面对现在。虽然我们现在的境况不如前了，但这是客观规律，无法改变，我们不要和过去比，应该和同龄的老年人比，正确认识自己的优缺点，相信一定能够发现自己的长处的。

（3）正确与人比较

有不少老年人总喜欢拿自己的优点比别人的缺点，贬低别人，抬高自己，即便屡出洋相，也自我感觉良好。自卑者则相反。正是有这两种类型的老年人，加剧了部分老年人的自卑心理。

老年人和其他人相比较，应该做到全面，既比上，又比下；既比优点，也比缺点。跟下比，看到自身的价值；跟上比，不必太在意。这样，就可以减少自卑心理的出现。

（4）时刻保持学习

时代在进步，每个人只有不断学习新知识、了解新技能，时刻为自己“充电”才能不被社会淘汰，我们老年人也不例外。

通过学习，了解一些新的观念，新的技术，新的知识，这样无论是和年轻人在一起，还是和老年人在一起，他们都会感觉我们的知识面广，这样我们的自信心也就有了，自卑更是不见了踪影。

（5）遇事保持无争

到了老年，不要和青壮年相比，遇事应避让无争，“太太平平”地安度晚年，古人说得好“大得必得其寿”。如果不争,也就无所谓胜负成败,也就不必有自卑。

所以，老年人要有高尚的道德修养，应做到:安心处世，光明磊落、性格豁达，心里宁静，性情豪爽、不与人争强斗胜，不自寻烦恼，更不要为不快之事而大动肝火，终日心平气和，宽厚待人，没有嫉贤妒能的忧虑，心里始终是泰然自若。

（6）丰富晚年生活

到了晚年，往往对生活爱好缺乏浓厚的兴趣，加之安排不当，就显得枯燥无味。丰富晚年生活，经常和别的老年人在一起，在愉悦、充实中度过晚年，就不会经常被自卑困扰了。

为此，老年人应根据自己的特点恰当地安排生活、工作、学习、锻炼、休息、饮食和睡眠等，劳逸要适度，琴、棋、书、画、烹饪、缝纫、养殖栽种、工艺制作、适当运动等技艺，生活充实起来了，就没有工夫自怨自艾，也就没有自卑等消极情绪了。

老年人出现自卑的领域有多个方面，其中交往中的自卑较为常见，影响也最大。

很多老年人都会这样说："我年纪大了，已经不中用，跟不上形势，没人再愿意跟我们交往。"在这句话中，我们能够看出老年人在交往中表现出的自卑。那么如何打开老年交往中自卑的心结，克服人际交流的障碍呢？可以分两步走。

第一步，要给自己一个与外界交往的理由。自己内心一定要搞清楚为什么人到老年还要与人交往？不交往可不可以？我们应该明白，老年交际就像吃饭睡觉一样，不但是身体的需要，也是精神的需要。因为不交往人就会精神压抑，继而造成脏腑失调，就会生病。

找到了这个根源，我们就会明白，交往不是谁强迫我们做的事，而是我们必须做的事。交往是为了自己的健康，通过交往我们不但可以克服孤独恐慌，还能克服衰老恐慌和本领恐慌。有了这样的心理基础，我们就会把人际交往当成与吃饭睡觉同样重要的事，成了生活的必需，我们心里就没了芥蒂。

第二步，确认自己是具有人际吸引力的。人际吸引力就是人的长处，是个人的魅力。我们没钱，但我们有学问；我们读书不多，但我们生活经验丰富……总之，人总会有优点。只要有长处，人都是有人际吸引力的。

很多老年人之所以不能认识到自己的人际吸引力，是因为他们认为自己所接触到的交往对象都比自己优秀，因而产生交往心理障碍。其实，即使真的每个交往对象都比我们更有优势，也并不妨碍我们与他交往。如果对方愿意和我们交往，我们退缩了，那还是我们的问题。那证明我们的心理还没有真正调整好。

大山里有一位83岁的老爷爷，没有读过书，靠种地为生，但他从来不知道什么叫自卑，在山里他最有“老年人缘”，可以称得上是交际高手。他的交际哲学总结出来只有两个字：平衡。什么叫交际平衡？就是我们把与交往对象之间的关系调适对等了。对等的交往最符合人际交往的和谐法则。

比如我们的交往对象是一个比我们富有、或者离退休前地位比我们高的人，我们不要盲目同他攀比，而要用一颗平常心来看待，因为每个人的人生遭际和机遇都不一样，有的人成功一些，有些人不那么成功，这是人生的命运。

再比如我们的交往对象是一个比我们更有风度和学识的人，我们不要用自己的短处去比别人的长处，而要用自己的长处去平衡它。

因为人不是神，只要把自己的长处发挥到极致，就会有自己独特的精彩，你有你的精彩，我有我的精彩，这样人际交往就对等了。对等了就是平衡，就是和谐。老年人能看到这一点，自卑心结自然就能打开了。

第四章

日常生活的心理适应

对于很多离退休的老年人来说，从岗位退下来后，最需要迫切面对的是日常生活规律问题。生活中不少老年人告别了工作，生活自由自在了，却也没有了规律，整日无事可做，加之身体机能开始老化，如此最容易被孤独、空虚的情绪所困扰。

所以我们老年人必须善于调整心态，尽快建立起离退休后的生活模式，如此才能使晚年过得幸福、充实。

须知具有良好的日常生活规律，能提高人体对自然环境的适应能力，从而避免发生疾病，达到延缓衰老、健康长寿的目的。

第1节 去除老年性的依赖心理

老年人年龄越来越大，确实需要家人照料，这是人所周知的。依靠家庭、亲人、社会的关心，来实施对老年人晚年的照顾，这是对老年人的爱护，也是我国社会的优良传统。但是老年人出现的依赖心理与家人对他的关心照料是两回事。依赖心理是一种消极和缺乏自信心的表现，对健康是不利的。所以从老年人自身来说，要尽量去除依赖心理。

1、认识老年依赖心理的原因

老年人又有“老小孩”之称，就是老了之后表现得跟小孩一样，依赖性比较强。其实，老年人之所以会出现这种状况，是他们的“服老”心理造成的。

一方面的原因是，进入老年以后，生理功能开始自然老化，会感觉买东西不能走远路了，爬几级楼梯就气喘吁吁等。另一方面，这个阶段老年人大多面临着离退休，经济能力萎缩、社会地位降低，随之降低的是自信心、安全感、控制感，这都给了我们老年人一个明显的心理暗示：我老了。

有了这个心理背景老年人自然就更多地依赖身边的亲人了，需要更多的陪伴、赡养。同时，自信心的降低，让他们更可能封闭自己，在生活上依赖亲人，不敢锻炼身体、不敢走出去与人交往，这又导致身体和心理机能都更快“生锈”，如此恶性循环。

此外，老年依赖心理的产生还有一个转型与感情问题。例如老年人特有的孤独和寂寞感，让他们更需要亲密的依恋关系；从忙碌到清闲，生活中尚未找到新的替代事件；人际交往的范围较狭窄，生活中知心朋友不多；夫妻之间的沟通与交流质量不高，被爱与被关怀的心理需求度欠佳；未来生活没有目标等。

有了这些原因，老年人自然而然地就会产生一些依赖心理，有的老年人甚至由于这种依赖心理受到破坏而发展成为忧郁症等精神障碍。

2、减少老年依赖心理的方法

依赖心理是一种消极心理。调查表明，部分老年人出现的这种依赖心理是一种回归心理，从自立走向依赖，从自强走向软弱，依赖心理出现越早，衰老也越快，从而影响健康和寿命。因此，我们老年人应该学会自立，减少依赖心理。

（1）建立自信心

认知实验发现，老年人除了动作和大脑的反应速度逊于年轻人外，处理生活问题的能力接近，甚至优于年轻人。

衰老其实是一个缓慢的过程，只要没有较大的疾病，普通老年人在80岁之前生活是完全可以自理的。所以，我们老年朋友不需要觉得自己老了，就诸事不宜了。

如果我们感到老朽了，就可以想想那些卓越的老政治家、老科学家、老专家，他们都是因为勤于动脑、活动，所以才越老越精神的。因此，只要我们有信心，勤于锻炼，我们也可以像他们那样有一个良好的精神状态。

（2）培养兴趣点

依赖的情感每个人都会有，只是程度的不同。然而，我们老年人的依赖感随着我们身体的衰老和心理的暗示，使依赖感不断加重。其实，只有我们改变看法，勇敢地走出家门，积极主动地参加一些活动，这种依赖心理是很容易克服的。

为此，我们老年人要学会主动性的生活，要适当、合理地安排时间，多做一些有益的工作。

首先，不要勉强已成家的子女与自己生活在一起，这样可以促使自己去做力所能及的事情，有利于合理调节饮食，并可以减少家庭不和睦带来的苦恼。

另一方面，生活内容要丰富，养成看书看报的习惯，可以保证自己思想跟上时代的变化，并适当参加体育锻炼，也可以参加一些社会性活动。

只要自己与整个社会联系在一起，生活就会充满信心和活力，晚年生活就会更加幸福。

（3）制订幸福计划

有理想，有追求，人生才能更有意义，老年人也不例外。为此，我们可以用一张纸写下自己一生中最想要实现的梦想，包括我们最想要做的事情、最想去的地方、最想买的礼物、最想要结交的好友……

写完以后，我们可以认真地思考如何可以达成自己的梦想，设计出可行性的实施计划。在计划成熟的时候，可以和子女或者朋友商谈一下计划的可行性。

在计划可行的情况下，我们可以找上老伴或者朋友一起去实施计划，去勇敢面对新的挑战，重建新的幸福生活。只要我们能够主动地去追求，我们的依赖心理很快就会被克服。

老年人的依赖心理主要是基于心理原因，但如果依赖心理不断加重，也有可能是一些老年疾病的信号，如老年痴呆症等。如果有一些疾病的症状，我们还应该注重对这些疾病进行预防或治疗。

老年人依赖心理会加速衰老，并有可能会引发精神疾病。为了纠正老年人的依赖心理，下面就介绍一种“五步法”，来克服老年人依赖心理。

第一步承认依赖心理的存在。如果我们老年人能够认识到依赖性的存在，并承认自己有严重依赖的倾向，就可以找到对症下药的解决办法。

第二步不自责。患上依赖症的老年朋友，有时会对自己苛求，希望自己能在拒绝依赖的过程中变得更坚强些，但这种过度的自我控制有时反而会取得适得其反的效果。

第三步培养忍受孤独的能力。患上依赖症的老年人要学会享受一个人的时光，独处的时间能够帮助你客观正确地认识自己，也是形成自己独立个性所需要的。

第四步转移注意力。认识一些新朋友，学习一些新的技能，培养一些新的爱好等。帮助自己学会更多排解烦恼，获得安全感的方法。

第五步寻求他人帮助。有的老年朋友依赖心理特别严重，有初期精神疾病的倾向，此时，就需要寻求心理咨询治疗师的帮助和治疗了。

第2节　健康的大脑比体魄更重要

人类的每个组成器官都复杂而精密，它们工作得十分协调、和谐、有条不紊，就是因为它们都受着神经系统司令部——“大脑”的统一指挥。

人之所以成为万物之灵，也正是因为有一个其它动物无法比拟的大脑。因此，从某种意义上讲，拥有一个健康的大脑比拥有一个健壮的体魄更为重要。

那么我们老年人应该如何正确地用脑和健脑，以延缓大脑的衰老呢？

1、了解科学用脑的法则

明代医学家李时珍指出：“脑为元神之府”，其神乃指精神活动的总称。即脑健旺与否，直接影响着机体的一切活动，故古代养生学家说：“神强必多寿。”大脑固然是越用越活，但也有一定的度，也要遵从一定的规律。

（1）注意节律性

要根据神经细胞活动的节律性进行学习和工作。这是因为当我们看书时，分管视觉、理解和记忆的脑细胞兴奋，其他脑细胞则处于抑制状态。故学习或工作一小时左右，应适当调节一下，使原来兴奋的脑细胞被抑制，受抑制的脑细胞容易兴奋。

这种兴奋和抑制有节奏地相互交替，周而复始，才能使人精力旺盛。反之，人就会产生头昏等一系列疲劳症状，久而久之，可导致大脑功能衰退，引起神经衰弱等。

（2）科学安排用脑时间

大脑细胞处于高度兴奋状态的时间为高效用脑时间，在这段时间里，大脑接收、整理、贮存和输出信息的效率高于其他时间，也容易导致创造冲动，如果能充分利用，则会取得良好效果。

英国医学研究会的西蒙·福卡德，曾对几十名大学生分别在上午8时、11

时，下午14时、17时和23时进行了用脑艺术测试。结果发现，大脑思考力在上午8时最严谨，下午14时最敏捷，其推理能力在白天的12小时内逐步下降。我们老年人若能根据这些规律安排不同的学习内容，可收到事半功倍之效。

（3）使用和训练相结合

老年人还要积极参加一些社会活动，培养多种兴趣爱好，使精神愉快，头脑变灵，思维敏捷，以激活大脑的智力能力，充分挖掘其潜力，使大脑在使用中得到训练，在训练中得到使用，从而有所创造，让晚霞染红天际。

2、认识科学建脑的方法

大脑是人体的最高司令部，统帅着身体各系统的一切功能活动，使其密切合作，协调一致。因此，大脑功能正常是人体健康的前提。人类的健康和寿命虽然取决于多种因素，但对脑力劳动者及老年人来说，健脑补脑则是不容忽视的。

（1）保持乐观心境

在日常生活中，老年人要保持积极向上的精神状态，因为愉悦的心境有利于神经系统与各器官、系统的协调统一，使机体的生理代谢过程处于最佳状态，能反馈性地增强大脑细胞的活力，对强化记忆和提高用脑效率亦颇有益处。

（2）多做脑力运动

健脑强体得以高寿，是古人的经验之谈。因此，老年人应进行积极而有效地脑力运动，以达防病治病抗衰老之功效。目前，很多国家为老年人开设了训练班和老年大学等。老年人要根据自己的特点，踊跃参加来锻炼脑力。

（3）多做浴脑锻炼

清晨，到户外进行保健运动，呼吸新鲜空气，使大脑得到充分的氧气；学习疲劳时，听一听美妙动听的鸟叫，欣赏悦耳的音乐，观赏美丽的花草等，可消除疲劳，提高脑功能，从而达到浴脑的目的。

（4）去人欲健脑法

中医认为，肾主骨，生髓，通于脑，大脑的活动有赖于肾精的充养。明代医学家张景岳说：“善养生者，必宝其精，精盈则气盛，气盛则神全；神气坚强，老而益壮，皆在于精也。”说明了节欲可以养精，养精才能健脑养神，延缓大脑衰老。如果性生活过度，则伤精耗神，未老先衰，头脑昏沉，智力减退，精神萎靡，百病丛生。

(5) 保证睡眠时间

平时脑神经细胞处于兴奋状态，能量消耗大，久之会疲劳。睡眠时脑细胞处于抑制状态，并使消耗的能量得到补充，帮助恢复精力。睡眠时间的长短因人而异，不能一概而论，只要次日感到精力充沛就算睡足了。

(6) 补脑益智法

经研究证实，不少健脑食品可推迟大脑衰老，使人保持充沛的精力和良好的智力，以提高工作和学习效率。如核桃、黑芝麻、花生、豆制品、玉米、小米、大枣、南瓜子、栗子、蜂蜜、鸡蛋、海藻类、鱼、虾等，富含碳水化合物、蛋白质、维生素和微量元素，特别是磷脂，对大脑都有很好的营养作用。因此，中老年人要注意调配膳食以补脑益智。

虽然进入老年，但我们总希望自己有一个反应敏捷的大脑。为此，我们常常把希望寄托于各种昂贵的保健品，其实，殊不知常常做一些小按摩也会有利于延缓大脑衰老的。

按摩健脑法。即两手十指从前发际到后发际，做梳头动作12次；然后两手拇指按在两侧太阳穴上，其余四指按住头顶，从上向下，从下向上做直线按摩12次；最后，两拇指在太阳穴上，用较强的力量做旋转揉动，先顺时针，后逆时针各转12次，从而改善脑部血液循环，调和百脉，养神健脑。

手指健脑法。手指功能的技巧锻炼，可促进思维而健脑益智。如练习健身球，增强心主神明之功而健脑。练习琴棋书画，在陶冶情操的同时，锻炼手指技巧而刺激大脑，使之功能发达，保持平衡。

拳、掌交替，左手握拳、右手伸掌。指尖指向左手小鱼际（左拳的小指侧），再换右手握拳，左手伸掌，指尖指向右手小鱼际（右拳的小指侧）。如此左右互换交替，以15秒钟内交替20次为成绩优秀，15次为良好，15次以下为差。如果一开始成绩不理想，可以长期多练习。

捶、搓交替取坐姿，左手伸掌放在左大腿上，并前后搓动。右手握拳，放在右大腿上，上下捶动。这样一撮一动，熟练后再换手，即左手改为握拳。放在大腿上上下摇动，右手改为伸掌，在右大腿上前后搓动。如此准确交替，以每分钟交替30次为成绩优秀，20次为良，20次以下为差。

拇指、小指交替左手握拳，伸出大拇指，右手握拳，伸出小拇指，然后换手，即左手将大拇指收回。并伸出小拇指，右手将小拇指收回，并伸出大拇指，如此交替。以一分钟交替15次为优，10次为良，10次以下为差。

第3节 选择知足常乐的生活方式

健康长寿是每一个老年人的愿望，而那些做到健康长寿的老年人在回答长寿的秘诀时，大部分都提到了“知足常乐”。是的，能够做到知足常乐，就会拥有一颗豁达的心胸，淡泊的情怀，这对老年人的健康是很重要的。但知足常乐这话说起来简单，真正做到却相当不易。

那么我们老年人怎么才能做到知足常乐呢?

1、了解知足常乐的障碍

知足常乐，仅从字面意思解释就是知道满足，就能常常得到快乐。虽然知足能够带来健康，带来快乐，但要做到知足并不是那么容易，因为有很多障碍。

人都是有欲望的。老年人的欲望表现得虽不像年轻人那么强烈，那么鲜明，但不可否认，老年人也有老年人的欲望，老年人也有老年人的追求。哪位老年人不想把日子过得美满些，家里的积蓄多些，房子住得更宽敞些，儿女们的工作更出色些。但凡事应有度，否则，欲望发展为贪婪，就会在欲望中沉沦，迷失方向，走向绝处。

2、做到知足常乐的建议

古代先贤老子的话说得好:“罪莫大于可欲，祸莫大于不知足，咎莫大于欲得。故知足之足，常足矣。”

知足常乐，才能胸怀开朗，与世无争，才能不易动怒，才能感觉生活很充实、满足。对于孤独、寂寞的老年人来说，应该选择知足常乐的生活方式。

(1) 戒除过高期望

过高的期望是导致不愉快的原因。老年人如果认识不到自己的生理、心理都趋于衰退的事实，给自己提出不切实际的目标，必然会因欲求不得而不满，生活的幸福感就会降低。

所以，到了老年，我们应该更加现实一些，根据自己的精力和体力调整自己的事业、家庭的期望目标，用降低标准换取生活的快乐，别让宝贵的每一天都在怨恨中消磨掉，应把每一天都过得踏踏实实。

(2) 现在很幸福

看一个人一生过得是否幸福，不是看他在平步青云、春风得意时的微笑，而是看他在忍辱负重、逆风逆境时的眉宇。幸福感表现在将每一天都当成节日来度过，幸福感的标准是“我是生活的主人”。

但这种体验是一般人所缺少的。一般老年人的感受是：闲静中总感到缺了些什么，觉得生活缺少应有的灿烂，有一种失落感，但对这些缺乏的东西又讲不确切，更觉得无法填补。

幸福感来源于对生活的常新体验，能在习以为常的生活中品尝到激动、欢跃的情绪，这需要有积极的价值观和对生活的洞察力。有些人总希望明天会更幸福，而忽视今天的幸福。

很明显，每个人能把握的只有今天。应当学会利用现在的每一瞬间，使自己的今天充实和幸福，这样，才能使明天更美好。

要体验现在的幸福就不要留恋过去。总是回忆过去的不愉快事件，会破坏现在的良好情绪，给现在的心情蒙上一层忧郁阴影；常提当年之勇，会看不到现在的美好，必然会对现实处境产生不满。这样的人是难以感受到现在的生活乐趣的。

(3) 宽容对己对人

对己宽容就是要能接受自己，喜欢自己，包括客观地认识自己，正确地对待自己的优点缺点、长处短处，不对自己提出苛刻的过分的要求。每个人都有缺点和失误，如果对自己的缺点和错误抱着内疚、自卑、自责的心理，结果只能是自己折腾自己，自己与自己过不去。

对别人宽容就是不要过分挑剔。过分挑剔的人总是看不惯社会上的一切，认为妻子、子女、邻居总有不足，希望人世间的一切都符合自己的理想模式。

挑剔的人常给自己戴上是非分明的桂冠，其实这是一种消极的干涉人格。

我们对己要宽容，对人也要宽容一些，不要求全责备，否则，注定是一个心怀不满、没有快乐的人。

（4）不要相互攀比

人总是自觉或不自觉地同他人比较，由此产生嫉妒、羡慕，造成心理上的不平衡，终日郁郁寡欢，自寻烦恼，老年人也不例外。但是日子毕竟是自己过的，不会因为比较而使自己的生活质量有所提高，况且一个人快乐与否不完全取决于物质生活，还取决于精神生活，更取决于自我评价和自我感受。只有克服了“人比人”的习惯心理，才能不会遭受“气死人’的磨难。

（5）有淡泊之心

要知足，就要有一个平和淡泊的心态，保持一颗平常心。现在我们已经离退休了，作为社会的一分子，我们对于个人地位的高低，荣誉的大小，报酬的多寡，享受的厚薄，如能泰然处之，怡然自得，则对健康十分有益。

俗话说得好：“知足赛过长生药，不是神仙胜神仙。”知足使人幸福，知足使人健康，知足使人长寿。所以我们每一个老年人都应该学会并且做到知足常乐。

懂得知足不仅是一种智慧的生活方式和修炼成熟的表现，更是一种超凡脱俗的心态。古代养生注重从“心”开始，从下面选录的《知足歌》中我们就能看出古代人的智慧。我们老年人如能经常反复吟念《知足歌》，这将对我们的健康长寿非常有利。

知足歌

芜荞饭，白盐炒，只要撑得肚皮饱。
若因滋味妄贪求，须知俯仰增烦恼。
破布衣，无价宝，洗洗补补年年好。
盈箱满笼替人藏，何曾件件穿到老。
木板床，铺青草，高枕无忧睡到卯。
锦衾绣枕不成眠，翻来覆去天已晓。
旧房屋，只要住，及时修理便不倒。

君看多少美楼台，半成瓦砾生青草。

十不足歌

逐日奔忙只为饥，才得有食又思衣。
置下绫罗身上穿，抬头又嫌房屋低。
盖下高楼并大厦，床前缺少美貌妻。
娇妻美妾都娶下，又虑出门没马骑。
将钱买下高头马，马前马后少跟随。
家人招下十数个，有钱没势被人欺。
一铨铨以知县位，又说官小势位低。
一攀攀到阁老位，每日思想要登基。
一日面南坐天下，又想神仙下象棋。
洞宾与他把棋下，又问哪有上天梯。
上天梯子未做下，阎王发牌鬼来催。
不是此人大限到，上到天上还嫌低。

第4节 拥有自得其乐的心理

自得其乐是一种心灵的状态，一种自我主宰的快乐心境。自得其乐的人追求快乐的途径有很多，并且对生活的态度永远是处之泰然。步入老年群体中的人拥有这种心理，对健康以及提高生活的幸福指数无疑是十分重要的。

那么我们老年人如何才能做到自得其乐呢?

1、了解阻碍快乐的障碍

人老了，空闲的时间多了，就要学会闲中取乐，从生活中寻找自己的乐趣。但是从目前来看，确实还存在一些阻碍老年人自得其乐的因素：

一是“低”与“高”的矛盾，即社会群体对于老年心理健康问题的关注程度“低”，老年群体对于社会心理服务的需求“高”。

二是“强”与“弱”的矛盾，即老年群体对于社会心理帮助预期的要求“强”，当前涉老机构的综合协调能力和实施能力“弱”。

三是“实”与“虚”的矛盾，即老年群体对于社会服务需求“实”，社会对于老年群体的有效帮助“虚”。正因为如此，老年群体在不断地被“边缘化”。

此外，由于文化生活单调，物质生活匮乏，许多老年人还抱有消极的养老观念。他们把自己归纳为：革命时期的“敢死队”，建设时期的“突击队”，老年时期的“失落族”，情绪低落，跟不上时代的步伐。

2、认识自得其乐的方法

在阻碍老年人快乐的原因中，虽然有社会原因存在，但更为重要的是老年人自己内心的感受。要克服这些障碍,赢得幸福生活,老年人必须做到“一个中心”,即以自助、自立为中心，“两个基本点”，即生活得宽容一点，潇洒一点。

（1）相信闲乐之道很多

进入老年，很多老年人闷在家里，感觉无所事事，非常空虚寂寞。其实，虽然我们进入老年，但仍然还有很多闲乐之道供我们选择。

“采菊东篱下，悠然见南山”，这是陶渊明的退隐之乐；“看花饮美酒，听鸟临晴川”，这是李白的酒乐;“无丝竹之乱耳，无案牍之劳形”，这是刘禹锡的静乐;“独驾一舟千里去,心与长天共渺”,这是北宋词人秦少游的游乐;“闲坐小窗读《周易》，不知春去已多时”，这是许多古人的读书之乐。

从这些古人自得其乐的诗句中，我们或许可以发现一些我们也能选择的自得其乐项目。所以，我们要做的第一步是把心放开，走出自己的小屋，走出家门。

（2）把自己融入社会

老年人离退休后，看似告别了社会，其实不然，因为我们还可以另一种方式参与社会。例如有的老人每天到附近小花园里做做健身操，有的经常去老年文艺队展歌喉、跳舞，有的则在家听音乐、弹乐器、玩电脑；有的盆栽花草、写书法、吟诗作对；还有的邀请三五老友到公园饮茶打牌，谈天说地，常常乐不可支。

可能有人会感觉，我们的这种融入社会方式对社会的影响并不大，但我们通过这种融入得到了快乐，这就足够了。

（3）闲忙都可有乐

这就是说闲有闲的乐，忙有忙的乐。每个老年人所处的条件、环境不同，其所选择的快乐方式也就不一样。

例如有些老年人选择旅游、下棋、散步等方式找乐；但还有许多老年朋友虽年过花甲，但身体还健朗，不甘空闲，找些力所能及之事做。有的仍在田间春种秋收，有的帮子女带孙辈，有的还在发挥各种余热，甚至在创业路上不停步。支撑他们忙忙碌碌的，是天伦之乐，收获之乐，创业之乐，奉献之乐。归根到底，这也是自得其乐。

（4）不必顾虑太多

老年人自得其乐，还有一点很重要，就是要相信“儿孙自有儿孙福”。常有些老年人不放心小辈，生活上包揽得太多，习惯上看不顺眼，观念上常有碰撞，搞得自己又累又苦。

其实，我们几十年来，为子女做得够多的了。现在，非帮不可的再帮帮，其他，让他们独立自强吧！让自己过上一段快乐的晚年生活，去享受人生的乐趣。

老年生活可以是苦的也可以是甜的，观念就在于我们怎么选择。我们如果要选择甜的，就应该端正对人生的态度，淡泊人生中的苦难与挫折，苦中求乐，安享晚年。

在日常生活中要去体验，其中的乐趣是无穷的。我国清代长寿的名画家高桐轩就有十乐：

一是耕耘之乐。伏案一日，把锄半天，既享受田家之乐，又能健壮身体，既不忘耕耘之劳，又有秋收之望，何乐而不为。

二是洒扫之乐。把帚扫地，洗桌净几，躬身举手之劳，则尘垢顿去，地净精神一爽，乐趣在其中。

三是教子之乐。教子以诗文书画，能以之自立，令吾无忧于后，岂不快乐。

四是知足常乐。生为画匠，远不若贵为卿相，富盈百万之禄食，然较吾困苦者何止千百。以此遐想，公卿不足为贵，而安贫乐道，更爱我业，岂不一乐。

五是安居之乐。吾新居，里人多忠厚淳朴，言行实诚，和睦为入，居此仁厚乡里，不闻酷吏之呵斥声，亦天乐。

六是畅谈之乐。田间把锄，劳而歇于地头。野老田夫纵谈天下事，或测天气晴雨，或卜年景丰歉，袒胸畅谈，其乐陶陶。

七是漫步之乐。作画时，久则废，亦起身散步于庭中或漫步于柳岩花畴，心神焕然爽朗，襟怀为之一畅。

八是沐浴之乐。冬月严冬不宜频浴，余之季皆当常浴，暖火温和，反复浴洗，遍身清爽，活动经脉，有健身心真乃一乐是也。

九是高卧之乐。每至夏日炎炎暑伏天，竹枕蒲席，北窗高卧，熏风吹来，五内生凉，合目养神，养精蓄锐，亦劳者之一乐也。

十是晒背之乐。冬天天气晴和，每至日中，或坐场上，或倚北墙，取日晒之，如披狐裘，通身暖暖，畏寒缩冷之感顿消，既活人筋血，又强人皮骨，其乐可知。

第5节 在旅游中享受身心之乐

古人荀子说："不登高山，不知天之高也；不临深溪，不知地之厚也"。旅游是一项很好的户外活动，它能使人心胸开阔，心旷神怡，调节人的心理活动，促进血液循环，强身健肺。对我们老年人的健康大有裨益。

但我们年事已高，旅游还是要注意一些细节的，不要让旅游危害了我们的身心健康。那么我们老年人如何对待旅游这项远足之乐呢？

1、了解旅游的好处

旅游时不管是登山望远，还是江湖泛舟，都是对身体的一种锻炼，也是一种积极的休息方式。我们老年人到外面看大千世界旅游，领略自然风光是十分有趣的事，对老年人的身心都具有良好的调节作用。

（1）放松身体心情

老年人居家几十年如一日，老环境、老景象、老熟人、女儿女婿、儿子儿媳等，嘈嘈杂杂、吵吵闹闹。一旦离家出游，一切大事小事、烦心事、家务事都抛在身后，无闹心事一身轻；领略新景、新鲜事为之心旷神怡。赏景的心情与居家过日子截然不同，精神心态将为之放松放松。

心态的放松就会对血压，血糖，心跳有着微妙的改变，对有些慢性病症有一定的缓解，人的本性是喜新厌旧，人的一生不能在一个陈旧的环境中一成不变，移步换景的心情会使您回味无穷。

（2）开眼界增知识

外出旅游，对于开阔眼界，明白事理，了解历史，认识人生，摆脱烦恼，增强生活信心非常有益。我们每一个人所处的地理环境不同，受空间限制而不可能对外面的世界很熟悉，而老年人闲情悠乐，到处看看外面的世界，对于开阔视野非常有好处。

常言说行万里路犹如读万卷书，旅游能增长见识，我相信老年朋友每次旅游都能受益匪浅，电视上的风景不如身临其境，书本上的知识总觉浅显。虽然看景不如听景，但是看景、玩景是截然不同的享受，人的大脑不断的输入美轮美奂的画面，可以延缓老年痴呆症的到来。

（3）可以健身健脑

长线旅行是一项较大量体力消耗的运动，无论是坐火车、轮船、飞机、汽车，还是爬山逛景点，都比一般的健身运动更消耗体能。

旅行中投入到富含负离子和氧离子的鸟语花香的环境中，在奇花异草的怀抱中，贪婪着呼吸清新的空气，再加上攀爬崇山峻岭，大汗淋漓还能起到排毒减肥之功效，也有利于大脑的充分休息。老年朋友每年外出旅游两次，相当于您去医院输两次软化疏通血管的液药。

（4）可以一饱口福

因为各地自然气候，地理环境，人文历史的不同，都有各自独特的名优小吃，特色菜肴。由于土壤气候的原因所生长的果蔬与其他地方截然不同，再加上风格独特的烹调艺术，在自己居住的所在地是根本品尝不到正宗的和当地的美味佳肴的。

民以食为天，我们通过外出旅游，在异国他乡一饱口福，岂不美哉！

（5）广结天下朋友

外出旅游，常常很多人一起，少则五六个人，多则几十上百人，其中还有部分新面孔。人是感情动物，每个人活在世上都需要与人情感交流和心灵沟通。旅游活动提供了认识陌生人结交新朋友的机会，所以在旅途中结交的新朋友日后可能会给我们带来各种帮助。

尤其是孤寡老年人通过旅游还有可能找到对象。对于很多单身老年人来说，找人介绍不好意思，去婚介所怕上当受骗。旅游途中，无拘无束，说说笑笑，十几天的相处，他(她)在丛中笑等你，真是有缘千里来相会。

如果想再婚的老年人可以参加单身老顽童旅行团，很有可能牵手你的意中人。

(6) 缓解孤独郁闷

当代空巢留守老年人与日俱增，多年甚至十几年两个老年人对影相坐，面面相觑。更可怜的是丧偶老年人常常一个人看着不对心思的电视，孤灯下自斟自饮、形影相吊、郁郁寡欢，儿女们又不在身边。如果一大群老年人结伴一起坐车，一块住宿，一同爬山，同桌吃饭，笑语连连，其乐融融，抑郁症、凄凉感就会一扫而光。

(7) 旅游陶冶情操

我国名胜古迹繁多，秀丽的山川无数，各地风俗民情各异，每到一地都会使人耳目一新，感慨万千，这对于调节精神，提高自身的文化修养非常有益。

2、掌握旅游中的注意事项

旅游是一件好事，但我们毕竟不再年轻，身体的老化要求我们要爱惜身体，注意保持心理平衡，注意安全。具体来说，就是要求我们要注意以下几个方面。

(1) 注意心理平衡

旅游是件愉快的事情，也是比较疲劳辛苦的活动，如果缺乏足够的思想准备，往往是高高兴兴踏上旅途，一旦途中遇到不顺心的事情，或身体出现小毛病，就会弄得神情疲惫，心情忧郁无心游览，甚至会中途扫兴而归。

这通常是由于心理调节不平衡所致。因此，要注意调整好旅游途中的心情。

首先，对外出旅游中衣食住行可能遇到的不便和困难，要有足够的思想准备，一旦遇到一些问题，如车票买得不合适，或到站后事先通知安排的人没有来接等，要能处之泰然，随遇而安；不至于因小的麻烦而扫兴。

其次，要尽可能地保持正常的生活规律。早起早睡，尽量维持住在家里时的生活习惯，使人体的一系列条件反射不至于受到破坏。

再则，要按实际情况制定旅游计划，既要照顾到游玩，又要适当休息，切不可为了赶时间而过于疲劳地观赏游览，使自己的精神处于高度紧张状态。

（2）注意饮食卫生

在旅途中，常因饮食不卫生，或暴饮暴食而引起急性胃肠炎或其他传染病，既影响了健康，又使人不能尽兴畅游而遗憾。所以，一定要注意饮食卫生，做到饭前便后洗手；尽量做到一日三餐；饭前饭后要有一定的休息时间。在品尝当地名吃及土特产时，尤其要注意卫生。

（3）注意旅游安全

外出旅游最好是相约几个志同道合的人结伴而行，以便旅途中相互照顾，在旅游中要切实做到量力而行。不会游泳的不要擅自到海里、河里游泳，即使是会游泳，也应先了解清楚游泳场地的有关情况后再下水。

我国地大物博，幅员辽阔，旅游资源丰富，每个景点都有其旅游的黄金季节，所以，选择合适的旅游时节非常重要。

一般的说，游览五大连池，桂林山水，西湖风光，太湖美景，春季最宜。

夏天人们都想到避暑胜地，如青岛、大连、北戴河、厦门、连云港、烟台、威海等，那平坦细软的沙滩，宽阔的海水浴场，浩瀚无边的海天美景，可谓美不胜收。

北京的香山，南京的栖霞山，苏州的天平山，一到秋天红枫满山，故秋天是最佳的时节。

冬天则以羊城广州、深圳、春城昆明为最佳。严寒的北国，银装素裹，冰城赏灯，也别有一番情趣。

在季节旅游活动的选择方面：春季万物复苏，逢春季应顺应自然生机，踏青也是一项有益的外出旅游活动。

夏季天气炎热，暑热难受，此季旅游可到海滨和森林，以避暑养生。

秋季是最好的旅游季节，秋高气爽，无论登山临水，或游览古迹名胜，均是最佳的黄金季节。我国向来有九九重阳登山的习俗。

冬季天气严寒，雨雪偏多，穿戴也多，行动不便，一般不宜远游。此时，到户外活动，踏雪观景，还是很有意思的。

第6节 不妨适度地亲近网络

这是一个Internet时代，网络已以一种火热的势头走进我们的生活。上网也已成为一种时尚，一种生活，一种品位。

与年轻人相比，我们老年人的休闲时间较多，有了更多的时间以后，上网成为许多老年人的爱好，上网写点评、写博客、上网查询生活信息、网络购物、网上医疗等，成为很多老年人的一大爱好。当然也有部分老年人因为种种原因不愿上网。

凡事有个度，如果老年人在网上耗费太多的时间，无疑对身体不利；如果完全与网络隔绝，又会丧失很多休闲娱乐的机会。那么老年人应该如何正确对待网络呢？

1、了解网络带给老年人的好处

老年人退休了，时间充裕了，同时老年人精神生活相对单调，网络很容易成为吸引老年人的世界。从这个意义上来说，网络应该为老年人所喜爱。

那么网络能给老年人带来什么呢？一般认为网络对老年人的最深刻影响是带来工作方式的变化。生活方式变化应该是包罗万象的，有的问题还在扩展，它的内容，它的外延还在扩展。

主要的是网上可以获得更多信息，可以进行交流和沟通；网上可以接触到健康服务；再一个上网娱乐，休闲，包括到哪儿去旅游，那儿景点怎么样，人文景观，自然景观都可以在网上看到；再就是网上购物，网上买股票等。

网络不仅给老年人的生活带来方便，还满足了老年人的心理需求。现在独居老年人家庭越来越多，老年人的孤独寂寞比平时更可怕，所以有了网络以后，老年人有了新的乐园，有了新的天地，因此网络对老年人的生活会起到重大的作用。

此外，老年人通过上网还可以扩大交往的圈子，老年人离退休了以后基本在家，活动范围有限，通过上网可以扩大自己交往的圈子，有利于建立良好的邻里关系。

另外还可以对一些不良的情绪提供宣泄的机会，因为在网上你有什么说什么没关系，谁也看不到你，所以可以提供宣泄的机会。过去那种家丑不可外扬，现在网上就可以说了。所以这样有利于提高各自的心理健康水平。

2、认识老年人上网存在的问题

网络确实给老年人带来了很多方便，但当前老年上网还存在一些问题。

（1）是技术等原因造成的老年人上网障碍

一份调查数据表明，我国大多数的老年人都渴望接触互联网，但由于他们无法适应西方人设计的键盘问题等，很大程度上阻碍了老年人的电脑普及。

（2）老年人自身的问题

现实生活中，有一部分老年人知识水平相对低，知识结构陈旧，不掌握电脑基本知识，不懂英文，即使想学电脑，与年轻人相比，手脑反应慢，记忆力不如过去，对汉字输入生疏，学了好忘，而且老年人经济收入减少，消费观点不同于年轻人，对上网花费保守。

（3）老年人身体方面

进入老年以后，老年人视力下降，看不清屏幕，手的动作不灵活，点不准鼠标，还有腰坐直了，坐的时间短，有的有骨质增生，也坐不了多长时间。

（4）老年人的习惯

老年人一般比较传统，比较保守。他们对新生事物的接受相对较慢，甚至有排斥情绪。

网络确实对老年人有很多好处，但事物总是有两面性的，在我们充分享受网络世界带来多彩生活的同时，不得不承认也患上了恋网病。

现实生活中，有部分老年人成功地学会了上网，但上网过多也给他们带来了各个方面的问题：上网时间过久，使视力下降，腰肌受损；喜欢网上交友，而忽视了现实交友带来的快乐；在网上也容易被骗等。

3、对老年人上网的有关建议

一个一尺见方的视频，一个键盘，一个小小鼠标，把老年人带入到网络世界，在这里我们可以交到朋友，在这里我们可以查到有用信息，在这里我们可以购物等。

但是还有老年人不太会上网，还有老年人因为上网而带来了一些问题，下面的一些建议可以让我们老年人知道如何正确对待网络。

（1）转变网络观念

老年人要学会上网，首先要转变对网络的观念。这里的转变要从两方面着手:

第一个老年人自己要转变，就是这样新的事物来了我是什么态度，如果我不学，那么这种方式只会远离社会，所以现在我们想跟上时代的步伐，老年人只有去了解社会，融入社会，这样才能够在这个社会里有我们的位置，否则的话就真的成了没用的人了。

第二个是让社会转变观念，包括家庭、子女。我们要想办法让这些年轻人对我们老年人上网持积极的态度。如果子女们了解了我们上网的积极方面，他们就会指导我们上网，遇到问题他们也不会打击我们。这无疑对我们学会上网是非常有利的。

（2）考虑参加培训

不可否认，老年人的学习是吃力的，而且动作也很慢，所以如果在条件允许的情况下，我们可以参加培训班。

我们对培训班也要有一个正确的选择，那些仅仅讲理论的不行。要选择那种个别辅导的班，再让我们一步步地亲手实践，这样更符合我们老年人的心理，也才能让我们真正学会。

（3）勤学勤问勤练习

对于老年人来说，有时感觉电脑真的很复杂，但我们也不要有畏难情绪。遇到问题，我们可以常向身边的人请教。例如在家我们可以向子孙们请教，向邻居们请教；在外面，老年人之间也可以相互交流，相互学习。只要我们有信心，勤学习，勤练习，网络其实是很简单的。

（4）充分利用网络

网络世界丰富精彩，不但能聊天、玩游戏，还有文学、艺术、保健等各种知识应有尽有，所以我们要充分利用它。利用好了相信我们每个人都会获得很大的便利，最起码自己有病不用上医院，自己就可以求医了。

（5）不要把友情当恋情

我们要牢记，上网的目的是为了“找乐”，丰富晚年精神生活。“异性相吸”、“日久生情”这是天经地义的事情，无可厚非。但是人是高级动物，是有理性的，思想感情应受家庭、社会、道德、法律、客观现实的约束，在上网的老年中有不少是单身男女或在感情方面有过伤痛的，如把握不住，很可能会被虚拟不现实的网络造成更大伤害。

当然，有个别通过网络结成连理也不能不说是一桩美事，但毕竟是极少数。所以，我们老年人一旦发现友情产生了暧昧关系也不要怕，要及早收心面对现实，并暗示对方也要理智。千万不要冷言恶语伤害对方。都是过来的人了，要相信对方。只要你能谅解、尊重，对方也会尊重你的；处理得好你们的友情会得到升华。

（6）真诚对待网友

上网的老年人由于地域、民族、文化、职业、个人修养等差异，思维方式也不尽相同。但共同点是一致的，上网都是为了“找乐”，丰富晚年生活。所以我们要学会交友，要把自己的位子放低点，真诚地对待每一位网友，不要为上述所谓差异影响和气。那样会使我们自己、对方，甚至其他网友都不舒服。只要我们都把对方当做好兄弟、好姐妹，相信你的朋友会遍天下。

（7）增强防骗意识

老年人都有丰富的人生阅历，一般来说很少会受骗，但实际上却并非如此。现实生活中，有很多老年人都有在网上被骗的经历。

网络被骗，多以财产为目的。老年人上网遇到财产等问题时要多留个心眼，那些违反常理的大都可疑，因为天上不会掉馅饼。如果有些时候确实拿不定主意，可以与子女协商一下，征求一下他们的意见。

（8）上网时间要节制

年轻人上网容易上瘾，个别老年人上网也会上瘾，而且老年人上网成瘾的危害更大，因为他们的身体素质不如年轻人。所以，上网不能没完没了凭自己兴趣，要定时。俗话说“玩物丧志”、“美味不可多得”，网络也是这样，不能太贪恋。如无休止的在线，长此以往，势必给身心带来伤害。

以前老年人经常要进行一些健康咨询，但因为种种限制，使这项活动的开展受到了一定的限制。有了网络以后，我们进行健康咨询就方便得多了。但很多老年朋友对网上健康咨询却不太了解，下面就介绍一下网上健康咨询这项新的活动。

现在的一些健康网站大体可分几类：

一是正规医院的门户网站。大多是医院作为跟上时代发展的一个产物，但是，大多不被医院重视，没有把它真正作为一个宣传医院，做医疗常识普及的好的平台，充其量只是个摆设。

二是一些大型医药或医疗器械公司，或私营医院的门户网站。在宣传医疗健康常识的后面常常是跟随着对自己主营产品的宣传，许多言过其实的广告，常常让人没有信任感，而其中宣传的一些“包治百病”、“保证有效”、“一定治愈”的“专家、教授”更是让人望而却步。

三是一些专业人员的兴趣。一些医疗健康行业的人士，在工作之余，因为热心，爱心，责任心，自建健康常识的普及网站，在站内做本人所从事的医疗专业学科常识的普及，宣传以及网络咨询。

不管何种性质的网络健康咨询机构，疾病的咨询与治疗都离不开对病情的准确判断。医务人员判断病情主要依据三方面：现病史、既往史，家族史；医生体检；相关常规检查的结果。而在网络上提出疑问的网友，大多不能完整的提供上述资料，只是简单的叙述部分症状。既然没有上述资料，所以很多医务人员的判断可能不是太准确。因此，对于那些比较严重的疾病，仅仅靠网络健康咨询是不太可行的。

当然，对于一些小病，或者已经确诊的疾病，如果与网友、医务人员有充分的沟通，相互探讨治疗办法、康复心得等还是很有益的。

第7节　培养良好的运动习惯

老年人随着年龄的增长，身体各脏器都有不同程度的退化，不少老年人还患有高血压、冠心病、慢性支气管炎或肺气肿等疾病。

实践表明，通过适当的体育运动可以缓解甚至治疗这些疾病，延长老年人寿命。虽然运动很重要，但我们老年人参加运动时，还有很多注意事项，如果方法、方式不对，反而对身体不利。

那么我们老年人应该怎样正确看待运动呢?

1、了解老年人运动的好处

老年人的生理特点是，全身的新陈代谢水平下降，生理机能和体力都在减退。要想延缓衰老，首先要使其新陈代谢旺盛，而运动就是促进新陈代谢旺盛的有效手段。人不活动的时候，新陈代谢减弱，血液循环缓慢，肌肉松弛，胃肠蠕动和吸收减弱，呼吸也变浅。

所以应经常参加运动，其作用：可增强呼吸功能，使呼吸系统更为健全；可改善心血管功能，使心肌耐力增强，减少胆固醇的沉积，增大血管弹性，从而使心脏功能改善，预防或减少高血压、冠心病、脑中风的发生，增强肌肉活动的耐力性和灵敏性；能改善骨骼的血流量及代谢功能，使骨质密度增加，坚韧性和弹性增大，延缓骨质疏松，减少老年性关节炎；能增加胃肠道蠕动及消化腺的分泌功能，提高消化吸收能力，预防胃和十二指肠溃疡等；能调节大脑神经细胞的兴奋和抑制过程，使大脑反应敏捷；能增加皮肤的血液循环，提高对冷热的耐受能力。

此外，经常参加体育运动还可调节情绪，改善心理，预防感冒，提高内分泌腺功能，尤其对肾上腺、性腺功效更明显。

2、掌握老年人运动的原则

运动锻炼可以强身健体、防病祛病、延缓衰老。但老年人的生理特征发生了诸多变化，如果运动方法不当，不仅不能达到健身目的，反而会损伤身体，影响健康。所以，我们老年人进行运动锻炼必须遵循下列一些原则：

（1）进行身体检查

凡事要以安全第一。老年人运动前要进行身体检查，其目的在于对自身健康状况有一个正确地认识和了解，早一点发现潜在性疾患和危险因素，以便引起注意。

体检要注意二点：一是不要认为检查一次就可保多年，因为运动或增加运动强度之前，需要有三个月之内的体检资料；二是体检要认真对待，不能草率了之，马虎大意。

有的老年人常常过高地估计自己的体力，过分自信或争胜好强心切，也是造成伤害事故的根源。因此，必须听从医生的忠告，自觉约束自己，以确保安全。但也不能只考虑安全，运动量很小或不运动而走上另一个极端。

（2）处方个别对待

运动也是有处方的，不同的老年人适合不同的运动处方。这是指处方的内容及其运动强度要符合本人身体的实际情况。由于体力及最大心率的个体差异较大，不能给予相同的运动负荷。

（3）要循序渐进

参加运动锻炼不能急于求成，而应该有目的、有计划、有步骤地进行，要日积月累，这样才能取得满意的锻炼效果。同时，开始锻炼时运动量宜小，待适应以后再逐渐增加。

经过一段时间的运动锻炼后，如果运动时感到全身发热、微微出汗，运动后感到轻松、舒畅、食欲及睡眠均好，说明运动量适当，效果良好，就要坚持下去。

此外，锻炼的动作要由易到难、由简到繁、由慢到快，时间要逐渐增加。

（4）安排好饮食

安排好合理的饮食。在保持标准体重的情况下，应以充足的蛋白质、低脂肪、低胆固醇、适量的糖、丰富的维生素及无机盐为宜。

（5）选择适当时间

运动以选空气新鲜的早晨为好，饭后不要立即做剧烈的运动，宜在饭后一小时至两小时运动较好。

同时，还要根据季节变化进行适当的变换和调节。夏天，患有心血管系统疾病的老年人，应选择气候凉爽的时间进行锻炼，避免剧烈运动，做些徒手体操、太极拳等；冬天，患有呼吸系统病的老年人，如哮喘病、老年慢性气管炎等，应停止户外锻炼；并要尽可能坚持用鼻吸气，避免冷气直入肺部。

（6）合理安排运动量

老年人的健身锻炼，必须掌握适宜的运动强度，进行有规律的锻炼，才能确保安全和达到效果。因此，开始锻炼的强度和时间应比较小和短，而且应有6周左右的适应阶段。

对于某些老年人来说，重要的是运动的频率，直至有足够的适应能力，再增加运动强度，并要从低而有效的限度开始，缓慢进行。例如，初始身体素质低的人，以40%至60%最大心率储备就可取得明显效果，就先从40%的强度值开始。

（7）做准备整理活动

运动医学和运动训练要求，一个安全、有效、科学的健身锻炼程序应由四部分组成：准备活动；有氧运动；徒手或负重的肌力练习；整理活动。

可见准备活动和整理活动是体育锻炼时不可缺少的，而且每次锻炼都要充分做好。年龄越大，锻炼前的准备活动越重要。

（8）要自我监测

自我监测是指在运动过程中经常对健康状况进行观察、记录和评价，目的在于适时调整运动处方和锻炼计划，防止过度疲劳，避免发生运动损伤，应提高锻炼效果和健康水平。因此，参加运动锻炼的老年人应该学会自我监测的方法，并坚持在运动锻炼的实践中加以应用。

监测内容：自我感觉，一般包括运动前、中、后的各种感觉、食欲、睡眠、运动欲望、排汗量，以及有无疲乏感、心悸、气短、头痛、腰腿痛等。

如锻炼后精力充沛、心情愉快、睡眠及食欲好，无心悸、气短，虽有疲劳感，经休息后疲劳感消失，说明此锻炼方法适合于你，应持之以恒。否则要改变锻炼方法，以达到强身健体、延年益寿之目的。

3、注意老年人运动的禁忌

老年人随着年龄的增长不仅心肺功能降低，而且运动器官也逐渐衰退，如肌肉萎缩，速度减慢，骨质疏松等。另外老年人听觉、视觉、触觉、平衡器官功能也逐渐减退，表现为反应缓慢，灵敏度低，协调性差。

根据老年人这些生理变化特点，决定老年人所选择的运动项目和确定运动强度，老年人在运动锻炼中要注意下列五忌。

(1) 忌激烈竞赛

老年人不论参加哪些项目运动，重在参与、健身，不宜争强好胜，与别人争高低。在体育运动中，尤其是参加体育运动会时，老年人要正确认识健身运动的目的和意义，正确对待胜负和成绩，正确处理好健康、友谊和比赛的关系。不能因一时的胜负而过分激动，否则易引发高血压、心脏病等的发作。

(2) 忌负重憋气

老年人多有肺气肿，当憋气用力时，会因肺泡破裂而发生气胸。憋气也会加重心脏负担，引发胸闷、心悸等症状。

憋气时因胸腔的压力增高，脑供血量减少，易发生头晕目眩，甚至昏厥。憋气完毕，回心血量骤然增加，血压升高，易发生脑血管意外，因此像举重、拔河、硬气功、引体向上等这些需憋气运动的项目，老年人不宜参加。

(3) 忌急于求成

老年人对体力负荷适应能力差，因而在运动时应有较长时间的适应阶段，一定要循序渐进，按照自己的运动计划一步步来，切忌操之过急。

(4) 忌头部过度变换

老年人不宜做低头、弯腰、仰头后侧、左右侧弯等动作，更不要做头向下的倒置动作，因为这些动作会使血液流向头部，而老年人血管壁变硬，弹性差，易发生血管破裂，引起脑溢血。当恢复正常体位时，血液会快速流向躯干和下肢，脑部发生贫血，出现两眼发黑，站立不稳，甚至摔倒。

(5) 忌晃摆旋转

老年人协调性差、平衡力弱、腿力发软、步履缓慢、肢体移位迟钝，因而像溜冰、荡秋千、弹跳板及各种旋转动作也宜忌讳，否则一旦失去平衡，轻则局部受伤，重者骨折，甚至脑震荡。

老年人骨质增生，关节僵硬，韧带伸缩性差，灵活性减退，因此，像劈叉、弓腰、压背等一些柔软性练习，易发生肌肉、韧带拉伤，同样是不适宜的。

随着年龄增大，我们老年人应正确认识自己的生理变化，既要服老，又要不服老，前者是指衰老进程中不可抗拒的自然规律，后者则指生命在于运动，只要因人而异，坚持科学锻炼，保持乐观情绪，注意饮食起居，就一定能够健康长寿。

人到了老年，因器官老化，或因疾病缠身，生命会变得脆弱起来，稍不注意就可能出事。参加运动过程是这样的，参加完运动之后，也有一些禁忌。

一是不宜立即吸烟。运动后吸烟，吸入肺内的空气中混入大量的烟雾，一方面将减少含氧量，另一方面会因供氧不足而出现胸闷、气喘、头晕、乏力等。

二是不宜马上洗澡。运动时体内大量血液分布在四肢及体表，一旦运动停止，增加的流量还要持续一段时间。这时如果洗澡，会导致血液过多进入肌肉和皮肤，而使心脏和大脑的供血不足。

三是不宜贪吃冷饮。运动后失水较多，往往口干舌燥，极想喝水。这时如喝下大量的冷饮，极易引起胃肠痉挛、腹痛、腹泻等疾病。

四是不宜蹲坐休息。蹲下休息，会使下肢血液回流、影响血液循环，加深肌体疲劳。

五是不宜立即吃饭。运动时神经系统控制着肌肉活动，而管理内脏器官的神经处于抑制状态。同时，全身的血液也处于运动器官处，而内脏处较少。这时进食，会增加消化器官的负担，引起功能性紊乱。

第8节 音乐是老年人养生的秘诀

心理学认为，音乐是养生的重要秘诀。音乐既有利于消除紧张心理，也可以改善烦躁、焦虑的心绪，并能使大脑神经系统兴奋，心情舒畅，加速内分泌，改善血液循环，调节呼吸系统，增大吸氧量，可全面促进人体健康。

无数的医学研究也已经证实，音乐对老年人确实有很多好处，医学上还采用音乐疗法来治病。

那么我们老年人应该如何正确欣赏音乐呢？老年人欣赏音乐又有哪些禁忌呢？

1、了解音乐对老年人的好处

音乐真的很神奇，它能在不同的国界，不同的种族，不同的人群中存在，并且凡属人类，都能听懂它、接受它、喜欢它。音乐以它有限的音符，排列组合成一个个优美动听的旋律，汇成一条永不枯竭的生命之流。

可以这么说，在所有艺术种类中，没有哪一种艺术比音乐更能直接地表达人的内在情感。

（1）消除孤独寂寞

孤独是老年人面临的最大心理问题。在孤独时，固然有很多种消遣的方法，音乐就能真诚地陪伴着我们度过漫长的黑夜。

很多人都有过这样的体验，生活中，有的时候，无边的寂寞会莫名其妙地袭上我们的心头，此时听听乐曲，让音乐水一样地在你心头清澈地流淌，你的孤独无助的感觉就会烟消云散了。

（2）解除悲伤烦恼

音乐是驱除悲伤、烦恼的良药。进入老年，我们在生活中不可能一帆风顺，总会遇到烦心事，当这些烦心事缠绕心头不能自解时，听几首歌曲吧！那歌声或激越悠扬，或缠绵悱恻，我们不知不觉中跟着哼起了曲调，渐渐地，我们就会感受到一种前所未有的清静和平淡，一种空灵的感觉在不知不觉中升起，身心得到了亲切的抚慰，此时心中的烦恼早已忘到九霄云外去了。

（3）帮助修身养性

一首优美的乐曲，能荡涤人的灵魂，净化人的心灵，把人带到一个高尚的境界。音乐的圣洁和美好，只有热爱音乐、经常欣赏音乐的人才能了解。经常听音乐的人，具有高贵的情感、优雅的气质以及丰富的内心世界。

音乐能提高老年人对美的欣赏能力。音乐本身就是美育，人经常在音乐的熏陶下，会大大提高对美的欣赏能力，欣赏自然之美、宇宙之美、生活之美、心灵之美。

（4）治病强身延寿

优美动听的旋律，通过耳朵传入大脑，振奋人的情绪，消除烦躁和不安，使之宁静，从而引起松弛、愉快和舒适的感觉；促进代谢，增强大脑皮层和皮层下中枢活动的协调，改善植物神经功能和内分泌的功能，能更好地协调各器官的正常活动，有利于身心健康并达到防病强身甚至达到防止老化的功效。

（5）增强感知能力

音乐具有刺激记忆力的强大作用。我们可能会有这样的体会：当听到或唱起多年以前的歌曲时，我们就自然地想起了那个年代的很多往事，甚至一些早已经忘记的生活琐事，会突然出现在脑海之中，历历在目，让我们心潮澎湃，唏嘘不已。这就是为什么很多人钟爱老歌的原因。

音乐还能增强我们的语言能力。很多歌词都具有诗的韵律，或豪放、或激越、或缠绵、或哀怨、或多情，看多了，听多了，自己的语言也就渐渐变得丰富精彩起来了。

（6）改变精神状态

通过欣赏各种各样的音乐，可以刺激老年人的生理功能，从而提高老年人的活力，改善精神和情绪状态，促进我们的社会交往。这些对于维护老年人的身心健康，防止老年性痴呆的发生和发展，起到了不可估量的积极作用。

2、懂得欣赏音乐的方法

欣赏音乐好处很多，欣赏音乐也就成为一门大学问，绝非三言两语能够交代清楚，这里只介绍一些适合我们老年人简单操作的方法。

（1）经常听反复听

选择感兴趣的乐曲反复听，感受乐曲意境，如在合适的时间听音乐，就会达到最佳欣赏效果。

比如在做家务时，挑选一些自己平时最喜爱的歌曲播放，往往会使自己情不自禁地跟着唱起来，自己的情绪也会被音乐所调动，所感染，家务琐事所带来的烦恼和劳累枯燥也会随之远去。吃饭时听一些比较欢快的音乐会调动自身的胃口，使食欲增加。入睡前，听缓慢悠扬的乐曲，有利于入睡。

（2）边欣赏边哼唱

边听边哼，既是对乐曲的欣赏，又是自我情感的宣泄。小声哼唱，会使肌肉放松，完全随心所欲的流露，久而久之对自己的身心也有好处，如消除紧张的心理，消除烦躁焦虑的心情，便于集中思考问题，有利于气血的流畅，有利于消除疲劳。

尤其是料理完一些琐碎事情之后，随着优美的旋律尽情哼唱，会使我们心情愉快，精神得到极大的放松。

（3）多与别人交流

虽然我们不是专业的人士，但只要我们掌握了一些乐曲的基本知识，时代背景，提高了欣赏水平，那么在休息之时，我们就可以与别人交谈，疏泄情感，这样既消除了寂寞，赢得了友谊，提高了欣赏水平，也宣泄了情绪，改善了心情。

（4）多一些想象

音乐是对生活的赞颂，是精神活动的调节剂，但这些音乐的作用常常是隐藏在旋律之内的，需要我们发挥想象才能领悟得到。所以我们听音乐要充分发挥想象力，让乐曲变成一幅优美的画卷。

还可借助联想，提高想象力，如联想作者的创作意图，对社会产生的价值，作品对社会的作用，自身对音乐的美好感受。通过联想，可提高我们老年人对生活的热爱，达到自娱自乐。

3、把握欣赏音乐的注意事项

欣赏音乐对老年人有很大的好处，但凡事要有度，才能达到效果。如有些快节奏的音乐我们就不能听，有些老年病人就不能听音乐等。总的来说，老年人欣赏音乐有以下一些注意事项。

（1）音乐范围选择

老年人在选择音乐时，要选择健康向上，有积极意义的音乐，这是因为老年人一般好静不好动；不要听一些紧张、恐怖的乐曲，及刺耳的声调，怪诞音质、疯狂的节奏，这些音乐会对我们人体神经系统产生强烈的刺激作用，甚至破坏心脑血管正常的运动节律，从而导致情绪不安，恶心欲呕，头晕头痛，血压升高，会诱发心脑血管等病，妨碍人体健康。

尤其是那些淫荡的靡靡乱音，更能腐蚀人的心灵，会致老年人过早衰老。

（2）声音大小选择

老年人身体虚弱及患有心脏病者，对音乐声音大小的选择尤为重要，快节奏的音乐会促进神经亢奋，对身心健康极为不利。所以这一类老年人如果要欣赏音乐，宜选择慢节奏的乐曲。

对于普通老年人来说，欣赏音乐音量也要适中，通常不超过60分贝，没有噪音干扰。

(3) 注意场合选择

欣赏音乐是老年人消除孤独、提高修养的一种方式，但也要注意场所，不要因自己快乐，将音量开得过大，影响别人的生活规律，尤其是夜深人静时更应注意。

此外，欣赏音乐要适度，绝对不能影响到我们夜间的休息，不要影响我们其他要做的事情。

老年人欣赏音乐，不仅可以开阔知识面，而且可以陶冶性情，使精神愉快，增进健康，延年益寿。但要欣赏音乐就要懂得一些音乐知识。

欣赏音乐的主要“窍门”，就是学会听音乐，一般可以从声乐曲到器乐曲，从独唱、独奏到合唱、合奏，从单声部到多声部，从标题音乐到非标题音乐这样一个由浅入深的过程来进行。

对声乐曲，可以从两方面去欣赏：一是作品本身的艺术性，着重了解音乐是怎样表达歌词内容的；二是演唱者用怎样的歌唱技术和演唱形式表现歌曲内在的思想感情。

声乐作品常见的体裁有：进行曲、摇篮曲、歌舞曲、叙事曲、诙谐曲、抒情曲等；常见的演唱形式有：独唱、重唱、齐唱、轮唱、合唱、表演唱等；从人声的分类来说，又有女高音、女低音、女中音、男高音、男低音、男中音等。

器乐曲有标题音乐与非标题音乐之分。器乐作品常见的体裁有：前奏曲、序曲、变奏曲、协奏曲、奏鸣曲、交响乐等。常见的演奏形式有：独奏、重奏、齐奏、合奏、协奏等。

标题音乐是指标有概括乐曲中心内容题目的一种器乐曲。它常取材于文学、戏剧、历史、童话、民间传说和现实生活。标题音乐在我国有悠久的历史，如古琴曲《平沙落雁》、琵琶曲《十面埋伏》、器乐独奏曲《梅花三弄》、民族管弦乐曲《春江花月夜》、吹打乐《百鸟朝凤》等。现代作品也大都是标题音乐，如二胡独奏曲《二泉映月》、小提琴协奏曲《梁山伯与祝英台》等。一般来说,欣赏标题音乐由于有标题作为指引,比较容易理解。

非标题音乐也称为“绝对音乐”、“纯音乐”,它不用标题标明作品内容,只用曲式体裁、调名速度等名称来命名,如《大调交响乐》、《小调协奏曲》、《E大调奏鸣曲》等。这些作品的内容,要由欣赏者自己去理解。

此外,为了不断提高自己的音乐欣赏水平,老年人还可适当看一些通俗的音乐辅导读物,如《音乐欣赏手册》,以提高自己的音乐素养。

第9节 老年人的生活需要交友

不少人认为交友似乎只是年轻人的事,其实老年人更需要交朋友,因为人的情绪都是需要出口的,老年人也不例外。如果老年人每天只有老伴作为唯一的依靠,有的甚至连老伴都没有,积压在心里的情绪就无法释放,这对老年人的身心健康十分不利。须知,老年人多结交朋友不仅能获得心灵的慰藉,也能带来健康和欢笑。

当然,由于生理、心理的一些变化,老年人在与人交往时也会表现出一些问题。那么我们老年人该如何正确面对交友呢?

1、了解老年交友的必要性

交友是指人与人之间的相互联系与交流。社会交往有着沟通或交流、整合、调节和保健等四个功能。人在社会交往中,这四个功能都有不同程度的体现,这对于人的精神、情操乃至身体保健都是有所裨益的。

随着年龄的增大,老年人的生理和心理都会出现很大的变化,特别是退休离职以后,往往会产生一种莫名的失落感和孤独感,如果不加以调节,会影响老年人的身心健康。社会、子女、亲戚等的关心和帮助总是有限的,要自己保持乐观、稳定、愉快的情绪,适度的社会交往是我们的最好选择。

只要精力允许,老年人应该进行适度的社会交往,这不仅有利于老年人在交往中与他人彼此心灵沟通,而且还有利于老年人在精神上、生活上和情感上的自我调节，使个体和群体相互协调，形成和谐、亲密的人际关系。

2、学会老年交友的技巧

离退休以后，与过去的同事、工友、伙伴接触的机会就少了。这样，我们老年人的人际交往最多的是要靠地缘关系了，但由于现代居住方式的改变等原因，也给正常的人际交往带来了不少新的问题。

困难并不可怕，只有我们采取合适的对策，老年交友并不像我们想象的那么困难。

（1）忘却以前的恩怨

在以前的几十年生涯中，老年人或多或少都会与人产生某种不快，形成心理上的隔阂，为此可能彼此之间长时间不来往，见面时形同陌路。

现在我们都已经进入老年，所以应该抛弃前嫌，忘却人世间的恩怨情仇，以平和的心态对待对方，“相逢一笑泯恩仇”。否则，一辈子念念不忘，岂不一辈子都要为此坏了心情，影响自己的生活质量，这其实是与自己过不去。从某种意义上说，善待别人也就是善待自己。

（2）及时转变心态

回想离退休以前，大家彼此差不多，有些人可能还是自己的下属。如今地位不同了，可能有的人不像以前那样尊重自己，心理上的落差使得老年人不愿与对方接触。这是一种明显的心理障碍，只有克服才有利于老年交友。

所以，我们遇到自己的身份变化带来的失落感也不必在意，不管对方是以前的下属也好，领导也罢，我们都要以一颗平常心对待。毕竟以前的上下级关系都已经成为了过去，而现在我们都是平凡的老年人。

（3）适量做到主动

现在城市基本都是单元式住房，本来就不利于人际交往，如果成天坐在家里，不主动一些哪里会结识朋友？老年人离退休在家，时间充裕，在可能的情况下，要多与大家进行沟通，加深彼此的了解。

例如到有老年人的家庭互相串门走走，这样不仅能融洽关系、增进感情，而且双方有什么事，彼此还能够相互照应，促进邻里关系的和谐，也有利于邻里关系的稳定。当然，凡事都要适度，若频繁地串门，可能会令邻里感到不快，要适可而止，以别妨碍别人的正常生活为度。

(4) 尽量保持合群

可以不夸张地说，老年人的生活离不开交友。所以我们老年人要保持合群的习惯，尽量不要和群体格格不入，常与志同道合的老年人在一起，加入自己的交友圈。

例如我们到游泳馆游泳可以结识一批“泳友”，在社区参加打球活动可以有许多“球友”，定期参加老同学、老同事聚会，巩固过去的“学友”、“战友”。

(5) 需要耐心对待

人和人的交往更多地在于情感的交流，这是一个长期的过程，所以建立和维护人际关系都需要有耐心。老年是人生的成熟期，在人际交往当中要有容人之量，要以诚待人，这样才能有个好人缘。

为人要厚道，要关心人，爱护人，尊重人，理解人。每个人在思想上、性格上都有缺点，我们对别人不能求全责备，要学会求大同，存小异，全方位了解别人，多发现别人的优点，取长补短。

(6) 真诚赢得友谊

一般说来，人与人之间的亲密与疏远、爱与恨都是相互的，人人都希望与他人的关系保持某种适当性和合理性，以保持自己的心理平衡。老年人在与他人的交往当中，如能做到真诚、热心，就能赢得别人真心待你，与你肝胆相照。

其结果是，让对方愉悦的同时，也必然引发自己的积极心理反应，使老年人沉浸于积极的情感状态，促进老年人的身心健康。因此，老年人在与他人的交往当中，应尽可能的敞开心扉，揭去面纱，真诚对待他人。

(7) 扩大交往对象

我们既可与老伙计们交往，与自己的亲人和左邻右舍保持接触，也可广泛结交社会上的朋友，甚至年轻人。特别是在与年轻人交流的时候，我们应该放下架子，忘却年龄和辈分，与青年朋友保持平等接触，进行真诚沟通。

老少间如果真能结成忘年之交，将使老年人从年青人身上感染到青春的气息，获取更多的有益成分，唤回自己的年轻心态，促进老年人的身心健康。

广泛接触，广交朋友，可以扩充老年人的信息通道，扩大老年人的信息量，丰富老年人的精神生活，提高生活质量，达到健康长寿。

(8) 广开交往渠道

进入21世纪以后，人际交往的渠道除了传统的信函和面对面交流外，还有电话、无线通讯、互联网等现代交流渠道。尤其是互联网，通过它，老年人可以与分别多年的好友进行远距离即时对话，与儿时的伙伴共同回忆悠悠往事，与远在异国他乡的儿孙进行“面对面”的亲情交流。

通过“网络聊天室”、“老年论坛”等老年窗口,可以找到老朋友,结识新朋友,或高谈阔论,或发泄胸中愤懑;在虚拟的网络世界里,老年人可以隐去自己的身份、年龄和性别，与社会各个阶层、各个年龄段、各种类别的人进行交流讨论；可以穿越时间隧道，回到年轻时代，重新体验逝去的岁月。

所以，我们平时交友除了原来的老同事、老邻居、老战友之外，还可以通过网络论坛、聊天工具等方式，结识更多志同道合的朋友。

3、掌握交友谈话的技巧

谈话是社会交往中最基本的一种手段，一次愉快的谈话会使人经久不忘，留下深刻的印象。我们老年人的社交活动要掌握一些谈话技巧，这是促进社会交往的基础。

谈话的技巧之一是平等对话，不居高临下，不藐视轻视对方，不臆断武断，不夸夸其谈、唯我独尊，要尊重对方，要真诚、真实、自然。

谈话的技巧之二是选择一个彼此都感兴趣的话题展开，别人不感兴趣的，会使谈话索然无味，交际无法深入。其中的关键在于分清场合，根据对方的年龄、情趣、文化修养以及彼此的关系选择相应的话题。

谈话的技巧之三是谈话要有清晰的思路，最好是一次谈话只围绕一个中心。老年人的精力不济，思维也不如年青人敏捷，谈话如果没有中心，就会因漫无边际而分散注意力，达不到谈话的良好效果。

谈话的技巧之四是要讲究语言的流畅，既不欲言又止，又不说套话、空话和满话，最好能给人留下一些思索的空间，要学会制造谈话的愉快气氛，使彼此都能感受到情境的交流和情感的交流。

老年人积极交友自然是非常必要的，但我们也应该明白老年人交友也有一些禁忌，如果不了解而触犯了这些禁忌，不仅不能达到交友目的，还可能带来其他负面影响。总的来说，老年交友的禁忌有以下种种：

不要到忙于事业的人家串门，即便有事必须去，也应在办妥后及早告退；也不要失约或做不速之客。

不要为办事才给人送礼。礼品与关系亲疏应成正比，但无论如何，礼品应讲究实惠，切不可送人“等外”、“处理”之类的东西。

不要故意引人注目，喧宾夺主，也不要畏畏缩缩，自卑自贱。

不要对别人的事过分好奇，再三打听，刨根问底；更不要去触犯别人的忌讳。

不要搬弄是非，传播流言蜚语。

不能要求旁人都合自己的脾气，要知道你的脾气也并不合于每一个人，应学会宽容。

不要服饰不整，肮脏，身上有难闻的气味。反之，服饰过于华丽、轻佻也会惹得旁人不快。

不要毫不掩饰地咳嗽、打嗝、吐痰等，也不要当众修饰自己的容貌。

不要长幼无序，礼节应有度。

不要不辞而别，离开时，应向主人告辞，表示谢意。

第10节 笑是一剂健康的灵丹妙药

俗话说：“笑一笑，十年少。”“笑口常开，健康常在。”哲学家卡拉肖夫认为：“笑的时间是一段特殊的时间。”这段时间会完全改变人和世界之间惯常的关系。笑能治愈气喘、偏头痛、背痛及某些性障碍，笑还可以增强心脏功能，降低血压，刺激消化和促进睡眠。法国心理学家认为，笑能够使人的机体返老还童。1分钟的笑，抵得上45分钟的松弛活动，能起到服用维生素C的作用。

当然如果笑法不得当，可能也会给我们老年人带来一定的坏处。那么我们老年人该如何正确对待笑呢?

1、了解笑对老年人的好处

笑为什么能解除人的痛苦或治愈疾病呢?医学家们认为，笑实际上是一种特殊行为，也是一种有益的人体运动，它的好处有以下几种。

笑，可使腹部、胸部、肩部的肌肉，甚至全身的肌肉关节都得到有益的活动，对人体各个系统起到很好的调节作用。

笑，可使腹部收缩，横隔下降，胸廓变长，胸腔容积增大，笑声停止之时，各脏器仍处于兴奋状态，从而有效地锻炼了各脏器的功能。

笑，使肺部扩张，增加肺活量，有利于呼吸道的清洁和通畅；使心脏功能加强，血液循环加快，心搏稳健有力，血压恢复正常。

笑，对神经系统有良好的调节作用，从而消除紧迫感，使肌肉放松，驱散忧愁，忘却各种不悦。

笑，可缓解疼痛。当面部、手臂、足部的肌肉疼痛时，笑可以缓解疼痛。

总之，笑的确是一剂“灵丹妙药”。我们老年人应该经常让自己笑，健身益神；与别人同笑，处处生春。老年人若能常留笑语在人间，必将在笑声中获得“春风吹得青春还”之功效。

2、认识笑对老年人的害处

笑的好处固然很多，但物极必反、乐极生悲，笑不可过度，自古至今，由大笑而丧生的例子是屡见不鲜的。

如在进食中大笑，食物会误入气管，引起呛咳，严重者可窒息，危及生命；患冠心病的人，过度欢乐会增加腹腔内压，加重心肌缺血，容易发生心肌梗塞或心脏骤停；重症高血压患者狂笑，会使血压突然升高，有时能诱发脑出血；脑血管意外而处在恢复期的病人，过度喜乐会引起旧病复发；胸腹腔和心脏手术后不久的人狂笑，会增加剧烈疼痛，影响刀口愈合。

可见，老年人无节制地欢乐、大笑，对健康是十分不利的。

3、控制笑的方法

既然大笑会给我们老年人带来危害，那么我们就应该注意笑的幅度，尽量避免大笑和在特殊场合的笑。而笑一般是由欢喜、外界刺激引起的，所以我们也对应有多种控制笑的方法。

（1）保持情绪稳定

情绪不稳定，经常大喜大悲的人常常会因为大笑而引发危险。因此，我们老年人平时要注意思想和性格修养，做到宠辱不惊，神定气闲，遇事不过分激动，保持理智，使自己的感情变化保持在适当的平稳状态。

（2）学会以冷制热

一个人遇到喜事，兴奋不已是自然的，关键问题是要自觉控制自己的情感，做到乐而有度。我国有一个“塞翁失马，安知非福”的寓言故事，阐明了“福兮祸所伏，祸兮福所倚”的朴素辩证法，是一个正确处理冷与热的好例子。遇事不过悲，不过喜，有节制，保持头脑清醒，是我们老年人应该注意的。

（3）学会以恐制喜

恐惧也是控制大喜的一种方法。在《儒林外史》里有一个范进中举的故事，说的是范进屡试不中，因而备受别人讥讽。54岁侥幸中举，高兴得发了疯，突然往后一倒，不省人事，待他苏醒之后，仍乐得披头散发，在大街上狂奔高呼。

他岳父见到此状，便走到范进跟前，大声骂道：“该死的，你中了什么？”随即就是一记耳光，结果使疯癫狂笑的范进神志清醒了。这体现了中医心理治疗的道理，符合“喜伤心者，为癫痫，以恐胜之”的治疗方法。

（4）学会以怒胜喜

有这样一个故事，一位年轻姑娘，因喜笑成疾，经多方医治无效。后侥幸遇到一位熟悉心理疗法的医师，故意把姑娘一条心爱的裙子弄脏，惹得姑娘勃然大怒，这一怒不要紧，竟奇迹般地把她的喜病治好了。可见，愤怒也可以调节人的大喜情绪，进而控制发生大笑。

笑有很多好处，但不幸的是很多老年人是不能大笑的，因为他们一旦大笑就可能会引起很多问题。一般来说，大概有以下几种人不宜大笑。

高血压、心脏病的患者大笑会导致血压骤然升高，引起脑溢血和心肌梗塞的危险。

脑血栓塞、心肌梗塞、脑溢血、恢复期结石病、痛风的病人大笑可加重心肌和脑的缺氧，引致病情恶化甚而发生意外。

手术后不久的病人大笑会影响刀口愈合，甚至裂开刀口，造成严重后果。

肋骨骨折复位不久不宜大笑，以防再次错位。

有下颌脱位史的人大笑时张嘴过度，容易使下颌关节脱位。

怀胎七个月以上的孕妇大笑由于腹腔内压增加，会造成早产或流产。

疝气，即小肠气患者大笑会使疝囊越来越大。

尿道或肛门括约肌松弛的人大笑时，由于腹内压骤然增加，会把小便或大便笑出来。

脱肛、痔漏、子宫脱垂患者大笑会加重病情。

正在进食时大笑容易使食物误入气管，引起剧咳，甚至发生窒息等严重后果。

第11节 在读书学习中享受乐趣

医学研究告诉我们，人的健康包括两个方面的内容，即生理健康和心理健康。而读书，对于心健和身健都是大有益处的。

日本人口学专家研究发现，人群中寿命最长的是哲学家，其次是科学家和艺术家。显然，这与他们持之以恒、锲而不舍的读书学习密切相关。

因为读书学习可以开阔视野，调节心情。所以，虽然我们已经进入了老年，但我们完全可以在读书学习中寻找和享受乐趣。

1、了解老年人学习的好处

古今中外无数个事例表明，老年人读书学习并非无用。因为晚年读书求学，可使人思路开阔，知识丰富，修养道德，是难得的高雅乐趣。更为重要的是，晚年读书不仅有用，而且有乐，有道是“雨过琴书润，风来翰墨香。”

总的来说，读书学习的好处有以下几个方面。

（1）提高生活情趣

例如有一对长期从事领导工作的老年夫妇，离休后双双进了老年大学烹饪班，反复研究烹饪技术，从中悟出了三乐。一乐进菜场：红红绿绿，黄黄白白，诸般鲜菜映入眼帘，给人以美的享受；二乐搞烹饪：配菜、切菜、炒菜，把所学的理论知识用于烹调的每一个环节，给人以幸福的感觉；三乐与人共尝：把色香味形俱佳的菜肴端上餐桌，与众品尝，交相夸赞，给人以欣慰的精神满足。

当然读书学习提高老年人的情趣不仅仅只是上面的例子中的这一点，还有很多。看一本书，就是一次灵魂的旅行，它能挖掘沉默在字句中的金子，将其幻化为激动人心的思想火花；能穿越似水流年，游历宇宙，把作品还原成岁月，让人通达，让人开阔，让人平和，让你在观察时增长对人生的感悟。

（2）加强身心修养

老年人读书学习的目的在于培养高尚的情操，加强自我思想修养，以更高的道德规范来约束自己的晚年生活，净化自己的灵魂，使之晚年有为，作为于人类社会。

好书的字里行间闪烁着人类实践、才智中的精华。格言警句让人警醒，至理名言让人彻悟，风趣的语言让人愉悦，优美的描写让人赏心，壮烈的故事让人振奋，生动的情节让人抒怀，凄婉的叙述让人牵情，幽默的文字让人会心一笑。在不知不觉中得到精神上的享受，又获得了人生的滋养，无形中使身心得到舒展。

（3）消除紧张心理

读书学习对人都具有巨大的吸引力和感染力，只要接触它，亲近它，就会被拉住思路，“读书入了迷，废寝又忘食”就是这个道理。读书学习可消除人的紧张情绪，安静人的心理，已被实践所证明。

因此，老年人在紧张时，可以结合自己的兴趣特点，或研究一下历史，或读一点古文，或欣赏一下古诗词等，使自己的紧张心理烟消云散。

（4）防病益寿延年

我国汉代刘向曾说过："书犹药也，善读之可医愚。"所谓医愚，就是使人明理、化郁、解烦、长见识。读书是积极的思维方式，能使大脑产生一种神经肽的高级化学物质。这种物质能增强细胞免疫力，有益身心健康。

读书能使人进入专注状态，一切有害的心理因素都会被排除，取而代之的是乐观向上的健康心态。勤于读书，可使大脑血管经常处于舒张状态，以输送充足的氧和营养物质，延缓中枢神经老化，使全身各系统保持协调一致。

读书是一种潜移默化的心理效应，声情并茂的美学享受。特别是抑扬顿挫地高声朗读，既能调节气机的升降出入，增加肺活量，又能疏肝理气，调达情志。

现在一些西方国家已充分认识到读书对人身心健康的重要作用。一些医院开设了读书疗法，让病人根据各自不同的情况阅读不同情感色彩的书，以解除他们的烦恼和淡化抑郁的情绪，调节人体免疫功能。尤其是一些神经系统及心理障碍的患者，用此方法取得了良好的效果。

2、把握老年人学习的方法

与年轻人读书本着实用目的有所不同，老年人读书便像一个游客，如沐清风般地林边散步，追求心灵自由。所以，我们老年人读书学习也应该有一些不同于年轻人的方法。

（1）摆正学习心态

老年人看书的目的不是为了取得实用价值，这是看书前首先要摆正的态度问题。因为没有了更多实用主义的追求，我们才能真正静下心来读书学习，同时也才能取得更好的成绩。

鉴于此目的，所以我们看书不和别人攀比，只看自己愿意看的。不愿看的坚决不看，白给也不要。别人取得成绩了，我们也能坦然接受，有了这个心态以后，老年人才能更好地享受到读书给我们带来的快乐。

（2）选择学习目标

学什么这是前提。学海无边需要选择，老年人必须把有限的精力、时间集中到一个目标上，优化地选择。要对自己的优势劣势、能力的大小、身体的素质做个全面衡量，发挥优势，设计、优化自己的学习目标。

（3）注重培养兴趣

兴趣是入门的向导，是不可抑制的动力，它能产生不可遏止的求知欲望。兴趣出勤奋，勤奋学习才能出成果。因此，从兴趣入手，选择自己学习的目标。如喜欢诗歌、书法、绘画的老同志，过去因工作忙，空闲时间少，如今可以天天写、日日练，这样一个月可以等于过去几年乃至十几年。

（4）立足现有基础

千里之行，始于足下。老年人以往职业不同，基础各异。选择学习目标，最好在原有职业的基础上加以延伸，因为长期从事某一行业、某种技术工作，这是进一步学习的基础，轻车熟路，易见成效。

对同一或相近领域的知识，进一步学习，由表及里，由浅入深，去粗取精，去伪存真，分析研究，不断深化，开拓前进，才有可能取得成就。

（5）寻找合适的方法

“怎样学”，是个方法问题。方法对头，事半功倍；方法不对，事倍功半。学习不讲究方法不行。犹如过河，方法则似架桥、乘舟，没有它无法抵达“彼岸”。在确立了学习目标，下定了决心之后，必须要有适合老年人学习的方法。

例如我们已经看过很多书了，有的书没有必要从头至尾细看一遍了，所以只看头尾，有的书掐头去尾只看中间，5分钟决定取舍。正如鲁迅的“随便翻翻”，“或者看一遍序目，或者读几页内容”。不用心，不费力，拿来做消遣。犹如陶渊明的“好读书，不求甚解”。

（6）选择合适的读物

合适的包括两个方面：

一是要读自己感兴趣的书。因为不上班了，没有业务工作了，所以没有因业务需要必读的书，只选些自己感兴趣的书即可。读自己感兴趣的书，有益于身心健康，提高读书兴趣，利于养成坚持读书的习惯。

二是读名人的书，老年人体力精力有限，视力也有所减弱，所以要用有限的精力和时间有所选择的读些名人的书、经典书、好书、篇幅短的书。

例如大部分老年人可以选择一些名人散文书籍，因为散文文章短，语言美，所以我们很爱看。也可在网上找些自己感兴趣的文章和书看看。

（7）保持持之以恒

做事贵在有恒，读书学习也是一样。所以，我们要坚持经常读书，天天读书，养成读书的习惯。鲁迅是个“深沉的韧性的战斗”典范，他一生中的著作、译著和书信，总数达700万字，直至临终前两天，他还在写《关于太炎先生二三事》。他坚忍不拔的毅力和顽强奋斗的精神，是老年人学习的榜样。

因此，日常生活中，无论忙闲，我们尽量都要看几页书，有几本书就放在床头，随时可以翻阅，要养成读书的习惯。

虽然我们老年人读书的目的主要是为了乐趣，但如果能够读出一些成绩来，对老年人继续读书是最有效的一种激励。下面就介绍两种有利于我们老年人提高学习成绩的窍门。

一是多写，有兴趣时，老年人可写写读书心得、体会，对事物的看法、观点，日常所见、所闻、所思都可以写，哪怕是写短短的几句话也可。其目的是活动活动大脑，练练写作，日积月累，坚持久了，总会有进步、有收获的。

二是多交流，在学习的道路上，个人发奋努力，独立钻研是学有所得的首要方法。但金无足赤，人无全才，要真正学习专精广博，还必须开展相互学习。

“三人行必有吾师”，老年人应注意相互学习，发挥群体作用。当今现代科学技术突飞猛进，生活日新月异，老年人学习更需讲究“群体效益”。在个人奋进的前提下，开展互补互济，相互学习，才能百尺竿头，更上一节，这是取得学习成效的方法。

第12节 从心理上战胜疾病的困扰

进入老年，我们经常被疾病缠绕。面对疾病，乐观的老年人能够注意情绪的调节，能“与病同舞”，恢复很快；悲观的老年人往往消极沮丧，畏病如虎。显然，前者容易康复，后者对病情不利。

那么我们老年人患病之后该如何坦然面对呢？

1、认识患病后的心理

尽管老年人理解衰老是生物体不可抗拒的规律，但一般都希望自己尽量健康长寿。所以一旦患病后，总会产生各种忧虑和不正确的反应。

（1）迷信无知心理

很多老年人由于文化水平低下，深受封建迷信思想影响较大，因此，有些老年人不相信现代医学，认为靠求神拜佛就能治好病，这会延误治疗时机。有的因缺乏医药知识，出现乱用药现象，不管什么病只用一种药，特别是那些症状不明显的严重疾病。

（2）自卑自弃心理

在一部分老年病人中，他们的内心世界是悲观的，认为自己在世的时间不长了，对许多事也是心有余而力不足。过去一辈子为子女劳累，是家庭的主力，而年老和疾病带来的社会角色的改变，在社会、家庭的地位也随之下降。

有的认为自己长期生病，给家人带来了负担，家里生活困难都是由于自己患病的大笔医药费开支造成的，因此在家人面前抬不起头，存在自弃、自疚、抑郁、不安的状态，容易产生自卑感，甚至有的患者想走极端，希望自己能尽早地离开这个世界，以减轻家庭负担。

（3）否认回避心理

这种心态主要表现在：喜欢听“年轻”、“身体硬朗”、“还能下地干活”等褒奖词语，不希望别人说自己衰老；当生病时还极力隐瞒病情，尽量表现出身体健康状态良好的样子；为了省钱，不给家庭增加经济上的压力和给亲人带来痛苦，回避现实，否认有病；依然勉强做家务事，以示自己无病仍是家庭中的主力。

（4）孤独焦虑心理

以前和家人在一起，或者经常和老朋友在一起玩、聊天不算太孤独。但进了医院或者躺在床上以后，老年人的孤独感会进一步加深，这时希望得到子女的关怀，以及求得别人的同情和陪伴的欲望会更加强烈。

住院后，饮食起居、休息、睡眠等常规生活和平时不一样，受到扰乱，极难适应，从而产生了焦虑不安的现象。

（5）恐惧害怕心理

由于没有文化，缺乏对疾病的认识，即使是患了不太严重的疾病，总认为只要进了医院就是得了极为严重的疾病或者是什么不治之症。加之年老体弱，缺乏战胜疾病的信心，常受死亡威胁，而易产生恐惧心理。

2、应对患病后的方法

很多老年人患病后，由于有不正确的心理反应，会常常延误疾病的恢复，甚至加速疾病的发展。所以，老年人患病后，要调整好心态，以积极的心态予以面对，正确治疗，才能使疾病尽快得到治愈。

（1）做好心理调整

经医学心理学研究证实，积极的心理因素，可以调动人体的内在潜力，调节人体代谢和内分泌功能，从而达到治病的目的；消极的心理因素，可使人体内的代谢失去平衡，内分泌紊乱，导致疾病的发生并加重疾病的发展。

人到老年后，患有难以治愈的疾病的确是不幸的，但悲观厌世是不可取的。许多事实证明，不为疾病所惧，从心理上积极配合治疗，对疾病的康复十分有利。

因此患病后，我们要有信心与疾病作斗争，并作为自己在思想、生活及身体锻炼中的一部分，运用乐观情绪对待疾病。一方面要正视它，承认它，认真对待它，积极治疗和休养，以取得疗效；另一方面要蔑视它，不要被它吓倒，树立战胜疾病的决心和意志。只有这样，才能既治好病，又增强体质。

（2）合理安排生活

患病后，由于体力、精神都受到影响，很多老年人对生活安排更加马虎了，这无疑会加剧心情走向消极。所以，越是有病时，老年人越要重视对生活的合理安排。如果精力不足，可以请身边的亲人、护士从实际出发合理安排、尽量满足生活的需要。

如尽量使室内陈设整齐清洁，美观幽雅、安静，尽力减少和避免各种气味、噪音，使病人生活在优美、静谧的环境之中；还需要让家人尊重老年人几十年形成的习惯的嗜好，如休息、饮食习惯等；在条件允许的情况下，让家人与我们互相聊天、交流情感，以消除老年人内心的寂寞。

（3）正确弄清病情

要治病首先要弄清病情，了解自己得了什么病，才能有针对性的治疗。这就要求我们要与医务人员密切合作，把治疗感受和病情变化及时转告医生，以让医生抓住疾病的根源对症下药，同时也让各种并发症随之而愈。

对于慢性病患者，我们还要掌握疾病的规律，积累疗效。这是因为慢性病患者由于本身的因素和外部条件变化的影响，病情往往时好时坏，时轻时重，反复波动。

此时，我们不要害怕和发愁，最重要的是找出原因，克服治疗上及休养上注意不够的地方，以求逐步取得疗效，增强身体抵抗力，使病情稳定，逐步减轻，然后巩固疗效，以达痊愈。

老年人的很多疾病都属于慢性病。慢性病不容易治愈，所以治疗慢性疾病主要靠自己善于疗养、休息，靠心理调整，靠运动锻炼。

对于慢性病人来说，在一定的情况下和一定的时间内，吃药是必不可少的，但绝不能完全靠吃药，更不能迷信滋补药和贵重药。实践证明，不少靠药物难以治愈或收效甚微的疾病，同时采用食疗、体疗、气功治疗和心理疗法等综合措施，竟取得了意想不到的效果，从而增强了病人战胜疾病的信心。

在治疗和休养过程中，应注意自己的病情，有意识地摸索一套适合自己病情的科学休养方法，并长期坚持。病中的生活、饮食、起居、活动都要有规律，对那些不适合自己养病的办法，要及时进行修改；各种文体活动要以治疗而取舍，不能任兴趣爱好而为之。

总之，医学科学在不断进步和发展，只要我们锻炼得当，安心休息和治疗，就一定能战胜疾病，恢复健康。

第五章

家庭关系的心理和睦

家庭是指由一定范围内的亲属所构成的社会生活单位。每一个人都离不开平凡的家庭生活。正如衣食住行一样，家庭生活是一个人一生中不可缺少的，是每个人生活中最重要的组成部分。

老年人晚年的幸福离不开一个温馨的家庭关系。这主要表现为家庭和睦，子女孝敬，家庭成员之间互敬互爱，互尊互让等。

然而，随着时代的发展，很多老年人的家庭面临了一些新的问题，如子女不在的空巢问题、代管孙辈问题、和保姆的相处问题等，再加上以前家庭中就存在的子女不孝顺问题、代沟问题等，这些问题都困扰着很多老年人。

我们能否成功处理这些问题，直接关系着我们能否得享天伦之乐，能否拥有一个幸福的晚年。

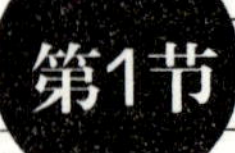

第1节 空巢老人要去除心理危机

空巢老人就是指我们子女不在身边，只有两位老人或者独自居住的老年人。空巢老人心理问题十分突出，尤其是在我国人口加速老龄化的今天，空巢家庭的现象也越来越普遍。

目前我国的老龄人口已达1.6亿，并且以每年800万的速度增长，城乡空巢比例分别为49.7%和38.3%。这也就意味着，我国有几千万的老年人要以空巢的方式度过晚年。

没有子女在身边的老年生活无疑是孤独寂寞的，是无助的，然而对于很多空巢老年人来说，空巢这个事实又是无法改变的。那么空巢老年人应该如何安享晚年呢?

1、了解空巢老年人的问题

“空巢老人”是随着国家计划生育子女政策的实施而在近几年出现的一个名词，指由于子女因工作、学习、结婚等原因离家后的老年夫妇，他们独守空巢，容易产生心理失调症状。随着社会老龄化程度的加深，空巢老人会越来越多，这已经成为一个不容忽视的社会问题。总的来说，空巢老人可能产生的心理问题如以下几个方面：

(1) 失落感

多数老年人在离退休之后本来就处于一种从未有过的茫然状态，加之儿女长大离家，老年人的失落感会陡然倍增。

(2) 孤独感

孤独感是一种无依无靠，无奈无助的感受。空巢老年人离退休以后，在社会大环境的生活机会减少，而在家庭小环境的生活机会增加。当子女离家而去，自己面对“出门一把锁，进门一盏灯”的单调生活，每日除了进餐和睡眠之外无事可做，自然会产生孤寂凄凉的感觉。

特别是空巢家庭中的丧偶老年人孤独感尤为明显。长期孤独生活的老年人，如果再伴有躯体疾病常可产生抑郁、绝望的情绪，甚至出现自杀企图或行为。

（3）衰老感

衰老感，是指自我感觉体力和精力迅速衰退，做事力不从心的感觉。进入老年期以后，机体的各个系统和器官的功能便随着年龄增大而逐渐减退，衰老是一个进行性的，不可逆转的变化。子女不在身边无疑加重了我们的这种感觉。

（4）抑郁症

抑郁症，是一种以显著而持久的心境低落为主要特征的情感性精神障碍疾病。老年抑郁症是老年人群中的一种常见疾病。其临床表现主要有抑郁心境、体验不到快乐、无原因的持续感到疲劳、睡眠障碍以及食欲减退等。

有调查结果表明，空巢老年人的抑郁症患病率明显高于非空巢家庭，而且老年抑郁症是引起老年人自杀的最主要原因。

（5）焦虑症

空巢老年人的焦虑症多表现为烦躁不安，紧张恐惧，顾虑重重，有如大祸临头，惶惶不可终日，精神十分紧张；或认为病情严重，不易治疗；或认为问题复杂，无法解决等，即使多方劝解亦不能消除其焦虑情绪。

除了心理方面的问题，空巢老年人还面临着很多现实问题。如生活无人照料，由于子女不在身边，最怕的就是生病，在家中生了病，没有人请医生，卧病在床，身边无子女照顾，端茶送水的人都没有，生活极为不便和困难，孤独无靠。

此外，因为空巢老年人文化、生活环境因素，专门针对老年人的犯罪，包括人身伤害、抢劫、诈骗等违法犯罪行为，也时常发生，给空巢老年人的晚年生活带来了不便。

2、认识问题出现的原因

空巢老年人之所以会出现以上那些问题，也是有原因的，这个原因主要可以概括为三个方面。

（1）对离退休后的生活变化不适应

老年人退出工作岗位后，与社会和同事、朋友的接触日益减少了；生活由以事业为重心转向以家庭为重心，由面向社会转为面向家庭；闲暇时间多了，而社会接触面及人际交往的范围小了；与子女之间生活距离的拉大以及生活方式、价值取向间的差异等，这些均会使我们老年人不知该做些什么、怎么与社会交往，从而产生空巢综合症等不良的情绪反应。

（2）对子女的情感依赖性强

老年人大多有养儿防老的传统思想，在年轻的时候基本上都是为子女付出了许多精力、金钱，承担了各种困难，甚至事业也受到一定影响，有些还为第三代作出贡献。因此，在老年人年老体弱、不再具备保护子女的能力时，就非常希望得到子女的回报，期望他们常回家看看。

有的老年人甚至因为想见见子女而产生了躯体疾病。如果子女感到厌烦或嫌其啰嗦，就会使老年人产生强烈的心理失落感，出现孤苦伶仃、顾影自怜等消极的情感体验。

（3）行为退缩，心境抑郁

现代社会像一个飞速旋转的大转轮，而思维和行动都开始变缓的老年人会表现出许多不适应，如接触手机时，发现自己再也没有灵活的指头；使用电脑时，记不住该点击哪个位置，各种网上信息更是让他们眼花缭乱；通过电视、报纸了解社会的变化时，却发现人们的话题总在他们曾经了解的范围以外……

心理学把这种状态叫习得无助。所谓习得无助，是指人们在经过多次努力仍不能获得预期结果时的无助状态。这种状态不仅包含着无奈，更是对自己能力的怀疑和失望，会使人产生深深的挫败感。正是这种习得无助心理，加剧了空巢老年人的心理危机。

3、应对空巢的方法

由于我们老年人的体质正处于衰退期，空巢带来的心理适应不良很容易影响到生理机能的正常运行，使内分泌发生紊乱及免疫功能减退，进而会引发一系列病症。

此外，空巢还可能引发老年痴呆、自杀等更为严重的后果。空巢老年人要安享晚年，可以从以下几个方面努力。

（1）做好思想准备

提前做好迎接空巢的心理准备，这会对空巢老年人有很大的帮助。实践结果表明，主动迎接空巢家庭到来的老年人较被动接受者产生的心理障碍要小得多。

准备时间应以一年以上为宜，这样老年人在思想上可以逐渐适应，以避免在空巢来临之际极度不适应，心理上无法承受而产生心理问题影响身心健康。

(2) 选择再就业

空巢老年人的孤独、无助等感觉大都是因为无事可做引起的，如果继续工作，这些心里感觉就会减小或者消失。例如那些奋战在医疗、教学和科研的第一线的老年人，虽然子女不在身边，但因为忙碌的工作冲淡了孤独的感觉，所以他们并没有多少空巢综合症的感觉。

因此，对于那些已经离退休的空巢老年人来说，如果身体健康状况较好，又有一技之长的话，再就业应该是一件利国利民利己的好事。

(3) 正确认识衰老

空巢老年人对衰老要有正确的认识，明确衰老是一个正常的生理现象，没有人能够逃脱生老病死的自然规律，所以要顺其自然，以平和的心态对待衰老。

(4) 多参加一些活动

空巢来临后的头几个月，是老年人思想波动、情绪低落最明显的时期，这个时候老年人可以把自己的生活安排得丰富多彩一些。例如多参加一些老年人的集体活动。身体好的老年人可以多参加一些户外活动，多接触一下大自然。身体不太好的高龄老年人，可以参加一些社区或者家人在家里组织的活动。

此外，大家还可以聚在一起聊天，或者多给自己找点事情做，比如下棋、打拳、舞剑等，让自己过得充实起来，没时间“胡思乱想”。

空巢老年人是一个客观存在的问题，也是很多老年人不愿面对，却又无法改变的问题。空巢带给老年人的是心理的孤独生活的不便，常言说得好：“求人不如求自己”。与其坐等他人拯救，不如发挥自己的主动性进行心理自救。

一是认知疗法，空巢老年人要认识到，子女大了，都有属于自己的生活，离不开子女是一种肤浅的认知，不但子女不喜欢，老年人也会失去尊严。可以说，自强自立这个说法也适用于老年人。即使老年人在生活上可以自给自足，但如果在情感上完全依附于子女，就可能导致一些不良心理后遗症。

对于一些专业人士或身体还很不错的老年人而言，完全可以把退休看做是“第二春”的到来。毕竟过去忙于工作和家庭，许多曾经自己想干的事没法干，现在自然可以去实现多年前没有实现的愿望了。比如想看看大好河山，不妨出去走走；想学学书画，不妨自我实现一番；想写写回忆录，可以立即开始构思并动手写起来。

二是生活疗法，确立新的生活目标，是空巢老年人消除寂寞孤独心理的最佳方式。而广交朋友，则是老年人克服空巢心理的最佳途径。空巢老年人要积极热情、兴致勃勃地参加各种有意义的特别是文化活动，比如练习书法、绘画、听音乐、下棋、养花、钓鱼、旅游、聊天、与小孩相处等。

当老年人真正做到老有所养、老有所为、老有所学、老有所乐时，就会觉得“巢”空了也好，置身于广阔的天地之间，更能开辟出精彩、快乐的新生活。

第2节 单身老人要学会快乐生活

快乐是一种情绪，是一种心境，也是人类永恒追求的主题。进入老年以后，生活自理能力开始降低，精神孤独寂寞开始增加，如果相互关心，经常在一起聊聊天也许还好一些。但对于那些因为种种原因而单身的老年人来说，老年生活无疑更为艰难无趣。

那么单身老年人如何调适自己，快乐地度过自己的晚年生活呢?

1、认识单身老年人的问题

单身老年人会遇到很多问题:

(1) 孤独寂寞

进入老年以后，很多老年人告别了事业，整日无事可做，和别人交流受到各种限制，因此，老年人平时没事时大都只能和老伴聊聊天，打发一下寂寞。而对于单身老年人来说，没有一个可以整日聊天的老伴，寂寞自然也就更为严重了。

(2) 没有人照料

进入老年以后，老年人的腿脚大都不再灵便，有的还可能会出现各种疾病，造成老年生活自理困难。如果有老伴，夫妻双方还可以相互照料，但对于单身老年人来说，遇到各种问题，只能求助于子女、保姆了，但这些人的照料自然不如老伴体贴入微，而且很多单身老年人的子女常常又不在身边，也没有保姆，生活问题就更难了。

（3）对性的需求

大部分人认为，人一老，各种功能都退化了，哪还有什么性欲可言？其实，事实并非如此，一项针对上海1180位单身老年人的问卷调查显示，92.2%的单身老年人认为再婚是为了排除寂寞和性困惑，有87.5%的单身老年人认为应该追求“性福时光”。

2、给单身老年人的建议

单身老年人进入老年以后，常常会感到孤独、寂寞，从而产生忧郁、焦虑、自卑的消极心理。特别是有些子女不太孝顺老年人，这样的老年人消极心理更为明显。

不良的心理状况对老年人的身心健康极为不利，因此，单身老年人应调整好心态，保持一份好的心情。

（1）要有生活目标

生活没有了目标，也就没有了奋斗的动力，老年人更是如此。对于单身老年人来说，事业上的远大目标可能是不需要了，但我们可以树立活过百年的目标。

为了实现这个目标，我们要克服意志软弱和恐老怕死的不良情绪。可定具体的“时间表”，提出在某个方面或几个方面做些什么，达到什么水平，然后一步一个脚印地去努力实现，这样生活充实了，内心就会感到愉快。

（2）勇于选择再婚

不可否认，无论如何调适，一个人的单身生活，终究不如二人世界丰富多彩。所以，广大单身老年人在条件允许的情况下，应该转变观念，尝试再婚。

当然，老年人再婚问题也存在一些障碍，例如老年人再婚后的一些财产问题因缺乏明确的法律规定，容易引起纠纷，导致有的老年人再婚不敢正式登记，容易招致子女反对等。

针对这些障碍，广大单身老年人也不要有太多的顾虑，只要能够遇到合适的老伴，其实这些问题都是可以解决的。

（3）多与别人交往

单身老年人要保持性格开朗，不要封闭自己。有些单身老年人不愿接触别人，整天躲在自己的小天地里，很容易闷出病来。所以，广大单身老年朋友要敞开心扉，多与人接触，多交朋友。无论是与朋友一起聊天，还是参加健身活动，或是与朋友外出观光旅游等，都可获得友情和快乐。

（4）合理安排生活

克服懒惰，每顿饭都要好好做，营养搭配合理，吃好才能精力充沛。不吸烟、少喝酒。锻炼身体、养成好的作息习惯。例如可以每天上下午各一小时锻炼，主要是骑自行车、步行，夏季每月一次近郊旅游；不睡懒觉、不熬夜，生活、休闲时间安排合理。

（5）多培养兴趣爱好

如没有一点兴趣爱好，单身老年人的生活就会单调无味。整天无所事事，日子更难打发了。因此，广大单身老年朋友应多多培养一些兴趣爱好，多做自己喜欢做的事。

比如练习书法、绘画，看小说、听音乐，跳舞、健身，收藏物品，或参加社会活动，做些力所能及的事。这样，能为自己找到精神寄托，同时又实现了晚年人生价值。

（6）做一些家务杂事

用行动充实生活，是单身老年人充实生活的一个好途径。例如我们可以把自己的家打扫得干干净净，根据自己的爱好布置家庭环境。这样一来，每次回到家就会觉得自己的“小窝”非常温馨。通过做这些杂事，单身老年人可以得到很多好处。如可以从烧菜做饭中，尝到生活的乐趣等。

总之，单身生活并不孤单，苦与乐是对立的两个方面，主要看人的心态和如何理解。单身老年人如果能够及时转变心态，多做家务、多交友、多学习、多培养一些爱好，即使是单身也能够使自己的老年生活过得更充实、更潇洒，更有质量！

对于单身老年人来说，饮食问题也是一个大问题，每种食物如何搭配，用多少量，对单身老年人的健康都有很大的影响。为了安排好单身老年人的膳食，选择一种好的盒饭也许可以解决这个问题。

在日本神奈川县大井町，当地曾举办过一次“健康老年人饮食生活学习会”，在这次会上，还专门介绍了“三、一、二盒饭法”。这种盒饭的要求是每份盒饭中主食、主菜和副菜的比例，应保持为3：1：2。

其中，主食包括米饭、馒头、面食类等，主要以谷物类为中心。主菜包括鱼、肉、大豆等，是蛋白质的主要来源。副菜包括蔬菜、蘑菇、海藻等，数量必须在50克以上。以60岁女性为例，如果身高为1.52米，每餐所需能量大约为650千卡，可以选择容积大约为650毫升的饭盒。

制作这种盒饭的关键是：准备一个适合于自己饭量的饭盒；将饭盒一分为六，按照比例分别装入主食、主菜和副菜；满满地塞满饭盒；不要装入采用同样方法烹调的菜肴；保持盒饭的可口、卫生。

由于年轻人忙于自己的事业，难以陪伴老年人共同进餐，出现了所谓“家庭内独居老年人”。类似这样的盒饭，特别适合于独自一人生活的老年人。

与年轻人相比，老年人的饮食必须更加保持营养成分的合理平衡。为了丰富自己的饭盒，单身老年人亲自外出购物和下厨，通过开动脑筋和活动手脚，做出自己独具一格的盒饭，也不失为一种锻炼方法。

第3节　享受与晚辈和睦相处的幸福

对于广大的老年朋友来说，能够与子女们住在一起，和睦相处，安享晚年，无疑是最令我们感到幸福的。然而，现实生活中，不少老年人与晚辈由于思想观念、价值取向、生活方式等方面的差异、分歧，都发生了一些或大或小的矛盾，这给我们的老年生活带来了很多不好的影响。

那么我们老年人应该如何与晚辈们和睦相处呢?

1、认识出现矛盾的根源

现实生活中，很多老年人同自己的晚辈有一些矛盾。有的是因为经济利益方面，有的则来自其他方面，例如观念不同、性格习惯方面等。

特别对于已经成家了的子女和老年人生活在一起的时候，由于媳妇以及女婿等新家庭成员的加入，性格差别很大，习惯以及生活方式不同，使得生活在一起的老年人和年轻人的关系容易紧张。

在观念方面。有的家庭的孩子出人头地，老年人考虑的出发点主要看孩子是不是把自己当成了父母，倘若把自己当成父母，就应该非常尊重老年人，就应该唯命是从，就应该毕恭毕敬，就应该客客气气，彬彬有礼。老年人不认为孩子们也需要尊重，甚至一有矛盾把孩子骂得狗血喷头。这样得不到尊重的孩子会慢慢地产生非常强烈的叛逆心理，长久以来会产生强烈的心理矛盾。

现实生活中，子女们希望有自己相对自由的独立生活空间，相对轻松、随便、民主的生活方式，而部分老年人总是出于过度爱护，过多地干预子女们的生活，从而引发矛盾。

老年人过多的干涉晚辈的家庭生活也是家庭矛盾的一个原因。成家立业的孩子们有了自己的家庭，小夫妻之间，有自己的交流以及沟通的方式。老年人什么事都要管，小夫妻之间有时开个玩笑老年人也会当真，况且在夫妻生活的过程中，难免有些小的口角或者争执。生活在一起的老年人由于一些小事干预了小夫妻的生活，会让家庭有很大的约束感。

老年人也需要和年轻人讲道理，事情的对错要看谁更有道理，不能把老年人的意见总是看作有道理的事情去执行，家庭毕竟不是单位。倘若什么事情都按照老年人的意愿去执行也会贻误很多重要的事情，比如子女的教育问题等。

老年人有过多的条条框框，原则以及理论，并用这些框框去判断孩子是否尊重老年人。比如有的老人还坚持用封建社会的“愚孝”《二十四孝》来衡量子女的孝道。这在很多时候会让孩子们感到非常有压力，有时也会让孩子们不知所措，不知道该怎么说话，该不该说话。

在性格习惯方面。很多老年人容易神经敏感，很难沟通，并且略有什么话觉得不舒服，就开始大嚷大骂不能停息；老年人整天叨叨唠唠的，大嗓门，一句话说上半天，不能给子女半点清闲，就像唐僧给孙悟空念紧箍咒一样，听上几句，头都快爆炸了，自己的生活计划容易被打乱，整天什么也干不成。老年人不懂得孩子也需要一个相对安静的空间，如果回到家照样紧绷着神经，时间长了容易精神心理也出现问题。

孩子们有自己的交际网络和圈子，有自己的生活习惯和行为方式。倘若总是按照老年人的约束生活，比如不敢和朋友聚会晚点回家等，会备受压抑。

总之，从利益方面分析，资源总是有限的，而贪欲总是无限的；从性格方面分析，人心总是不同的；从习惯方面分析，总是有差异的。正是这些有限性和差异性导致了我们老年人与晚辈之间矛盾的产生，矛盾不可解决或者处理不得当的时候会导致家庭烦恼重重，纠纷不断，甚至产生更严重的问题。

2、把握化解矛盾的方法

老年人在家庭中与晚辈出现矛盾具有很多必然性，但我们也不必过于担心，解决这些矛盾，需要老年人和年轻人双方的努力，大家应求同存异，彼此谅解，互相忍让。

而作为我们老年人，应该从以下方面做好心理观念调整，以适应不断变化的家庭生活。

（1）应多理解子女

每个人都有被理解的需要，老年人对子女，也要以平静的心态，站在朋友的角度上，多看对方的长处。对子女的锐意进取，要给予热情支持与充分肯定，对他们片面、偏激的情绪，要及时给予引导，并力求纠正。

比如子女的确因工作繁忙而一时顾及不到家时，我们老年人应多一些理解，少一些指责，多一些支持，少一些埋怨，在身体力所能及的情况下，承担一些家务，既当其长辈，又做其朋友，这样，关系就可自然融洽。

（2）平等对待子女

我国素以“礼仪之邦”著称，尊老爱幼是我们民族的传统美德，子女作为独立的人，也有被尊重的需要。因为在人格上是相互平等的，不能以老自居，更不能以老压人，无端指责，甚至打骂。只有对子女平等看待，才能彼此和睦相处。

（3）要有宽容心怀

一家人每天生活在一起，难免会产生一些矛盾，应该说这也是正常现象。问题在于处理矛盾时，应采取“大事化小、小事化了”的原则，发扬“难得糊涂”精神。千万莫要“老字当夫，火气冲天”，以免伤害了双方情感。

比如子女办错了点事，我们老年人应客观地对待，问明情况，帮助改正。切勿想当然，乱加指责，把自己的主观想象施加于人。留点空间好让子女们有个自省的机会与缓冲余地。这样，会赢得他（她）们更多的尊敬与爱戴。

（4）心理豁达开朗

老年人要经常保持乐观向上的态度，它是反映一个人的思维方式与修养程度的，更是对我们老年人身心健康至关重要的。

如子女们在公休、节假日，回家探亲时，有的没帮老年人干活，有的没带补品等，老年人也不必过多计较，以“退一步海阔天空”的心态来面对现实。来了就好，不来又怎样？以积极的心态，善待他人，宽心自慰。不然，则欲速不达，只能给自己带来苦恼与精神不快。

若子女在尽孝上缺乏主动性与自觉性时，强扭的瓜不甜，硬争来的东西，吃着没味道。所以，只有解苦变乐，才会给自我与家庭带来和睦相处的气氛。用宽容与感动的方法，更应冷静思考，谦让包容，让子女自省自悔，使其变被动为主动。从而增进尊老爱幼的自觉性。

（5）包容彼此差异

俗话说：“清官难断家务事”，在家庭成员之间，应该是发生纠纷无输赢。父母与子女，在一些问题上认识不一致是常有的事。遇到各执己见时，要允许发表不同意见，不妨求同存异，伺机再商。

之所以这样做，从某种意义上讲，它是一种积极进取的表现。切不可互不相让，为“论高低、争上下”而伤了各自的自尊心。实践证明，企图把自己的观点强加于人的做法，结果只会适得其反，造成压而不服，或口服心不服的不愉快结局，从而伤害了彼此的情感。到头来会给以后的相处留下思想裂痕。

（6）回避后代吵架

现实生活中，儿子与媳妇吵架，或者女儿与女婿吵架是经常的，此时我们老年人可以回避一下。

一是小两口儿吵架，我们尽量不要当裁判。不论小两口是真吵架或是逗着完，或是自己的孩子受了委屈，我们都不要评判谁是谁非，否则日后小两口都可能对我们心有芥蒂。

二是小两口对骂，我们老年人也应尽量回避，装作没听见。假使骂语中涉及老年人，最好也来个难得糊涂，千万不要介入其中，免得让矛盾进一步升级。

(7) 不包办代替

既然子女已成人，就应有独立的人格和决策的权力。有些父母喜欢包办代替，替自己的子女做决策，可能出于好心，但其结果可能适得其反。做父母的还是聪明一点，对于子女自己的事情，只能当参谋，不能直接拍板。

(8) 保持一定距离

已经成人的子女，有小家庭，父母要与之适当拉开点距离，给子女们留有独立自由的空间。“距离产生美”也适用于父母与成年子女的关系。没有一点距离，整天粘在一起，肯定有矛盾爆发的一天。

(9) 不可过于专断

不能只是要求子女尊重父母,而自己却忽视子女的“对话权利”,不尊重子女，不应该说绝对话，做绝对事。如果遇到与子女有分歧，也要善于控制自己的感情，不能稍有分歧便暴跳如雷，唯我独尊。

(10) 不干涉孙辈教育

“隔代亲”是自然现象，所以，我们作为爷爷奶奶，对孙子孙女总会有点溺爱，加之不放心自己孩子对第三代的教育，就想当仁不让地“主动”管理孙子孙女的生活以及学习，其实，这是不妥的。

不管小两口管教孩子是否得当，我们都不要在孙辈面前指责他们，否则非常可能引起孙辈们利用老年人当保护伞而撒娇。这样不仅不利于正确教育引导孩子，反而容易造成自己与小两口之间的矛盾，使事情变得复杂。

如果我们与年轻的爸爸妈妈意见不一样时，即便觉得自己是对的，也要跟自己的子女多沟通，尽量取得共识，而不应与子女“争夺”对第三代的教育权。但是提供自己的育儿经验，也是必要的。

老年人与晚辈相处也是一门学问，要做好长辈也不容易，特别是子女已长大成人，有了自己独立的职业、生活、家庭和独立的人格，做长辈的与子女相处，就应该

要做到“十不要”。

一是不要偏心。对晚辈要一视同仁，有好处要想到每一个子女；有重大的事情要与每一个子女商量，有困难要让每一个子女共同来分担，真正做到一碗水端平，不偏不倚。千万不要厚此薄彼、有亲有疏，这样会种下矛盾的种子。

二是不要猜疑。发生了事情，应当向子女当面说明，不要在背后乱发议论，说长道短，特别是不可在一个子女面前说另一个子女的坏话。

三是不要斤斤计较。我们不能不顾子女的经济条件和生活状况，向子女提出过高的经济要求，也不要在每一件事情上都与子女计较经济利益。

四是不要冷漠。平时不要对子女总是摆出一副长者的架势，整天在子女面前板着面孔，没有笑脸，特别是在有了意见分歧的时候，更不要对子女冷言冷语，冷眼相待。

五是不要迁就。子女有了缺点和错误，不能害怕闹矛盾就不管不问，置之不理，一味地姑息迁就。

六是不要唠叨。对子女不懂的事情，我们有必要耐心指教，该批评的也不能闭口不言。但是子女已经成年，对过度的唠叨，即使是真理，子女也可能会反感地顶撞和抵触。

七是不要偏激。不要在子女背后胡猜乱想，不能在情况未明了的时候就盲目地批评指责。而且看问题不善于辩证地分析判断，而是钻死牛角尖，认死理，不分场合胡乱指责。

八是不要传闲话。作为长辈，不要随便让一个子女向另一个子女传话，防止在传话的过程中走样变调，引起不必要的误会。

九是不要争钱。不要在金钱上与子女斤斤计较。

十是不要挑剔。对于子女的兴趣爱好，如果不能苟同，也不必因看不惯而乱指责。只要没有违背大的原则，就要允许子女持有独立的见解和处世态度。

第4节 正确看待儿女的孝顺问题

有道是“养儿须知报娘恩。”儿女孝顺老人是天经地义的事，也是中华民族的传统美德。然而，在现实生活中，有的儿女是真孝顺，有的却假孝顺甚至不孝顺，对于子女的假孝顺和不孝顺，会给进入晚年的老年人带来很大的创伤或心理打击。

那么我们这些老年人，究竟该怎么看待和处理子女的不孝呢?

1、了解子女不孝的原因

孝敬父母是中华民族的千年美德，古训也说：百善孝为先。在这种文化氛围下，谁家的孩子对父母孝顺，这些老年人不仅笑容常在，就连说话吐气也会硬气许多；谁家的儿女若对老年人不敬，不仅老年人自己心情抑郁，甚至连周围的邻居，也会对此议论纷纷。

在我国，如果子女不孝不仅会在心里感到自责，也常常会受到邻里、同事们的非议。但尽管如此，我国仍然有很多不孝现象的存在，这是什么原因呢?

(1) 子女攀比心理

许多事实证明，越是子女多的老年人，出现子女不孝的可能性越大，原因就是子女之间互相攀比，有的是比谁对老年人孝顺，而有的是比谁对老年人不孝。

(2) 子女依赖心理

子女多了，相互之间会产生依赖心理，也就是平时说的“踢皮球”。有人针对这一现象感叹：“一个儿子是个儿，两个儿子半个儿，三个儿子没有儿。”

(3) 嫌弃老年人

有些子女看到老年人老了，病也多了，不但不能帮助自己，反而还给自己带来许多经济、生活上的负担，进而嫌弃老年人。

(4) 老年人方面的原因

例如老年人脾气暴躁，动不动就发火；老年人啰嗦，遇到一点小事，唠叨个没完；有些老年人老爱抱怨，有时还经常向别人说儿媳妇的坏话等。老年人的这些缺点激起了晚辈们的反感，以至于他们对老年人不孝。

此外，有的子女并非不孝，例如过节不能回家看望我们，给我们买的东西很少等。看到其他老年人子女做得很好，看到自己子女的表现不那么如人意，于是这些老年人就会感到自己的子女对自己不孝。

2、对子女不孝的对策

子女不孝不仅会使老年人生活上陷入困难，更使我们心理受到了很严重的伤害，而心理的伤害比生活上的麻烦危害更大。

为此，我们老年人需要调整心态，采取一些措施，以减少因子女不孝给我们带来的伤害。

（1）注重感化力量

面对子女的不孝，我们要适度宽容，耐心教育，慢慢感化。从不孝到孝顺，往往要有一个过程。如不孝敬老年人会受到人们的谴责；法律会对虐待老年人的事件给予惩罚；很多人直到生儿育女后，体验到育儿的辛苦，才体会到父母养育自己的艰辛，这时才孝心蒙发，改变对老年人的态度。

在这些事件的过程中，老年人要抱有宽容的态度，在感化教育的同时要耐心等待。

（2）学会调整心态

老年人应该认识到养育子女是义务和责任，不应指望得到多少回报。如果遇到子女不孝时，可以这样自我宽慰："我把你们养大成人，我做了该做的，问心无愧，至于你们怎样对待我，自己想想吧！"抱有这种心态，就不会对子女过于渴望得到回报，避免内心失衡。

（3）检视自己的问题

子女不孝有时候也不全是子女的问题，个别老年人脾气倔强、偏执等因素也是儿女不孝的原因。作为老年人也应反省自己，在哪些方面做得过分，哪些事情处理得不当伤了子女的心，就要对自己的这些方面进行调整，以消除感情障碍，使子女发自内心地孝顺自己。

（4）经常保持沟通

代沟，隔代有沟。父母与子女之间若不能常常沟通，时间长久了，他们之间的鸿沟必然会越来越大，最终导致互相无法理解。如若两辈人沟通顺畅了，相互理解了，孝顺与和睦也自然会回到家中。

（5）学会换位思考

人皆为父母，也皆为儿女。当儿女的做法与我们老年人想象中的情景不相符时，我们不妨换位思考，想想自己的父母。

在我国历史的千年长河中，儿女总是亏欠父母的，代代流传至今。而这却恰恰是一种哺育的美德，而并非晚年的缺憾。如果能够想通这些，我们心里因子女不孝而产生的受害感觉就可以减轻一些。

（6）及时排解烦恼

俗话说："牙齿也会磕嘴唇，左手也会碰右手。"老年人与子女即便再如何亲密无间，在生活中也难免会有磕磕碰碰。但磕完碰完，我们应及时和儿女进行沟通。一家人哪有隔夜仇，在愉快的沟通过程中，气出了，心情也舒坦了，烦恼也就排解了。

多想儿女好处，当老年人与儿女发生矛盾时，若只是一味念叨他们的过错，认为他们不孝，这只会使得家庭气氛陷入僵局。

如若在发生矛盾之后，多想儿女们的好处，不但可以缓和矛盾，亦可缓解自己内心的压力，儿女们也会念及父母的宽宏大量而更加亲近父母。一举两得，您又何乐而不为呢？

（7）请别人规劝

当子女不履行赡养我们的义务时，可请亲朋好友一同对他们进行劝说。有时还可以求助于子女最信任、交往最密切的人来规劝他们，效果可能会更好些。

最后，假如子女如果实在不孝，一意孤行，不听劝说，教育感化不过来，我们也可求助于法律，用法律途径来让子女完成他们赡养老年人的义务。

在现实生活中，子女的不孝有真不孝和假不孝之分。如果是真不孝，那固然令人伤心；但如果子女是假不孝，而我们老年人却把子女看做不孝，并为此伤心，就十分不应该了。

例如经济条件的差异性引起的假不孝。社会财富僧多粥少，挣扎在温饱线上的人并不在少数，送礼的多少并不能成为判断孩子孝顺与否的标准。如若儿女在艰辛的生活中还能惦念我们，虽然他们买的东西少，我们也不应该认为那是不孝，而是更应当体谅他们、鼓励他们。

再如攀比心理引起的不孝。有些老年人喜欢拿别人的家庭比对自己，有些老年人更是喜欢以别人的孝敬之行要求自己的儿女。可是，世上没有完全相同的两个人，硬给自己孩子的孝心套上框框，不仅让儿女为难，也给自己的心挂上了一把沉甸甸的大锁，这又何苦呢？

儿女对父母尽孝，形式其实是多样的。尊敬和关爱是一种孝顺的表现，体贴和照顾是一种爱的表现，甚至就连儿女在外堂堂正正做人，不也是对父母最好的安慰吗？对此，为人父母者唯有用心感悟。

第5节 努力化解或减少代沟问题

长辈和子女之间的代沟，是不同年代文化造成的不同思想认识，比如老年人关心子女或晚辈，子女或晚辈却嫌老年人唠叨，老年人教育子女或晚辈，子女或晚辈却产生逆反心理等。所以代沟的消除，需要长辈和子女双方的共同努力。

那么老年人该如何与晚辈相处呢？

1、认识代沟产生的原因

所谓代沟，实际上是指两代人因价值观念、思维方式、行为习惯、兴趣爱好等方面的不同而导致的认识和行为上的差异、摩擦或冲突。

老年人与晚辈之间，尤其是与孙辈之间代沟产生的原因主要包括：

（1）青少年身心状态的剧变

剧变促使晚辈发现自我，追求独立，对童年的观念进行颠覆，对事业、友谊、爱情和人生价值开始选择和追求。而我们老年人在知识和经验上的缺乏，使得我们对晚辈的变化准备不足，只能按照以前的方式应对，代沟便产生了。

（2）时代的烙印

出生于四五十年代，甚至更早的我们，对今天世界大融合的观念需要一个渐进的认识理解接受的过程。家庭中，思想文化更新最快的当然是年轻的晚辈们，他们的思想变化了，我们还依然守旧，自然容易产生代沟。

（3）我们自身的变化

时代迅猛发展和我们身心的变化，为我们老年人带来了紧张、疲惫、焦躁的情绪态度。紧张，疲惫和焦躁的情绪态度是晚辈反感老年人形成代沟的重要原因。

（4）晚辈的浮躁，赌气和自以为是

由于晚辈现在所处的青春期或者工作压力大，容易与我们老年人闹矛盾，也经常容易产生浮躁、赌气等心理。

（5）我们的宽容理解不够

日常生活中，年轻的晚辈们的一些新奇潮流的服装，发型或者是行为语言，通常让我们很难理解，我们总是忍不住去唠叨，甚至去干涉他们的行为，这也就造成了我们与他们之间所存在的隔阂。

2、克服代沟问题的方法

曾有人说，随着社会发展节奏的加快，三年的时间就可以产生或形成一条代沟。按照这个说法，老年人和儿孙的代沟就更大了。因为儿孙们要么学习，要么工作，所以化解和消除代沟，老年人居于主导的地位，应做好精神准备，付出更多的努力。

（1）心理上承认变化

很多老年人总是抱怨说，现在的儿孙们和自己年轻的时候相比，各方面都不一样。其实这是正常的感悟和体验，是社会进步的表现。生活在变、社会在变、老年人自身也在变，孩子们为什么不可以变？

如果转换一下问题意识，代沟也是时间的脚步。面对时间的跨越和变化的事实，我们仍用几十年以前的价值标准和行为准则评析现在的孩子，就显得观念有些落伍。

所以，我们在心理上应该承认变化、承认差异，用发展的观点看儿孙们的变化，有了这种心理，我们才能以一颗坦然的心面对儿孙们。

(2) 坚持“三解”原则

就是相互理解，相互谅解，有了矛盾要及时和解。老年人与子孙们价值观念、生活方式、生活作风、生活习惯上的不同，所以造成了代沟。

(3) 坚持“三互”原则

即互尊、互爱、互助。互相尊重是非常重要的，互相尊重就是代际之间在人格平等基础上的互相理解。老年人与子女都应互相换位思考，多替对方想想，尊重对方的个性和爱好方面的差异。要提倡并学会在“不同”中求和谐，在差异中求统一。

互爱也非常重要，有位老年朋友讲得很好，要把儿媳当成女儿一样，像爱女儿一样爱儿媳，甚至比女儿还高看一眼。

我们老年人还应该争取尽最大努力去尊重对方、热爱对方、帮助对方，只要我们老年人有了付出，“顺”和“敬”就都在其中了。

(4) 坚持“三自”原则

即自立、自律、自强。无论是老年人还是做子女的，都要如此。在现实生活中，很多有住房、生活能自理的老年人，不愿意与儿孙住在一起，愿意自己“享享清福”。为什么？就是愿意自主自立。因为两代人的生活方式不同，分开住则“两便”。

对老年人来说，自立就是尽可能保持生活的独立性，减少对家庭的过度依赖。

对老年人来说，自律就是老年人要严格要求自己，不可“以老自居”、“倚老卖老”，要以自身模范的言行给子女作出好榜样。

对老年人来说，自强就是不甘落后，保持一种与时俱进、积极向上的良好精神状态。

(5) 学会宽容接纳

代沟长期得不到消除和填补，其原因不能完全归于社会和儿孙们，老年人也有责任。为此，我们对待儿孙们，也应学会接纳。不要认为他们年轻、阅历浅，什么都不如自己。事实上，现在的年轻人，尤其是孩子思维活跃、兴趣广泛，易于接受新知识、新信息和新观点，某些方面往往优于我们的“同龄期”甚至现在的状态。

因此，老年人在家庭生活中，不要把个人的观点绝对化，采取强硬的措施要求他们执行。对他们的态度和意见或注意接纳，或相互融合、求同存异。

(6)学会换位思考

晚辈尤其是孙辈是成熟中的人，发展中的人。他们看问题的角度和发展意识有自己特定的视角，不可能完全遵循我们的认识和行为轨迹。所以，我们和他们的对话，实际是用自己的“过去时”和他们的“现在时”、“将来时”对话。我们多年的人生感悟，他们怎么可能在短时间内吸收和消化?

因此，我们应该进行“思维回归”，把自己放逐到童年、少年时期或者中年的意境中，想想我们的过去，也许会理解他们的现在，也许会从他们现在的身上寻找到自己当年的影子。换一种心态和角度看问题，也许会感觉到，今天的他或她，就是昨天的你。

(7)经常聊天沟通

由于历史的局限，老年人的思想观念、价值取向、生活方式等方面，与思维超前的晚辈们存在较大差距，这在几代人共居的家庭中，往往成为处理家庭成员关系的一个主要矛盾。

有的老年人觉得“出力不讨好”、“做祖父母难”;有的与晚辈表面和气,但“思想不见面”，心里受委屈;有的“倚老卖老”，自己说了算，听不进晚辈们的意见，家庭气氛紧张。

这些想法和做法都是不妥当的。恰当的做法是：建立相互理解、相互尊重、团结和睦的沟通渠道。老年人经常与晚辈们对话，沟通思想，特别是有了不同看法时，要更多的听晚辈们的意见，善于否定自己，力求思想一致。

(8)公平对待子女

现在的老年人大都有三四个甚至四五个子女，尽管子女们所处的地理位置、经济情况、住房条件、性格脾气可能有所不同，但从子女的角度讲，都会认为赡养老年人是几个小家庭共同的义务。处理不好，就可能出现“三个和尚没水喝”的结果。

作为老年人来说，“手心手背都是肉”，应不偏不向，把一碗水端平。凡涉及自己生活上的大事,都要通过几方协商再做决定,不要让个别子女感觉到我们“偏心”。

(9)注重言传身教

古人说:“欲齐其家者，先修其身”、“身修而后家齐”。意思是说，要治理好自己的家庭，首先提高自己的修养，在晚辈面前做好榜样。

在两代或三代共居的家庭里，老年人要特别重视身教，用榜样的力量去影响和带动晚辈。最重要的是要一身正气，大事不糊涂。要豁达大度，对人对事要宽容，有了矛盾应求大同存小异。

对家庭经济开支，要高姿态，讲风格。另外，对家庭生活中的一些“小事”，也要处理好。例如：子女两口之间吵架时，老年人既不要轻易去当“调解员”，更不能去当“裁判员”；子女管教孩子时，不要轻易去护着孙辈；儿孙们正在备课、加班、写作业时，老年人应尽可能地不开电视机，不做有碍秩序的事情；儿孙们的朋友来家里聚会，不要插话，应尽量回避；邻里来访，不可谈论东家儿媳长、西家儿媳短。凡此种种，看似小事，对家庭成员和睦相处却极其重要。

（10）正确对待经济

钱是个实实在在的东西，一家人过日子离不开钱。家庭问题专家指出：对钱的不同态度是引起家庭争执的主要敏感背景之一。

在多子多女的家庭中，如果老年人没有经济来源，整个家庭收入不变但支出增加的现实，会让全家人感到不安。如果老年人有经济来源，也有难言之苦：不把钱纳入“家庭财政”统一开支吧，晚辈们可能抱怨“不是一家人，进了一家门”；把钱交出纳入“家庭财政”统一开支吧，又怕今后花钱不自由和缺少安全感而产生烦恼。

作为老年人在生活上既不要提过高要求，以实际行动减少家庭用在自己身上的经费，又要愉快地接受晚辈们通过花钱表达的孝心，还要切实注意无钱时的愧疚不安与有钱时的心安理得、我行我素，这些都易于引起晚辈们的不满。

“金钱诚可贵，感情价更高”，只要让晚辈们体会到我们对他们的信赖和依靠，那么，钱的问题反而就无足轻重了。

（11）少干涉业余爱好

“业余爱好”是晚辈与老年人较易产生摩擦的问题。虽然大多数老年人同意晚辈有业余爱好,但在其内容上却存在着较大分歧。例如很多子孙们喜欢踢足球、打篮球，而我们却不太支持他们。原因是虽然体育锻炼有助身体健康，但是我们常常会认为：“没有用的最好少玩！”

为了消除代沟，老年人对子孙的兴趣爱好还是应该以少干涉为主，只要不是非常危害身体，只要不影响他们的学习或者工作，他们既然喜欢就让他们去做吧！

(12) 尊重个人隐私

老年人对于儿女辈的隐私一般很少再关注了，但对于孙辈的隐私有时会有所侵犯，因为他们还不成熟，我们老是担心他们会受到各种伤害。

生活中，有些老年人会私拆孩子信件、偷看孩子日记、关注孩子与异性同学的交往问题，这自然会激起他们的反感。所以，平时我们可以在道理上多向他们做一些解释，在具体的事件上还是应该谨慎。因为一旦激起他们的逆反心理，非常不利于双方关系的融洽。

(13) 还是少说为妙

也许年轻时我们也嫌老年人唠叨，但不知从何时起我们也染上了唠叨的毛病。平日里，本来善意的提醒却常常遭遇到晚辈们的反感，这令我们颇为伤心。

现实生活就是这样，我们苦口婆心的叮嘱他们不领情，甚至感到“很厌烦”、“难以忍受”。所以为了让他们不反感，也让自己少受伤害，老年人还是要尽量减少唠叨，并经常提醒自己不要唠叨。

代沟虽然是一种客观存在，但也不是无法跨越的心理鸿沟，只要我们老年人以一颗包容的、与时俱进的心去化解和消除，代沟是可以渐渐消弭的。

老年人不仅与自己的子女有代沟，与其他年轻人交往自然也会有一些代沟。那么我们该如何与年轻人成为亲密的好朋友呢?

首先，“忘”是忘年交的基本特征。想结成忘年交，青年人和老年人都应该摒弃“父尊子卑”，“长辈的话都是真理”等观念，应该民主地、平等地在一起探讨问题。

其次，要有互帮互学的态度。老年人不能倚老卖老，只以自己的经验来斥责青年人的一时轻率；同时，我们也应该让青年人懂得不应该自恃敏锐而一味批评老年人保守。

最后，老年人对青年人的特点、爱好、生活习惯都应予以理解，对青年人的开拓精神、创造性应予以支持。

第6节 老年人与保姆的相处之道

进入老年，由于子女工作忙，有的甚至不在身边，自己的腿脚也不太利索，所以老年人请保姆的情况越来越多。并且与保姆一起度晚年的老人，将逐步超过与子女一起度晚年的人数。所以处理好与保姆的关系，就是一个很值得关注和重视的事情。

如果和保姆相处融洽自然是我们的幸事，但很多老年人与保姆在一起经常磕磕绊绊，不但没给生活带来便利，反而徒增许多烦恼。那么老年人应该如何与保姆和谐相处呢？

1、认识与保姆产生矛盾的原因

要解决老年人与保姆之间的矛盾，首先要认清老年人与保姆闹矛盾的原因。为什么保姆和雇主之间的矛盾总是难以调和？一般来说主要有以下几个方面的原因。

（1）保姆存在“仇富”心理

一般出来做保姆的人，都是家庭条件比较差的人，她们生活在社会底层，生活负担比较重。而她们所服务的对象，一般都是家庭条件比较好的人群。在这两种生活条件的鲜明对比之下，很多保姆都会出现一种心理的不平衡。

在这种极度不平衡的心理驱使下，“保姆们”对于自己这份保姆工作是打心里讨厌的，甚至是仇恨的。她们往往会采取偷懒、工作不到位的行为来“报复”这种生活的反差，从而发泄一种妒忌情感，享受因发泄而带来的短暂快感。

（2）雇主不懂得尊重保姆

老年人作为雇主，有时内心深处还是残留着老祖宗的封建残余的等级思想，很少会把保姆当平等人来对待的。只是把保姆当做下人来使唤。

例如保姆在雇主家做事，几乎从来没有被邀请过“同桌共餐”；保姆为雇主烧着可口饭菜，自己却只能吃着剩菜冷饭；保姆打理着雇主的豪门大院，自己却只能睡工人房或杂物间。

保姆们除了在物质条件上得不到尊重外，精神上也得不到尊重。我们作为雇主，很少会对保姆说一句客气的“请”，或在其做完事后，说一句感激的“谢谢！”

所以，在没有尊重的情况下，雇主和保姆之间几乎没有感情可言，唯一能维系的就只有那几张可怜而又冷漠的钞票！

(3) 对保姆要求过高

进入老年，很多老年朋友都是很精明，甚至小气的，都希望用最小的力干最大的活，用最少的钱做最多的事。所以，很多老年人对于保姆的要求大凡也是如此。

老年人总是希望能够把家里所有需要干的杂活都交给他们干，而且要干得让我们满意；总是希望她们非常诚实，不要在买菜、看家时，偷偷做一些手脚；我们总是希望她们听话，让干嘛就立刻干嘛；我们总是希望她们态度永远是好的，对我们的家人总是笑脸相迎……很显然，我们付给保姆的只是很少的钱，如此高的要求，她们是无法完成的。

(4) 工钱是双方矛盾产生的最直接原因

作为雇主，老年人和保姆矛盾产生的最直接“导火线”便是工钱。双方站在各自的立场，都希望自己能够得到“利益最大化”：保姆希望干最少的活，得到最多的钱；雇主希望用最少的钱，让保姆干最多的活。双方的“利益最大化”必然是矛盾的，冲突的。当双方唯一维系的“纽带”——金钱一旦出现问题时，双方的合作便无法继续下去了！

此外，由于文化水平等原因，保姆们大多目光短浅；老年人与保姆相处时缺乏技巧；社会和政府对保姆的管理不到位等原因也是老年人和保姆关系出现矛盾的重要原因。

2、掌握和保姆相处的技巧

随着工作生活节奏的不断加快，一些市民很难或不愿再承担家务劳作，于是请保姆进家门照顾老年人已不再少见。但是，家庭这个私人空间突然加入一个陌生人，惯有的协调被打破，处理与保姆之间的关系便成了我们老年人必须要考虑和面对的事情。

那么，我们到底怎样和保姆相处呢？

(1）提前明确权责

提前说明家务的具体内容和要求，让保姆心中有数，才能避免日后闹意见。所以在保姆第一次登门时，我们作为雇主，要明确地告诉保姆什么该做，如做饭、保洁、洗衣等，什么不该做，如包括哪间房不要进、哪些贵重东西不要碰等，定下规矩，才能有方有圆。

有的老年人急于和保姆“亲如一家”，第一次见面就家长里短地“掏心窝”，这样其实反而不利于长期相处。

(2）做到有话当面讲

如果老年人对保姆工作有什么建议和意见，比如饭菜的味道、衣服的折叠等，应当和保姆进行交流，而不要通过中介公司或者介绍人从中间递话，更不要在保姆面前指桑骂槐地唠叨，这样会激起保姆的逆反，使本来很小的矛盾激化。

(3）尊重保姆的人格

保姆到我们家中服务，就像到单位上班一样，这是她的工作，而不是封建社会中“下人”的本分。很多老年人把保姆请回家之后，就认为这是主仆关系，耀武扬威地指手画脚，伤害了保姆的自尊心，自然难以相处。

(4）如同亲人多关心

保姆虽然不是我们的亲人，但她们要经常在我们身边照顾我们，所以关心她们常常比关心我们自己的子女还要重要，我们对待保姆要像对待自己家人一样，要多关心，这样才能换得她们的真心。

例如保姆刚从农村来，心理上其实很害怕，我们老年人一定要把她们当做自己的家人，关心她们，主动让她们跟家里打电话、通信，家里有困难如果力所能及的就帮助一下；保姆过年回家，可以给她一些巧克力、好点的糖、瓜子等让她带回家；带子孙去公园，带着保姆一起去等。

(5）不要太计较小节

请保姆，就是为了把自己从家务中解放出来，至于卫生做得怎么样，饭菜味道如何，不要太在意。农村来的保姆，难免卫生习惯不好，即使在家里做了很久，也可能达不到要求。此时，我们不妨豁达看待，在心里对自己说：“不管干成什么样，只要不用我干就成。”

在生活小事方面：吃完饭，保姆看到喜欢的电视节目，我们尽量不干涉，就把碗碟收拾到水池子里，餐厅厨房灯关掉，让她看完电视再去洗碗；洗衣服也不在乎手洗、机洗，只要不把衣服洗坏就行。

保姆卫生做得不好，千万不能不吭声，或者要不自己做、要不就数落保姆，如果我们觉得不好，就把死角卫生怎么做示范一下，然后还是要求她做，态度一定要和气。

（6）能够将心比心

保姆文化水平普遍不高，对城市生活缺乏了解，缺少一些生活常识，缺乏合同观念和较强的劳动纪律观念。因此，我们作为雇主，在安排其所承担的工作时应有个渐进过程，期望值不要太高，应多站在保姆的角度想想她的困难，帮助她提高工作能力，保姆平常做事难免有些磕磕碰碰的，我们也不要斤斤计较。

比如保姆一不小心摔碎了一只碗，我们就跟着嘀咕两句，甚至大声训斥，这样时间长了，保姆肯定不想和我们长期相处下去。此时，我们不妨把心放宽一些，难道我们平时就没打碎过碗吗？一个碗而已，何必认真。

（7）管理要宽严结合

对待保姆要有理有节，不能太怀疑，也不能过于信赖。尊重保姆的人格，关心保姆的生活，不等于就可以对保姆完全放心。不管怎么说，我们对待保姆要多留个心眼，一旦保姆有出问题的苗头，要及时提出和解决，以免积重难返，局面失控。

保姆做得好，可以及时表扬，有条件的话，逢年过节给点奖金或送点小礼物未尝不可，但不要轻易许诺而不履行；保姆做错了事，该批评的得批评，该管教的得管教，不能姑息迁就，放任不理。

（8）注重感情沟通

感情是维系雇主和保姆的根本，而不是金钱。如果长期聘用一个保姆，光靠逐年增高的薪水是不够的。在感情、精神上让她与这个家靠拢，才是留住她的根本。

沟通是很重要的，再忙也要放些时间在沟通上，所以我们要经常和保姆聊家常。保姆作为平常人家的子女，家里一般也没有什么大事，无非是琐碎的家长里短。但就是这些，我们也要对她关心起来，因为她24小时与我们一起生活，是这里的一员，我们不要让她身心分离。

养人也像养花草。时常浇浇水，花草会更有精神；时常聊聊天，讲讲笑话，人会活得更开心。这样久了，保姆也会把我们的家当成自己的家，变得认真负责起来。

(9) 给予精神慰藉

如果以为，保姆用劳动为我们提供服务，我们给付一定报酬，只是一种等价交换的商品关系，那么与保姆就不会相处得好；如果认为，保姆为老年人服务是出于一种爱心，我们付出金钱是一种帮助的话，双方的关系将会好上加好。有了彼此的信任与关爱，保姆干得顺手，我们老年人生活得也顺心。

因此，我们老年人对保姆不仅要给予物质上的帮助，还要给予精神上的安慰，有空时多与保姆聊聊天，拉拉家常，周末及节假日带上保姆一起逛超市、公园，看电影、文艺演出，丰富她们的精神文化生活，让她们开心快乐地生活。

怎样得到好保姆？这真是太多老年人想知道的答案。有人说，好保姆是需要调教的，这话有一定的道理，但并非所有的保姆都可以被调教出来。

优秀保姆不好找，太差的保姆不能留，我们要做的，就是找到一个基本素质说得过去的保姆，让她能很好地适应自己家里的工作。其实在跟保姆相处之道上有很多禁忌，违反了这些，本来可以合格的保姆也会变成不合格的保姆。

禁忌一：把保姆当亲人，闲来无事话家常。跟保姆适当的交流没问题，人与人之间本来也需要交流，但切忌聊得高兴就说个没完，对保姆推心置腹无所不谈。聊多了，一来是耽误工作，二来距离过近就不利于管理了。因为，您这边跟保姆刚说完家长里短做亲人状，那边就说人家卫生没打扫干净，换了谁心里平衡啊？

禁忌二：距离太近。例如某个老年人家原来有一个保姆，干得很不错。老年人就投桃报李，今天带她吃饭，明天和她一起玩，言谈之间也很随便。不料一个月以后，保姆开始三天两头请假，而且经常夜不归宿，结果她一声“今天有事”打发了事。最不能容忍的，在老年人不在家的时候，她竟私自往家里带人。刚批评几句，她就说我们不真心拿她当家人，第二天就走了。

禁忌三：把保姆当救济对象，小恩小惠不断。很多好心老年人总这样劝说那些对保姆工作不满意的家人：“这些阿姨都不容易，家里穷没办法，谁有办法还出来做保姆呢？宽容点儿吧！”但凡事都一个度，过于宽容、施恩，这种没有原则的恩惠经常会让保姆的胃口变得无限大。在很多保姆眼里，城里住着楼房的都是有钱人，有钱人多给财物是应该的。一旦某一段时间不再给她小惠，她的工作态度可能就会受到影响，甚至辞职走人。

禁忌四：**心理咨询节目看多了，盲目相信沟通的力量。**沟通本来是好事，但俗话说得好，响鼓不用重锤敲。其实有的问题可以通过沟通来解决，有的问题则不可以。比如做饭做得不合口味，电器不会用，可以用沟通来解决。只要有足够的耐心，一般都能改善。而一天到晚唠叨别的保姆如何高工资，不会做的不肯学，会做的不肯做，这就是基本的职业态度问题了。对于这样的保姆，也别沟通教育了，赶紧换下一位吧！

禁忌五：**过分相信鼓励的力量。**对保姆适当的鼓励是应该的，但不能一味鼓励，做得不好也大声叫好。这样保姆不会越做越好，只会觉得你要求低，可以适当再省点事。

第7节 正确对待隔代教育问题

隔代教育在我国是一种非常普遍的社会现象。现实生活中，一些年轻家长或因自己工作忙，或因怕费神图省事，将自己孩子的生活和教育的责任全部推给了我们这些作为爷爷、奶奶、外公、外婆的。而我们由于赋闲在家，难耐寂寞，也乐于代劳。

然而，虽然我们有丰富的社会阅历，但却常常教育不好孙辈们。这是因为什么呢？我们又该如何做好隔代教育这个工作呢？

1、认识隔代教育的利弊

随着时代的发展，目前一些年轻家长或者因为自己的工作繁忙，或者因为离婚而把孩子的教育、生活等责任，全部推给了爷爷辈，这种由祖辈对孙辈的抚养和教育称之为“隔代教育”。

隔代教育的产生也是有原因的。首先是老年人有较多的育儿经验，有充裕的时间和足够的耐心，所以子女们把孩子交给老年人看管；其次，子女或者因为工作忙，或者要出差、异地工作，或者婚姻出现一些问题，实在没有时间和精力照顾孩子。

因为以上这些原因，离退休的老年人又开始充当起孙辈教育者的角色。一般来说，老年人带孩子还是有一些优势的。

首先，老年人有充裕的时间和精力，而且愿意花时间与孩子在一起生活，有一颗更加平和的心态。年轻的父母们往往处在一个竞争激烈的环境中，生存压力比较大，很容易将工作中那种紧张的情绪带回家，造成不太和谐的家庭氛围，带给孩子过多的心理压力，妨碍孩子健康快乐地成长。

由于老年人已经脱离了那种激烈竞争的社会环境，心态相对比较平和，加上老年人具有儿童似的心理，这就使得他们特别喜欢孩子，也更容易融入孩子们的游戏，跟孩子建立比较融洽的关系，为老年人实施正确的教育提供了非常轻松和谐的心理基础。

其次，老年人具有抚养和教育孩子的实践经验，对孩子在不同的年龄容易出现什么问题，应该怎样处理，知道的要比孩子的父母多得多。

其三，老年人在长期的社会实践中积累的丰富的社会阅历和人生感悟，这是促进孙辈发展和有效处理孩子教育问题的有利条件。

然而，老年人带孩子，由于受历史条件和自身年龄特点的局限，不可避免地存在一些不利因素，对此，我们老年人也应该有清醒的认识。

首先是容易形成溺爱。老年人多数经常有一种因自己年轻时生活和工作条件所限没有给予子女很好的照顾，而把更多的爱补偿到孙辈身上的想法。这种想法往往会导致产生“隔代惯”的现象。我们对孙辈疼爱过度，处处迁就孩子，容易造成孩子任性、依赖性强和生活自理能力低下。还有一些老年人家长因过度疼爱孩子而“护短”，致使孩子的弱点长期得不到矫正。

其次是老年人思想观念陈旧。许多祖辈家长不顾时代已发生了很大的变化，仍用老观点要求孩子，教给孩子过多的老经验，缺乏开创性精神和发散性思维的培养，对孩子的个性发展有着极大影响。还有一些老年人因文化低、思想旧，无意识地给孩子传授了不少封建迷信的东西，无形中增加了孩子接受新思想、新知识的难度。

其三是造成孩子与其父母的感情隔阂。老年人对孙辈的溺爱和护短，会造成孩子很难接受其父母的严格要求和批评，还容易形成感情隔阂和情绪对立，使正常和必要的教育难以进行。

2、把握隔代教育的对策

隔代教育是一种客观存在，因此不管是利还是弊，不管是赞同还是不赞同这种形式，我们都必须正视它，并且让它科学化。作为老年人，我们应该注重从以下几个方面来应对隔代教育可能出现的问题。

（1）统一思想认识

和孩子的父母相比，老年人由于出生与成长的环境和时代有着显著的差异，两代人在教育孩子的问题上自然也会存在相当大的差距。

比如，年青一代可能更注重对孩子智力的培养、个性的发展，他们往往会更多地向孩子传递知识，给他更多自由，让他自由探索；而老年人则更看重道德教育，可能就会给孩子更多的约束。

为此，在教育孩子的事情上，两代人要尽量平心静气多一些沟通，只有统一认识，才能避免在孩子面前暴露分歧，防止孩子利用这种分歧要挟父母或者祖辈，引发更多的问题。

（2）不过度溺爱

老年人过度溺爱孩子成为隔代教育中最大的问题，所以老年人在养育孩子时最好用理智控制感情，分清爱和溺爱的界限，要爱得适度。否则，没有规则的环境并不能帮助孩子获得更好的发展，相反，一个缺乏规则的环境反而会带给孩子更多的不安全感。

（3）培养孩子的独立性

孩子不与老年人生活在一起的一个重要原因是为了培养孩子的独立生活能力。父母有时忙碌起来顾不上孩子，又没有老年人可以依赖，孩子就必须学会处理自己的日常生活。

所以，如果老年人一定要与孙辈们在一起，那么我们应该注重培养他们的独立性，以免不利于他们的成长。

（4）当好父母的参谋

当孙子、孙女出生之后，年轻的父母缺乏养育孩子的知识和经验，老年人便成了他们的育儿参谋，不但教给他们具体的细节，还要做示范。

在孩子成长的不同阶段，老年人也要提醒年轻父母注意对孩子进行哪一方面的教育，如生理、心理、智力等方面。

（5）不做孩子的保姆

现代教育理论认为，祖父母不是保姆，他们应享受晚年的快乐。这是因为老年人的教育观不一定符合现代的年轻人。同时，老年人也不能剥夺孩子的母爱，孩子应该有更多时间与父母在一起。

这就要求老年人应尽量少的和孙辈住在一起，但如果对他们的成长非常重视，可以经常打电话给他们表达关心，询问他们的生活和学习情况，过节或孩子生日时送礼物给他们。

老年人的观念落后、新知识贫乏，是制约我们进行隔代教育的一大障碍，所以老年人要设法提高养育水平，转变观念，讲究方法，提高素养，懂得现代教育观、人才观。

一般来讲，负责隔代教养的祖辈应具有以下几点素质：

身体健康、心态年轻，乐于养育孙辈。

不固执己见，没有心理障碍，对孩子有耐心。

有一定文化，善于吸收新知识，接受新观念，科学养育。

懂得方法，不溺爱，不纵容，善于引导。

喜欢户外活动，经常引导孩子认识外面的世界。

随着隔代教育的普及，祖父母、外公、外婆要各自定好位，提高自身综合素质，只有这样，才能走出“隔代亲”教育的误区，才能提高我们养育孩子的整体水平。

第六章

情感驿站的心理坚守

婚姻爱情是一个美好的情感话题，但其中往往也有着许多复杂的问题，尤其这些问题在老年人身上表现得比较突出。比如由于年事已高，随着思维行为能力发生变化，老年人的性格会变得暴躁怪异，这在一定程度上会影响夫妻之间的感情。又如一方突然逝去，再婚遭遇阻力等。

面对婚姻中的种种问题，我们应该抱着积极的心态，勇敢面对，耐心解决，以让自己有一个幸福美满的晚年。

第1节 和睦的夫妻关系使晚年幸福充实

现实生活中，有很多夫妻年轻时各自忙着自己的事业，婚姻生活就这样不冷不热地过来了。进入老年以后，夫妻双方都告别了事业，整日无事可做了，有的夫妻能够和睦相处而使晚年生活幸福充实，也有的夫妻总爱发生各种矛盾，致使晚年生活陷入不幸。

那么我们老年人究竟该如何与老伴和谐相处呢？

1、了解夫妻矛盾的根源

在我国老年夫妻大致分为三类：第一类是结发夫妻，一生感情都很好；第二类是虽是结发夫妻，但感情一直不好，只是为了孩子凑合着过；第三类再婚夫妻，也就是人们常说的半路夫妻。

对于第一类夫妻。我们到了老年，大多数已离开工作岗位，而且子女各自组成了家庭，家中只剩下老两口，形成了“空巢”。但是，我们常常看到，相濡以沫度过了大半生，几十年感情一直很好，老夫妻到了晚年却经常拌嘴，发脾气，什么原因呢？

（1）生理机能的老化，致使性格的变化

譬如，有的老年人性格变得古怪，生出许多怪毛病：有的就像小孩特别幼稚，看见什么都新鲜，比如，有的像孩子一样嘴挺馋，看见别人吃什么，自己也想吃；有的喜怒无常情绪容易波动；有的产生陷入怀旧的情结，经常回忆过去，老想寻找老朋友、老战友、老同学，或者故地重游；有的抑郁而多疑，比如，老两口一辈子相安无事，到老却怀疑对方有外遇，这最伤几十年夫妻的感情；还有的老年人，年轻时脾气比较好，到了老年脾气变得暴躁，稍有不顺心的事就发脾气，目标首先指向的是自己的老伴儿。

上述这些现象，都可归纳为“老年综合症”，夫妻双方有一个，甚至都发生了变化，这自然会引起老年夫妻矛盾摩擦的增加。

（2）“感情寄托”少了

以前把孩子抚育成人，夫妻付出了很多辛苦，一旦闲了下来便无事生非。过去夫妻间的别扭和矛盾可以用繁忙的工作冲淡，离退休后整天你看我，我看你，便生出好多事来。老两口可能为一点小事就能吵起来，如菜咸啦！桌子没擦干净啦！菜买贵啦等。

（3）老年人离退休后有一种失落感

过去上班时，早出晚归，虽然忙、累、压力大，但是也有乐趣。退休后，人闲了下来，由于缺少精神寄托和感情交流，便有一种失落感，觉得没着没落，孤独寂寞，心里总有一股无名火，一旦有不顺心的事，老伴儿就自然成了发泄的对象。

还有，一些老年人社会适应性差，总是对现实产生不满，看不惯一些社会现象，看不惯年轻人的穿衣打扮，看不惯一些影视作品等。

对于第二类夫妻。虽然共同生活了几十年，但婚姻基础不太好，感情也不好。我国现阶段的许多老年夫妻有的是按旧式婚姻结合的，有的是在特定的历史情况下结合的，比如，七八十年代的上山下乡知青与农村青年结合，本身就缺乏一定的感情基础。

这类老年夫妻，虽然相处了几十年，相互间可能发生过无数次争吵，可能还有过多次离婚的打算。在打打闹闹中人到老年，儿女也都各自成立家庭。过去，子女是他们的感情纽带，子女独立后，家里也成了“空巢”。联系夫妻之间的纽带没有了，感情的寄托减少了，夫妻之间的矛盾就变得突出了。

对于第三类老年夫妻。老年人的再娶、再嫁成为较为普遍现象。所谓少年夫妻老年伴儿，找个老伴儿是独身老年人的正当要求。一般来说老年夫妻再婚容易出现的主要问题有：

一是相互之间缺乏信任，猜疑心大，老怀疑对方背着自己干一些事；二是对原来的妻子（丈夫）旧情难忘，有意识，无意识的拿现在的妻子（丈夫）进行比较；三是对待各自的子女一碗水端不平；四是在经济上互不信任，在钱财上斤斤计较，相互算计；五是多年来形成的生活习惯、生活方式是很难改变的，可往往老年人都希望对方能适应自己；六是房屋、财产容易产生纠纷。

2、学会和睦相处的方法

老年夫妻和睦相处，相亲相爱，可以让我们的老年生活过得愉快、充实，可以为家庭营造一个愉快、舒畅的环境，所以和睦相处自然是每一个老年人晚年的心理需要。为了实现这个目标，我们老年人可以从以下几个方面努力。如上文所述，老年夫妻大致有三类，对应的也就有三个针对性的应对措施。

(1) 第一类夫妻的措施

对于第一类夫妻。这类老年夫妻婚姻基础比较好，随着年龄的增长双方都要明确老年人生理、心理变化的特点，对对方要理解、忍让、关心，比如有的老年人生出一些怪癖的嗜好：讲吃讲喝，养花鸟鱼虫，养猫养狗，还有的聚在一起打牌下棋，这些都是老年人无事可做寻找的精神寄托。

只要是没有危险，不太出格就不要管他，只当没听见，没看见，切不可采取武力——或扔或砸，或者一气之下跑到儿女家。这样不仅伤了对方的心，还会因此使对方生气得病，伤身体。

如果有条件的话，夫妻双方可以外出旅游，或者分开一段时间，一个到子女或亲戚处住一段时间，在分开的时间里双方会相互想念，再团聚就会不计前嫌。

老年夫妻间由于心理或生理上产生的矛盾，我们最好的办法是鼓励对方参加一些社会活动、娱乐活动，以冲淡孤寂、烦闷心理，以免老伴儿成为出气筒。

有条件的话，可以经常与老友相聚，一是有共同语言；二是能够相互排解孤寂、烦闷；三是可以交流信息刺激大脑，延缓衰老；四是相互鼓励增强生活信心。

(2) 第二类夫妻的措施

对于第二类老年夫妻，有的人认为，自己几十年的婚姻名存实亡，现在儿女已成人，双方的使命已完成，应该考虑一下自己将来的生活了，认为离婚是婚姻的解脱。

离婚可能对个别老年夫妻来说是比较合适的选择，而对大部分老年夫妻是不合适的。此时，夫妻双方最好是能够再回首自己的婚姻，对自己一生的家庭生活进行回顾、梳理，多想想对方的优点、好处。

也许我们会发现，原来两个人之间还有许多共同点，还有难以割舍的感情，这就像电视剧《激情燃烧的岁月》，人到老年找回了逝去的“蜜月”。

(3) 第三类夫妻的措施

① 珍惜婚姻 晚年再婚一般来说走在一起不容易，起码要经过子女、传统观

念、亲友等几道关，因此，可以说来之不易。

② 相互尊重、信任　相互尊重　信任就是要交底、交心，有事不要相互瞒着，或是自己独断专行，或者有事只和自己子女商量，这些做法只会让对方觉得自己不被信任，感到自尊心受到了伤害。因此，夫妻之间平时有事要多商量，多沟通。

③ 处理好财产　财产问题历来是家庭诸多矛盾的导火索。尤其是再婚家庭最敏感的问题。有的再婚夫妻互存戒心，藏个心眼，留一手。老年再婚前最好双方有个协议，对各自的财产、婚后生活支出有个约定，这种先小人后君子的做法会给今后的婚姻生活减少麻烦。

④ 对子女一碗水端平　对亲生子女和继子女应一视同仁，不应有薄有厚。一般老年人再婚，子女都成年了有自己的事业和家庭，大多在经济上不再依靠父母，但也有个别子女因下岗、失业造成生活困难，如果老年夫妻有条件的话，就应伸把手，帮助一下。这样才能与子女关系融洽。

⑤ 不要偏听偏信子女反馈的信息　有的子女因为最初就反对父（母）再婚，对父（母）选择的老伴儿总看不顺眼，想方设法从中挑拨。对此，老年人在心理上要设防，对子女说的话不要偏听偏信，听到说老伴儿的坏话要加以分析并劝说子女要理解、谅解继父（母）。同时，还要和子女讲清楚，如果你真正孝顺你的父（母）的话，想让老年人晚年幸福，最好的办法是多给老年人祝福，少在老年人之间挑拨。

（4）其他注意事项

除了以上针对三类夫妻的措施之外，老年夫妻和睦相处还有一些要注意的其他事项。

① 相互尊重　老年夫妻不论原来职位高低、能力大小、健康状况好坏，在家庭生活中都是平等的，应互相尊重。家中的事情要共同商量，若有分歧，要耐心说明解释，切忌置对方意见于不顾而自行其是；在子女和外人面前，要注意尊重对方。

② 相互宽容　“海纳百川，有容乃大。”这句话说明了相互宽容、忍让的重要意义。老年夫妻的“容”，既指容人之长，并虚心向对方学习，也指容人之短，并予以必要的宽容和谦让。家庭生活的方方面面，具体而又琐碎，老年夫妻朝夕相处，难免有时意见相左，遇到这种情况，一定要以夫妻情谊为重，多谅

解，千万不要埋怨指责，更不应算老账，揭伤疤。

③ 相互体贴　老年人随着年龄的增长，生理和心理机能逐渐衰退，自理能力也随之减弱，这就需要在生活上有人照应，而老伴的照顾则是最周到、最贴心的。老年夫妻间要共同承担家庭义务，关怀彼此的衣食住行，平时要尽可能多一些时间与老伴在一起，尤其是只有老年夫妻单独生活的家庭更应如此。老年夫妻间既应该是生活上的依靠，也应该是精神上的支柱。

④ 相互信任　多疑猜忌是破坏夫妻感情的无形杀手。老年夫妻的爱情虽经历了长期考验与磨合，但仍需通过相互信任来加以巩固和发展，夫妻双方有了疑虑要及时交换意见，认真消除误会与隔阂。

⑤ 互帮、互慰是夫妻共同克服困难的准则。所谓互帮，就是互相帮助，主动给对方出力、出主意，或给予物质上和精神上的支援；所谓互慰，就是互相安慰，使对方心情安适。当一方生病时，另一方要照顾、护理好，使之得到温暖。

不要常在老伴面前数落儿女的缺点，也许老伴已看得一清二楚，心里也很烦，如果再喋喋不休，不但毫无意义，还会使老伴烦上加烦。不要对着老伴夸别人的丈夫或妻子如何如何好。这样会引起老伴的反感，认为你看不起他。

不要在老伴面前老说别的单位离退休人员的福利如何好，更不要埋怨老伴单位及自己单位如何差。知足常乐，这样老伴会觉得你能和他患难与共。

与老伴发生磨擦时，就事论事。如老伴不注意收拾东西，我们让他把东西收拾好，不要"抽丝剥茧"，说什么"你总是不收拾东西，我对你说过多少次了"。一串串地将陈年老账抖个不停，这是老年人最容易犯的唠叨病。

⑥ 注意自己的仪态　不要认为老夫老妻了，什么都无所谓了，整天邋邋遢遢。要知道人老了，会追忆逝去的青春，现在退休了，老两口朝夕相处，都希望能重温青春的梦。不妨和老伴多亲密一些，这样日子将会过得更和谐、美满。

3、懂得夫妻交谈的守则

有人说："家庭的幸福其实很简单，仅取决于家庭中的两个人如何交谈，其他则是次要的。"的确如此，因为人是感情动物，每个人都需要通过语言交流感情，如果不注意谈话技巧，就容易产发生误会，甚至冲突、矛盾，乃至劳燕分飞。所以，我们要想做到夫妻和睦，就要注意一些交谈的技巧。

（1）场合要注意

夫妻间谈话引起误会最多的，可能是不注意谈话的场合技巧。做妻子的在这方面似乎更重要，有许多做妻子的对于丈夫在外的情况不大了解，一见到丈夫，就想把心中要说的话说出来。这样，由于只想到自己的一面，没有顾虑到对方的心情，往往是恶感多于好感。日子久了，就会引起夫妻间的不快，会使彼此的情感大受损害。

由于这个缘故，做妻子的在和丈夫谈话时候，应注意一下对方脸上的“阴晴圆缺”，以决定是否马上谈话。自然，在外人面前数落丈夫或妻子，更是破坏家庭关系的“凶手”。

（2）不要唠叨太多

男人最怕女人唠叨，特别是当他忙碌、心烦时，内心在思考着什么问题，以及身心疲倦时，如果做妻子的在他的面前滔滔不绝地讲话，而所讲的又是无关紧要的事，他不但会感到厌烦，而且往往会发脾气。

不少老年人都爱犯这种毛病，就是说话不用大脑，想说什么就说什么，不理会时间和地点，在表面上看，他们似乎很坦率天真，但是实际上，这是简单幼稚的表现，非常不利于老年夫妻的和睦相处。

（3）注意谈话艺术

当我们和别人谈话的时候，我们会顾虑到对方的反应，静观对方的眼色，谈话应尽量迎合对方的心理，其实夫妻间谈话也是这样。许多老年夫妻谈话就不细心，其中最大的一个原因，是以为夫妻间朝夕相处，不必要注意这些细节了，实际上，这是最大的错误。

（4）说话莫过火

聪明的人，懂得对配偶察言观色，注意自己的谈话内容，并尽量使配偶高兴。例如，夫妻不要谈富有刺激性和过火的话题。对丈夫或妻子谈自己过去的恋爱史，那是最愚蠢的，因为男人的妒忌心理同女人一样十分强烈。

当丈夫心情不佳，或者内心思考什么问题的时候，做妻子的如果谈起过去自己恋爱的情形，那是最令丈夫生气的，他会怀疑你对他的爱情是否是真的。

老年夫妻的感情仍需培养，防止爱情之花凋谢。谈谈自己婚宴的情景，多参加同事或亲友的婚宴，是有好处的。不论世间的景色如何，年年都有盛大的结婚仪式。盛大的结婚仪式是夫妻一生中最具有历史意义的事，旧梦重温这个场面，对于增进夫妻间谈话的趣味也是必要的。因为结婚时，两个人的心情十分高兴，婚宴的情景能够给人留下美好的回忆。

老夫老妻一起生活了大半辈子，牵手走到今天，是多么不容易啊！成天拌嘴、不和真是不值。所以，当老年夫妻在日常生活中发现对方的老毛病又犯了时，双方应冷静对待，相互宽容，这样才能实现“老拌”变老伴，才能共享离退休后的欢乐时光。

都说婚姻有“七年之痒”，更何况是一起生活了三四十年的老年夫妻，更容易感觉婚姻生活乏味。怎样才能给婚姻生活注入一些新鲜活力呢?

尝试有挑战性的活动。美国心理学家海伦•费舍尔发现，刚刚坠入爱河的人与那些结婚20年依然热烈相恋的人有一个共同点，即中脑腹侧被盖区持续活跃。为了刺激这一区域，让彼此更恩爱，老年夫妻可尝试参加一些新鲜、有挑战性的活动，比如远足、漂流等。

参加对方感兴趣的活动。科学家研究发现，培养新的兴趣、爱好，或经常锻炼，可减少倦怠感。老年夫妻不仅要支持、鼓励对方参加他（她）感兴趣的活动，自己也要积极参与进去，这会给婚姻生活注入新的活力。

提醒对方“我依然需要你”。老年夫妻要经常用语言、行动向对方表达爱、渴望等真实感情，让对方感受到你依然在意他（她）。

第2节 正确地对待老年分居问题

俗话说“少年夫妻老来伴。”人老了就得相伴，因为老年人大都体弱，容易发生各种病痛，有老伴在身边自然可以及时救助。可以说老年相伴才是人生相互支撑的开始，这是几十年如一日的磨合，是一种习惯，是一种浓浓的亲情，是一种融入生命的东西，是一种割舍不断的生活习惯。

但现实生活中有一些老年夫妻因为种种原因而分居，甚至还有人提出了分居的好处。那么我们老年人该如何正确对待分居呢？

1、了解老年分居的原因

现在相当多的老年人都是处于分居生活状态，分居的原因大致有以下几种情况。

首先是由于老年夫妻随着年龄的增大，性格脾气发生改变，夫妻之间脾气性格上的不合而导致夫妻分居。同时，因为身体素质和生活习惯的不同，多数老年人在60周岁以上，几乎停止了夫妻生活，失去这个关键的生活需求，多数老年人认为，同床共枕已然失去了必要。

另一类是属于老年人的子女人为的因素造成老年夫妻分居。子女之间在赡养老年人问题上，为了表现出绝对的平均性，加上房屋住房面积有限，很多老年夫妻被人为地分居生活。

再一种情况就是有的老年人为了给儿女看孩子，只好一方去儿女家居住，或者在遥远的农村的子女家里看孩子，导致老年夫妻长期分居生活。

此外，老龄化的老年人群，年轻时候是包办婚姻，感情基础十分薄弱，尤其是农村老年人，这种情况最为常见。因此，老龄化夫妻之间的隔膜十分明显，不能不说这也是原因之一。

同时，老年人分居，由于话题特殊，儿女往往羞于干涉和沟通，从而视而不见，没有外力疏导和干预，也增加了老年人分居的几率。

2、认识不宜分居的缘由

不论什么原因长期分室而居，从养生学角度看，都是对老年人身心健康不利的。

（1）夜间需要相互监护

现代医学研究证明，许多致命性危急重症，如脑溢血、心绞痛、心肌梗死等病，都在夜间休息状态下发作。老年夫妻夜间彼此监护，是其他人无法取代的。

（2）精神上需要相互慰藉

分居易产生孤独症，老年人最怕独处，长期分居易产生孤独感，寂寞感。“少年夫妻老来伴”，几十年的老年夫妻，相亲相爱，心心相印，白天“男耕女织”，夜晚同床共眠，互诉衷肠，互相开导，医治白天的精神创伤，化解心中的郁闷，一切痛苦、忧愁、懊恼都会在爱的滋润中烟消云散。

若长期分居，有话无处说，思想不能交流、沟通，易产生孤独感、寂寞感，久而久之，长期分居而形成的不良情绪就会导致身心疾病，影响健康。

同时，老年人情绪上易出现波动，特别是离退休赋闲在家之后，脱离了单位和同事，同外界打交道少了，如果到了晚间又与老伴分室而居，就会逐渐产生孤独、抑郁、愁闷、烦躁、狭隘，从而带来许多不必要的苦恼，以致影响健康。

（3）同样需要性爱

尽管老年人性激素分泌弱，但由于既往的生活经验，心理活动的影响，神经条件反射的建立等原因，在大脑皮质中留下的痕迹仍然可使老年人保持着对性爱的要求。性爱可促进性激素的分泌，从而有益于延年益寿。

3、对待分居的建议

老年分居自然有很多坏处，也并不是全无必要，老年夫妇，应该根据自己的情况，权衡利弊，选择是分居还是同居。

（1）不利于同居的情形

同居固然好，但对于某些老年夫妻来讲，分居未必是坏事，出现下列一些情形时就应适当分居：

分居可隔离传染病。夫妻双方如某一方患有细菌性痢疾、病毒性肝炎等消化道传染病，或患有肺结核、流感等呼吸道传染病，或患有疥疮、癣等皮肤传染病，通过分居，可以起到暂时隔离的作用．防止互相传染。

分居可提高睡眠质量。夫妻中某一方如有鼾声、磨牙、咳嗽、说梦话等，会干扰对方的睡眠,如对方有神经衰弱,则影响更大。夫妻分居可避免相互间的干扰。

分居可使夫妻矛盾暂时化解。如夫妻双方感情不好，经常发生摩擦，暂时分居能起调适作用。

（2）有利于同居的情形

如下列情况，老年夫妻最好不要分居：

有利于身心的健康。老年人仍有一定的性需求，夫妻同床共枕，既可以满足肌肤的需要，又可增进夫妻感情。

可消除孤独感的。夫妻分房居住容易产生孤独感，夫妻同床共枕相互爱抚，互相关心，既可消除孤独感，又可减轻更年期或绝经期出现的种种不适。

可防止意外发生。老年人如果一方动作迟钝，反应力差，如夫妻同居，就可以互相进行健康监护，一旦出现异常，可以及时发现，及时抢救处理。

俗话说：“夫妻同床共枕到百年”，这句话确有一定科学道理，这里既有生理的原因，又有精神的原因。

青年夫妻互相拥抱、亲吻、抚摸，常是性生活的前奏，也是性过程的催化剂，可以增强性心理的兴奋与性感受的浓度。对于老年夫妻来说,性欲的满足主要不是“排泄欲”,“接触欲”逐步成为主要成分。

同居的老年夫妻，柔情的抚摸、深情的长吻常可激起兴奋，得到心理上的满足。特别是老年人，拥抱、亲吻、抚摸是性生活的特殊方式，是性爱的一种表达。这种非性交的心理上和谐的性快感、性满足，对老年人心身健康与延缓衰老有重要作用。

总之，老年夫妻同床共枕，絮絮交谈，可以增进夫妻感情；拥抱、亲吻、肉体的接触，可以满足皮肤的渴求与需求，产生一种有益于健康的心理效应可使人感到快慰，使紧张的精神得到放松。所以，一般健康的夫妻宜同床共枕，这有利于心身健康、白头偕老。

第3节 正确地看待老伴的唠叨习惯

俗话说：“树老根多，人老话多。”人越老越爱唠叨，并且爱唠叨也是老年人排除孤独感的一种手段。尤其是一些女性老年人，出于种种原因，总是不厌其烦地重复着同样的话，令丈夫感到非常烦恼。

心理学研究指出，人的心理要获得健康，需要各种环境因素的丰富刺激。如果缺乏这种刺激，人就会变得呆板而神经过敏。爱唠叨其实就是一种刺激手段。

所以爱唠叨并不是一无是处的，那么老年人到底应该如何对待老伴的唠叨呢？

1、了解爱唠叨的原因

一般来说，老年人爱唠叨主要有三个原因：

一是生理上特别是大脑组织衰退，使得记忆力衰退，说过的话经常容易忘记，所以总是重复说话内容。

二是老年人自尊心较强，唯恐别人忽视了自己的存在，喜欢反复强调自己的主张。

三是老年人接触新鲜事物和新的信息逐渐减少，总爱谈及过去发生的事情，喜欢讲自己熟悉的东西。

总的来说，女性老年人比男性老年人更爱唠叨，这也是有原因的。

（1）这是大脑构成决定的

据科学研究，大多数女人拥有比男人更善于说话、更善于唠叨的大脑“硬件”，女人的语言能力要比男人的强得多。所以男人在听女人谈话的时候，总是跟不上她的思路。

（2）丈夫对唠叨不理不睬，会引发恶性循环

如果男人正在看书，妻子问他：“你为什么还没倒垃圾呢？”他很可能反应迟钝、支支吾吾，因为他正集中精力在书中的内容上。对男人来说，最大的困难之一就是女人唠唠叨叨的话中出现了多条线索。这些线索多得让他无所适从，诸如：从不倒垃圾，到责怪男人懒惰，不顾家，不懂得关心妻子，再牵扯到男人的母亲从小把他惯坏了，而且男人的一家都不懂得关心人，自己一直做男人一家的保姆，而且还不讨好等。

男人听到一大篇怨气冲天的话，更不知道如何应对，于是只好不理不睬，装聋作哑。殊不知，这样造成了一个恶性循环：男人越是沉默，女人就越是唠叨。

（3）唠叨有时候是女性想获得赞赏的标志

女人在疲劳、怨恨的情况下往往会唠叨，这表示她希望家人更多地重视她对家庭所作的贡献，或者有更多的机会改善自己的处境。

此外，女人的母性会“作祟”，有时候会把丈夫当成大男孩，男人对此的反应则是，你越把他当孩子，他就越任性，一些上了年纪的男性尤其如此。男性越是反抗，女人就越唠叨，把自己的母性发挥得淋漓尽致，最终双方都不再把对方看做亲密的伴侣，而成了“教育者”和“被教育者”的关系。

2、认识适当唠叨的好处

对于老年夫妻来说，一方不厌其烦的唠叨可能会令另一方非常反感。其实，如果能够端正心态，我们还能够从唠叨中发现一些好处呢！

首先，体会老伴的爱心，增进夫妻感情。老伴的唠叨，其实也反应了对自己以及家人的关心。我们应了解到，老伴就是因为不放心，才整天唠唠叨叨，诸如：“少抽烟、别喝酒、不要熬夜、车子开慢点、别忘记吃降压药、天冷了加一件衣服、多吃蔬菜水果等”，每一句叮咛唠叨，其实都是老伴对我们的关心！一旦了解到这一点，我们就不会对老伴的唠叨反感，反而会心存感激。

其次，适度唠叨是养生法宝。哲学家培根早就说过，把快乐告诉别人，你的快乐就会加倍；把悲伤告诉别人，你的悲伤就会减半。老伴唠叨的内容无非也就这两方面，快乐情绪就像加油站，越说越能给身体注入活力；悲伤情绪就像垃圾，及早排泄出去，就会给大脑释放更多的空间，以便记忆。

此外，唠叨还能让人少生病。不唠叨的人往往都把很多不顺心的事埋在心里，必然会觉得食不知味、睡不安稳，容易使神经系统的防御功能和脏腑功能失调，让疾病乘虚而入，如原发性高血压、脑动脉硬化、冠心病、肿瘤等。而适当唠叨的人则容易保持身心健康。

3、对老伴唠叨的对策

虽然老年人唠叨的原因是多方面的，但总的来说，老年人爱唠叨实际上是精神老化的迹象，是不可抗拒的自然规律。任何人都会经历喜欢怀旧、变得爱唠叨的人生阶段，所以面对老伴的唠叨，我们必须给予理解、给予体谅。

（1）纠正抵制心态

唠叨实际上是一种交流。对于老年夫妻来说，男性进入老年期后，沉默寡言者居多，而女性更乐于与人进行言语交流，这在某种程度上帮女性延长了记忆和寿命。

可见，老伴唠叨也是一种思维活动，对爱唠叨的一方来说，唠叨是“练脑”，老伴爱唠叨总比整天默不作声要好。如果真有那么一天，老伴不再说话，那才真让人担忧呢！

（2）经常做些疏导

对于聪明的老年人来说，对老伴的唠叨，在倾听中也不要一味地顺着她的意识走，而是要加以引导，善于把“家庭的噪音”变为“家庭的福音”。

对老伴的唠叨首先来个逆来顺听，细细品味，细细筛选，从中摄取精华，为我所用。我们采纳了她的意见，她必然不会再絮叨个没完。

她的唠叨即便过度，我们也不必着急上火，顺着老伴的心思，吐一句幽默妙语予以回应，老伴也就哈哈完事，唠叨也就能被大笑化解。

对老伴说话重复的内容，可以半开玩笑地提醒她已经讲过数遍，提示她我已经听清楚了，没必要再重复了。唠叨无妨，只要闻者善听，学会回应化解，唠叨反而会给你的家庭带来欢乐和生机。

（3）转移注意力

人上了年纪为什么爱唠叨？很重要的一个方面就是老年人受自身条件所限，外界的许多事情不能直接参与了。这种人际关系的缩小，必然增加老年人对自己的注意力。

由于社会的疏远，老年人往往会把自己的精力完全倾注在自己的记忆、幻想以及自我形象中。人老了容易借助话语来表白自己，以求得心理平衡，且固执己见以维护自己的尊严。因此，转移老伴的注意力，也是不让她过分唠叨的好办法。

例如找一个新的话题，把她的注意力从消极情绪转移到积极情绪上；带老伴出去参加一项社会活动，激活她的新的兴奋中心；老两口一起参加社区活动，培养新的兴趣爱好，以求得心理平稳。总之，要学会当“心理互动指导师”，鼓励和引导老伴保持积极向上的精神状态和健康的心理。

（4）做到和善对待

老伴唠叨，可能是因为孤独、寂寞、失落，所以面对唠叨的老伴，我们不能采取厌烦的态度，更不能恶语指责，而应当心平气和，陪她多聊天，多谈心，抽出时间一起散散步，或者一起看文娱节目，鼓励她锻炼身体，参加社区公益活动，鼓励老伴走出小天地，充实晚年生活，丰富精神世界，减少孤独失落感。

对于老年夫妻来说，一方的自我塑造，离不开另一方的外在环境。应当看到，唠叨不是老伴的罪过，只有愚蠢的老年人，才会试图将老伴变得像石头一样，闷声不响，呆头呆脑。一个聪明的老年人，会通过适当的方式，让老伴明白，他喜欢听什么，不乐意听什么，对什么津津乐道，对什么索然无味。

时间一长，夫妻间就会形成默契，这样既充实了晚年生活，也改善了夫妻关系。

（5）以幽默对唠叨

面对老伴的唠叨，聪明的应对方式很多，比如以幽默地、善意地“以其人之道，还治其人之身”。有一则故事，讲述了一个聪明的丈夫如何幽默地指出妻子爱唠叨的毛病。

故事是这样的：一天，王太太正在厨房炒菜。丈夫在她旁边指指点点，一直唠叨不停：“慢些。小心！火太大了”；“啊！看你把盐放多了；再加点味精……赶快把鱼翻过来”；“鱼头烧焦了，快铲起来”；“把葱花放进去，再加些姜末、麻油。哎，锅子歪了！”

“别说了！”王太太发火了，不假思索地脱口而出：“平时都是我烧菜，要你唠叨什么！”

“你当然懂，太太，”丈夫平静地答道：“我只是要让你知道，在我开车时，你在旁边喋喋不休，我的感觉如何。”

王太太：“……”

（6）体贴表扬老伴

老伴，尤其是女性老伴唠叨时，往往心怀不满，觉得自己不被人爱护、不被人赞赏。因此，作为丈夫，如果没帮助妻子一起做家务，那不妨常常夸赞妻子，对她们所做的家务给予赞赏和肯定，妻子就不会唠叨了。在丈夫的赞赏下，妻子做家务会更起劲，而唠叨也可以减少。

其实，老年夫妻间的相互精神依托和生活照料，是其他亲人们不能替代的。因此，不管对方如何唠叨，我们都应该力争使夫妻间互相体贴、互相关爱，为此，我们要控制自己的情绪，加强自身修养，这样不仅能使自己快乐，也会使老伴快乐。两人都快乐，才能都健康，共同提高生活质量，共同延年益寿。

有一个老伴天天唠叨虽说是福，但毕竟有时候唠叨多了，也让人受不了。面对爱唠叨的老伴，一个聪明的老年人应该做到以下几点：

一是多一点耐心，用积极的态度去倾听，不把这种交流当做负担，而是当成放松情绪的一种方式。

二是避开锋芒，遇到咄咄逼人的话语时，最好不要针尖对麦芒地反击，选择沉默或转移话题都可以避免激化矛盾。

三是理解爱意，唠叨一般都是一种精神宣泄，其大部分是情绪化产物。这也是老伴对自己信任的一种表现。

四是适时附和，不能抱着太认真的态度和老伴争辩，有时还要和老伴同喜同怒。

五是延时纠错，即使老伴唠叨的与事实有出入，也要耐心听完，等她情绪平和了再加以点拨。

六是表达感受，在老伴情绪好的情况下，也可以表达几句你对唠叨的感受，使她能理解你的宽容。

第4节 对性生活要有正确的认知

有人认为，性生活的目的是生儿育女，老年人已经过了生育年龄，故不该有性生活，这是极其错误的观念。人到老年，虽说不再生育了，但同样需要性爱。

科学的发展已证明，老年人的性欲要求和性行为的表达都是一种生理和心理的需要，不仅没有害处，还有益于老年人的身心健康。

当然，老年人与年轻人、中年人不同，无论在性心理和性生理上，或是性行为的表达和性满足上，都有老年人自己的特点。那么老年人如何依据自己的特点，正确对待性生活呢？

1、了解老年性生活的好处

到了老年，往往羞于言性，对于生活中的性需求更是极力压制，其实这是不必要的。一般来说，20岁至29岁是性欲最旺盛的时期，而40岁至59岁的中年、老年前期是性功能剧烈变动的时期，60岁以上的老年人仍然保持着一定的性欲，即使到了80岁至85岁高龄的人，仍然有50%还有性欲。

这都说明，60岁以上的老年人有正常的性欲，应当过正常的性生活。而性生活的损失不过是排出精液而已，而精液的主要成分是水，其中有很少一点蛋白质、糖分和其他盐类。因此，只要掌握性生活适度适当，性生活不仅对我们无害，而且它对老年人双方都大有好处，并且这种好处是日常通过其他生活方式所不可能获得的。

那么老年人过正常的性生活对健康有什么好处呢？在心理上，性生活是爱情发展的必然结果，老年人的性生活会增进老年夫妻的爱恋，增加生活的活力，丰富生活的内容。

同时，由于老年人离开了工作，与社会接触锐减，总有孤独、寂寞、空虚之感，适度的性生活，则使老年夫妻的生活丰富多彩，两情相依，分外恩爱。因此，性生活能促进精神愉快，思维敏捷，使记忆力增强，智慧得到发展。

在生理上，性爱能促进血液循环，以及皮肤、肌肉、关节的韧性与弹性；性爱还可以扩张动脉血管，预防老年性高血压；性兴奋是治疗抑郁症的良药。

对男女双方来说，性生活对男人来说有助于维持心理平衡，有潜在的健脑强心作用；性生活对女性来说，有助于维持女性的魅力，能增强自信。

因为以上好处，所以性生活与老年人的长寿大有关联。

首先，适度的性生活，能增强老年人的心理感受，获得精神力量，从而增强生命活力和生存的自信心。本来，老年人苦恼和自卑的是青春不再，但如果在不多的每一次性生活中，使自己重复感受年轻时的激情，从而使自己产生活跃的动力和自信，将有利于老年人的延年益寿。

纵观世界上的长寿老年人，大多有着多年的正常夫妻生活，白头偕老，甚至不少夫妇能共度百岁晚年。也有统计资料表明，老年男女在自然终结任何性行为后，男性平均10年、女性平均13年左右生命便结束了。

因此，生理学家们总结出有配偶的老年男女比无配偶者更长寿，其中性生活和谐的又比无性生活或性生活不和谐的更长寿的结论。

2、压抑性生活的原因与危害

在现实生活中，很多老年人都有压抑性生活的习惯，这有多方面的原因。

首先，在不少老年人心中，认为性生活对健康有害，这无疑让他们对性生活的兴趣大打折扣。

其次，夫妻情感、伴侣对性生活的态度等，对老年人的性需求都有一定影响。

还有传统的观念，我国老年人要帮忙抚养孙辈，留给自己的时间非常有限，这也减少了享受性爱的机会。

性压抑长久得不到释放，危害是很大的。

首先，老年人性要求长期受到压抑而得不到满足，久而久之易致性条件反射消退，进而出现性欲减退、阳痿等症。

其次，由于性欲受到压抑，精液不能排泄，会在某些组织中造成淤积、充血，导致前列腺、精囊等无菌性炎症，表现为腰酸背痛、会阴不适、阴囊及附睾胀痛、尿道刺激等症状。

此外，性要求得不到满足的老年人，尤其是男性，容易出现不同程度的悲观、失望和抑郁情绪，如脾气暴躁，对周围的环境不满意，甚至失去生活的信心，责骂老伴等。有些性格外向、擅长交际的男子，就可能借机另寻新欢，并且过分的性压抑会导致一些人在某种情况下失去理智而犯罪。

3、消除性生活的错误观点

老年人在性生活方面有一些错误的认识，这些错误认识，首先要得到纠正，老年人才能过上幸福的性生活。

很多人认为，老年人已经过了生育年龄，故不该有性生活，这种观点是不对的。人到老年，虽说不再生育，但同样需要性爱。研究指出，除了某些特殊的疾病外，高龄男子可以将某种方式的性生活保持到70岁至80岁；60岁以上的男子有性欲者达90.4%，其中54.7%有强烈的性要求。

性爱不是单纯为了繁殖后代，而是人类感情的需要，它可以给人以幸福、快乐和满足。协调的性生活有益于老年人的身心健康，其性要求和性行为如果受到不恰当的抑制，得不到应有的满足，就会引起精神上的烦恼和身体上的不适。

一些老年人认为，老年性生活单指性交行为，这是不对的。虽然性生活是以性交为主体内容的，但我们老年人由于性器官及其功能逐渐衰退，性激素分泌减少，性交的时间缩短，故除了直接性交获得性满足之外，还可以用语言、触摸、接吻或工具等其他性活动方式，以获取性感受。

一些老年人认为，老年人已无生育能力，他们的性生活可以无所禁忌，这种看法也是不对的。老年人虽已无生育能力，不需避孕，但性生活还是有许多禁忌的，不能随心所欲，毫无顾忌。下述情况不应过性生活：刚洗完热水澡；长途旅行或工作过度疲劳；高兴过度；悲痛之至；一方发高热，病情严重；女方阴道出血或有炎症。

一些老年人认为，老年人有病应完全禁止性生活，这种看法也是不对的。有时性生活对疾病的痊愈有促进作用。据调查，多数慢性病患者如能根据病情及自身体力情况，在性交时采取适当措施，是可以维持较好的性生活的，必要时，还可以用“性游戏”代替性交，以满足患者的情欲。但是，患者若处于急性发作期或治疗期，应暂停性生活。对于重病患者来说，则应绝对禁止性生活，以防加重病情、发生意外。

一些老年人认为，老年人性生活的次数、时间和体位一般应有所限制，这也是不对的。老年人的性交次数取决于其健康状况、文化修养和习惯等，因此，一般没有什么固定的界限。60岁以上的老年人，可以根据各人自身情况，顺其自然。为减少老年人性生活过程中的体力消耗，其性交体位可以采取侧卧位、坐位、立位或女上位，老年人可以根据爱好和身体情况自由选择体位。

4、对老年人性生活的建议

由于传统文化等原因的影响，很多人到了老年往往回避谈论性问题，对于性生活中遇到的实际问题，许多老年人更是羞于启齿。

这样下去，不仅不利于老年人过性生活，而且对身体也很不利。为了指导老年人正确对待性生活，下面就列举了一些老年人应该如何过性生活的建议：

（1）保持心理健康

正常的性生活要充满信心，防止老年“衰败心理”。一项关于老年人性问题的调查显示，在60岁以上的老年人中，有40%的人性淡漠，甚至丧失了性能力，过早地关闭了“性福”的大门。究其原因，并非身体老化、性激素减少或疾病所致，而是属于心理老化，所谓“心老性先衰”。因此，老年人要保持“我还行”

的健康心理，才能拥有幸福的性生活。

(2) 开展健康学习

和年轻人的性生活相比，老年人的性生活会有很多注意事项，如果不正确认识这些注意事项，可能会伤害老年人的身体。所以老年人及其配偶要有针对性地学习一些老年性生活知识，从而树立正确的性观念，正视自己的性需求。

(3) 增强双方亲密度

人类的性行为既是生理的性活动，更是情感的性活动。一位哲学家曾说："文明时代的人不再会满足于只有本能而无恋情的性爱了。"夫妻双方的性行为是关心、体贴、理解、亲密的最高表现形式。

因此，老年夫妻之间，要克服传统的观念，增加感情亲密度。如平时多交流多关爱,多在一起忆往叙旧,甚至可以来点幽默和亲吻拥抱的动作,相互吸引对方。

特别在性生活中要注意男女性高潮的差异，尽量做到同步同乐。在性活动的过程中，特别要注意相互交流感受，在柔情蜜意中达到双方的高度满意和愉悦，真正使性活动成为男欢女爱的开心事。

(4) 加强运动注意饮食

要想有性福，身体是基础。加强运动的过程，也是激活性功能的过程，身体强健了，就不会心有余而力不足了。

老年人性生活的强弱，还取决于饮食结构是否合理，要多食用一些增强性功能的食物，如各种果仁、黑芝麻、海参、山药、核桃、虾等海产品；尽量少服用影响性功能的药物，如抗高血压药、抗结核类药等。在生活上，要保持良好的生活习惯，戒烟戒酒，按时作息，有充足的睡眠。

还要注意饮食起居的规律性，戒烟限酒，克服不良嗜好。在饮食上要注意合理进餐，平衡营养，冬季多吃一些滋阴壮阳的温性食品，不要乱吃药物性补品，最好以五谷杂粮来滋补自己的"精、气、神"。

(5) 注重与伴侣沟通

性生活是两个人的事，老年人要想拥有幸福的性生活，就必须与配偶或性伴侣间进行沟通，只有彼此之间坦诚相对，相互理解和信任，性生活才能顺利、健康的进行。

(6) 提倡外观的修饰

外表、装饰打扮对老年人的性需求也有影响，所以老年人在外观上加以装饰，除了适当的营养休息以保持良好的精神外，在服装发型上应注意性别角色的区分，若能依个人的喜好或习惯做适当修饰，如女性使用香水、戴饰物等，男性使用古龙水、刮胡子等，更能表达属于自我的意义。

（7）营造合适环境

除温度、湿度适宜外，基本的环境要求应具有隐私性及自我控制的条件，如门窗的隐私性、床的高度以及适用性等；在此过程当中也不应被干扰，在时间上应充裕，避免造成压力。

（8）做好充分准备

不可否认，老年人性生活有其自身特殊点，如性唤起兴奋很慢等，因此老年人性生活的准备时间应稍长一些，而且动作要轻缓。尤其老年女性阴道分泌物少，非常干涩，如果没有充分润滑剂，动作过快、过大，会引起阴道痉挛、疼痛，甚至阴道擦伤，导致性生活失败，必要时可准备一些性爱用润滑剂。

（9）相关注意事项

关于性生活的时间和频率，总的原则是因人而异，要适度。在时间上，许多老年人都愿意把性生活安排在精力最充沛的清晨。其实无论何时都可以，主要是根据自己的习惯。在性生活的频率上也要根据自己的情况，因人而异，一般是一个月一次至两次，也有人数月一次。应以性生活后无不适感为宜，最好不要轻易中断。

老年性生活，在时间的选择上以休息后为佳，有研究表明男性激素在清晨时最高，故此时对男性而言是最佳的时间选择。

低脂饮食可保持较佳的性活动，因高脂易引起心脏及阴茎的血管阻塞而造成阳痿。

注意强度。老年性生活动作不宜快、猛，时间不要长，宜在10分钟左右结束。

防意外。如果感觉眩晕、头痛或气短时，应停止性交，躺下休息。特别是久别重逢或再婚的夫妻，过性生活一定要避免因过度兴奋而引发心脑血管等疾病。

性器官的清洁卫生在性卫生中十分重要，这要求男女双方在性生活前后都要清洗外阴，即使平时也要养成清洗外生殖器的习惯，否则不洁的性生活可以引起男女双方的生殖系统感染。

(10) 养精蓄锐有疾必医

老年人要享受性福，必须注意劳逸结合蓄势而发。为此，老年人应保证每天有充足的睡眠时间。需要提醒的是，老年人如果生殖系统患了病，一定要早治早防，万万不可因羞延误病情。

当然，必须要指出，老年人的房事活动不能过度，因为老年纵欲者，有百害而无一益，过度的性生活，多致数病缠身，很少高寿。

在性生活中，由于精神处于高度兴奋状态，生理上也同时发生了一系列变化，如血压升高，呼吸、心率加快，肌肉张力增强等，这对年事已高的老年人来说无疑是较大的精神和体力活动，故有高血压病的老年人当慎行房事，冠心病、心绞痛、心肌梗塞患者则当严格限制房事。

老年人过性生活是有好处的，但凡事都有一个度，我们老年人应根据老年人的生理特点，在房事过程中做到“四不”，即不着急、不强求、不故意勉强中断、不分心。

一是不着急，老年房事活动，最重要的是追求心理上精神上的快乐。不着急，就是要适应老年男性阴茎勃起越来越慢，射精时间越来越迟的特点；更需适应女性较慢的生理反应速度，所以只有不着急，才能实现夫妻和谐，“夫唱妻随”。

二是不强求，无论是房事的频度、强度、任何节奏、射精否、精量的多少，都因人而异。老年房事，没有一个人人必须遵守的绝对标准，一切当顺其自然，不必强求。

三是不故意，即不故意勉强中断，老年男性性交中断后，往往不容易再度勃起和继续进行性交，这样势必造成失望和烦恼。因此，除了丈夫不故意强制自己中断性交外，妻子也应尽量不中断丈夫的行为，更要防止外界的干扰。

四是不分心，不分心，主要指房事活动中思想上不去考虑生理感受或具体姿势动作，而应把感觉集中到心理和情绪上，如回味以往的房事美满等。联想年富力强、精神生活丰富多彩的往事，可以通过回忆和想象，再现过去美满和谐的性生活景象，使自己沉浸于美妙景象之中，以强化此时的心理感受，让这种心理感受的优势统帅一切。

第5节　善于消除老年再婚的阻力

进入老年，本来就已经很孤独了。一旦遭遇丧偶或者离异，无疑更是雪上加霜。老年人独居后，选择再婚对老年人有很多好处，但是再婚也会遇到子女反对、财产纠纷等诸多阻力。

老年人的再婚问题若处理的好，就会心情舒畅，精神面貌焕然一新，若处理不好，则会增加精神压力和思想负担，严重的会导致不愉快的事情发生，造成不好的后果。所以，老年人的再婚问题是一个必须重视的问题。

那么独居老年人该如何面对再婚阻力呢？

1、了解老年再婚的好处

老年人丧偶或者离异后，随之而来的就是精神上的痛苦，情感上的缺失及生活上的无助。这时重新结婚便会适当地解决这一系列问题。

有了一个新老伴以后，可以与之共同分享、追忆生活的往事、喜怒哀乐，这样可以帮助我们排除内心的烦恼、焦虑、苦闷忧郁。使内在的情感与外界的刺激达到平衡。

对于再婚老年人来说，有人陪伴度日可以消除孤独。白天做些两个人都感兴趣又对社会有益的事。晚上一起听音乐、看电视；夜深人静时互相体贴、安慰。这样的生活既解决了平时在生病时没人照顾的问题，又给生活带来了乐趣。

（1）有利于摆脱失偶后的悲伤

无论是离异还是丧偶，悲伤是难免的，尤其对老年人来说，搞不好会影响身体健康，而再婚，就会帮助您摆脱烦恼和忧伤。

（2）有利于性生理健康

一般情况下，健康老年人到了70多岁还是有生理需求的。再婚的老年人，可以通过相亲相爱激发生理上的需求、使双方的生活更加幸福美满，通过性生活还能够找到一种年轻人的感觉。

(3) 有利于生命安全

孤寡老年人单独生活，特别是对于患有高血压，心脑血管病人的而言就更不安全了。再婚老年人可以相互照顾、相互监护。

(4) 有利于经济节约

老年人再婚后双方可以把其中的一套住房租出去，同时也节约了水、电、取暖以及其他一些开销，从经济上来讲是十分划算的。

(5) 有利于隔代抚养

两个老年人在一起不仅能相互照顾，而且更有利于看护孙子、孙女、为家庭继续发挥余热。

(6) 有利于减轻子女的精神负担

多数独身老年人的子女已建立了小家庭，他们忙于自己的工作，忙于家庭生活，担心对老年人照顾不周到，如老年人再婚的要求和愿望得到满足，就可以减轻一部分子女挂念老年人的精神负担。

(7) 有利于社会和国家

老年人家庭生活解决好了，国家的负担自然也会减轻，比如说一些对经济困难老年人的救助等，对社会的发展十分有利。

有不少老年人在谈到新婚的动机和目的时这样说："太寂寞了，要有个伴儿"，"帮助料理家务。"总之，老年人再婚是想找个伴，不仅在生活上互相照顾、互相扶持，而且更重要的是在精神上互相沟通、互相慰藉，以达到心理上的平衡和精神上的放松。

随着社会的发展，物质生活和精神生活水平都提高了。人们不仅希望活得长久，而且要活得充实、富有情趣。所以，再婚对于老年人来说是非常有益的，它能使人充分地享受人生最后阶段的快乐，愉快地度过幸福的晚年。

2、认识再婚面临的阻力

老年人再婚对自己、对家庭、对社会都有好处，但再婚有很多阻力。这些阻力有的来自老年人自身的观念守旧、惧怕流言蜚语，有的来自子女的反对。

(1) 老年人的观念问题

传统的观念把老年人再婚看成是不光彩的事。老年人本身受这些观念的影响也往往给自己泼凉水，怕再婚会引起别人的耻笑。

同时，老年人对再婚还有许多其他畏惧：怕婚后不和，引人讥笑，自己不安，找了麻烦；怕人议论，有损自己的尊严，有损孩子的面子；怕处理不好双方子女的关系，引起家庭不和；怕对原配不忠，旧情难忘；怕自己子女不满，伤害儿女的感情，失去亲情；怕再次遭受丧偶的打击，增加自己的悲哀和烦恼；怕引起经济纠纷，影响生活的宁静；怕生活习惯不同，难以相处……

（2）子女的反对

有许多老年人再婚受到子女的反对，好不容易谈妥了的婚事，就因为子女关过不了而被迫解除。子女反对老年人再婚一般有几种理由，如遗产会落入他人之手；会让人说是因为晚辈对长辈不孝，长辈方会出此下策；会愧对已故的亲人；不愿照顾护理后母、继父等。

其中，因经济原因反对的占绝大多数。有积蓄的老年人再婚，受到子女干涉阻止的，比积蓄不多的老年人再婚要严重得多。无经济来源的老年人再婚，遭到子女的反对干涉就少些。

甚至老年人再婚后，子女仍耿耿于怀，横竖看不顺眼，认为丢了自己的面子，当再婚老年人感情中出现问题时则推波助澜，或从中挑拨离间，致使老年鸳鸯各飞东西。有的还因上代老年人赡养问题发生矛盾而不可调和等问题。

3、把握处理阻力的对策

老年人自愿再婚，对社会、家庭和个人身心健康都是有益的，社会制度也给中老年人再婚创造了条件。但老年人再婚确实存在一些阻力。

这些阻力有自身的原因，有社会舆论的压力，还有来自子女的干涉、阻挠和破坏。对待这些阻力，我们老年人既不可畏惧不前，也不可草率处理，认真耐心对待才是我们老年人取得再婚幸福的关键。

（1）冲破思想牢笼

老年人从小受到的教育和熏陶，难免带有封建思想的烙印。丧偶或离异后，由于生活、精神和感情上的需要，不少老年人想到再婚，但由于不敢冲破这些思想的牢笼，只能停留在想的阶段，既不敢说出口，又不敢去行动。

因此，单身老年人要想获得幸福晚年，就要充分认识到现代社会的开放性，跟上时代的步伐，为了取得再婚幸福，勇敢地迈出第一步。

(2) 勇敢面对舆论

再婚既有老年人自己内心的阻力，也有来自社会的非议，所以再婚老年人还要敢于抵制社会上封建习俗舆论的压力。

过去，人们受“好女不嫁二夫”的思想束缚，对鳏夫再娶，寡妇改嫁评头论足，或成为街谈巷议之话题，或成为茶余饭后之笑料，多加讥讽。时至今日，这些思想在很多人的心里还存在。也正是这些思想的广泛存在，使那些想再婚的老年人望而生畏，只好却步，舆论像一张无形的网，束缚了老年人的行为。

现代行为科学证明，求偶结婚绝非是青年人的“专利”，也是老年人生活中的最大愿望之一。所以，老年人要自觉抵制封建习俗的舆论压力，从中解放出来，勇敢地主宰自己的命运，追求晚年生活美满。

(3) 先与子女通气

再婚前，及时征求子女的意见和建议，对其晓以利弊，言之以理，动之以情，使他们有思想和精神准备，对暂时想不通的子女，也有做工作的时间。如果事前不先向子女打招呼，等既成事实时再告知，往往会陷于被动局面。

(4) 尊重子女的感情

在我国这个家庭氛围非常重的国家，取得子女地理解和谅解，是老年人再婚后获得真正幸福的关键，故要耐心处理好来自子女方面的阻力和干涉。这首先要求老年人要尊重子女的感情。

人是有感情的，父母同子女的感情又不同于一般的友情，当失去父爱或母爱时，他们心灵上所受的创伤是很深的，亲人的形象不是马上就可以消失的，而是需要一段时间的淡化过程。

如果丧偶后在短时间内另寻伴侣，让一个陌生人来取代子女心目中父亲或母亲的位置，子女在感情上是不容易接受的。因此，丧偶后根据家庭实际情况，过几年再娶或再嫁比较好，切不可操之过急。

(5) 慎重处理财产

老年人再婚前，如果不将财产分割一下，子女们在感情上可能过不去，而且可能会给以后留有麻烦。一方面是先人生前留下的一些有纪念意义的东西，到了另一个家庭，就完全失去了原有的价值；另一方面，子女提出分割财产的要求，也有其合理的成分。

处理财产时，可由老年人主持，在不影响老年人再婚后生活水平的前提下，将老伴的遗产分割一下，尤其是子女们认为有纪念意义的物品，让他们拿走，这样对子女在感情上是一种心理安慰。

有些不便于分割的财产，如房产或比较贵重的成套家具、家电等，分割后会给老年人的生活带来困难，可把实际情况向子女解释清楚，也可立下书面协议，商定哪些财产将来归谁所有。这样，可以使子女放心，老年人再婚阻力也就小了。

当然，对极少数蛮不讲理，强分财产，非法侵犯老年人再婚合法权益的子女，可请亲朋、邻居帮助调停，如不奏效，可诉诸法律。

总之，老年人对来自各方面的阻力，要做具体分析，根据不同情况对待，实事求是，合理解决。既不屈从子女的压力，放弃自己的合法权益；又不简单从事，一概斥之为干涉。

面对子女对再婚的坚决反对，老年人也不用过分担心。老年人再婚合理合法，是受法律保护的。在《中华人民共和国老年人权益保障法》中明确规定："老年人的婚姻自由受法律保护，子女或者其他亲属不得干涉老年人离婚、再婚及婚后的生活。赡养人的赡养义务不因老年人的婚姻关系变化而消除。"

在一些地方法规中或者保护条例中也明确指出："老年人的婚姻自由权不容侵犯。任何人不得干涉老年人结婚、离婚，不得干涉丧偶或者离婚老年人再婚，也不得干涉老年人再婚后的家庭生活。"

因此，子女反对老年人再婚是错误的，违法的。在这个问题上，老年人要理直气壮地同子女开展工作，不能屈从于子女的压力，违心地放弃自己的合法权益。

第6节 确保再婚幸福的重要之道

再婚就是再次结婚，是离婚夫妇或者丧偶夫妇重新组成家庭的过程。老年人选择再婚，两个人共度晚年，生活上相互帮衬，无疑对以后的晚年生活会有很大帮助。但是在现实生活中，老年再婚后再离婚的情况非常普遍，这也是一个让很多老年人畏惧的事实。

那么单身老年人怎么做才能尽量确保再婚能够得到幸福呢？

1、认识再婚问题的原因

近些年来，老年人再婚出现了“短、平、快”现象，即相处时间短，感情平淡，离婚速度快。归根结底，是婚前缺乏对彼此的了解，或者婚后不能正确处理矛盾所致。

（1）结婚过于草率

不少老年人认为生命余下的时间不多了，况且都是过来人了，恋爱、婚姻已不是什么新鲜事，应抓紧进行，关键要解决实际问题，没有必要花许多时间去谈情说爱，因而草率结婚。

由于相识时间短暂，感情培养不够，对对方的习惯、性格、观念、人品缺乏深入了解，婚后矛盾出现，才意识到对对方的某些方面并不满意，不想凑合过日子，就只有分手。

（2）期望指标太高

不少孤身老年人对再婚持实用态度，对配偶期望值过高，或带有某种动机再婚，缺乏全面深入的了解。当一旦期望指标与实际情况有距离时，如性格难容，爱好不一，性爱生活不和谐等，双方的感情就容易出现裂痕，若不能及时冷静地处置，则会导致婚姻危机。

（3）利益和目的相背离

双方结婚目的不一，也是造成离婚快的原因之一。老年人也有青春梦，有爱的欲望。但是，老年人不会像青年人那样投入，他们讲求实际，注意权衡利弊和得失。

老年人再婚会更多考虑对方的经济来源、身体状况、住房条件、生活能力等，如男性老年人“找个老伴照顾我”，丧偶妇女则多是“找个老伴养活我”。

显而易见，求偶的目的存在互补因素，有其合理的一面。但是一旦一方的目的触犯了另一方的利益，往往就会引起矛盾和冲突，很容易产生情感危机，使来之不易的婚姻难以维持下去。

（4）彼此缺乏信任

老年人再婚后离婚原因多是出于经济利害关系。很多老年人在相互接触，甚至已经结婚后，彼此互不信任，以提防日后发生变故，警惕对方，不愿向对方公开自己的收入，保留存折，有小金库，同床异梦。

这种不信任，彼此互相设防，相互猜疑，缺乏应有的信任，其结果往往以离婚告终。

（5）容易产生“回归心理”

许多再婚老年人喜欢沉湎于过去的回忆之中，再婚后也容易把先后两个配偶进行比较，易导致心理不平衡，引起摩擦不和。

（6）不能与继子女融洽相处

再婚老年人绝大多数都有自己的子女，重组家庭改变了原有的家庭结构，不论是老两口单独生活还是和一方子女共同生活，必然产生新的矛盾。

有的再婚老年人虽与一方子女共同生活，但被视为外人，不堪冷遇或虐待，不得已以离异而告终结。也有一些子女私心作怪，有的认为老年人再婚丢人现眼，干预阻挠，促使老年人的婚姻逐步走向离婚；有的不愿与继父或继母相处，更不愿意将来伺候继父继母。

（7）居住及经济条件障碍

在目前居住条件偏紧的情况下，再婚后增多的家庭人口，会影响现有的居住条件。此外，有些老年人缺乏足以维持独立生活的收入。因而，造成老年人再婚障碍。

(8) 社会因素障碍

社会缺乏为老年人恋爱、结婚服务的咨询机构和专家。即使有不少婚姻介绍所，也大多数是面向年轻人的，这使老年再婚缺乏必要的专业指导和帮助。

2、婚前了解的要点

爱情是浪漫的，而婚姻是现实的，老年人的婚姻更是如此。为了保证婚后幸福，老年人再婚前除要互相了解经济、住房等情况外，还必须要从另五个方面进行相互了解：

(1) 了解对方的过去

常言道，了解他的过去，可以知道他的今天。每个老年人都有各自的经历和身世，其中有辉煌，也有失败；有欢乐，也有辛酸。婚前有必要多接触，多交心，以相互了解对方的道德品行、个性特点，在此基础上作出选择。

(2) 了解对方的个性

每个人都有自己的性格脾气。“江山易改，禀性难移”。老年人的性格脾气一般都已定型，不太容易改变。因此通过了解后，可掂量出对方的个性与自己有多大差距，从而作出决断。

(3) 了解对方的健康

人到晚年，自身精力不如年轻人那样旺盛充沛。如果对方身体很差，另一方就要考虑自己能否照料的问题；如果双方身体都很差，则要考虑再婚后生活是否能或基本能自理的问题，否则难免日后带来困扰。

(4) 了解对方的习惯

老年人在长期的经历中养成了固有的生活习惯。再婚前对此要有充分的了解，看看自己今后是否能够相容，这样才能避免再婚发生波折。

比如有人饮食喜有辣味，有人吃喝偏好清淡；有人喜欢早起早睡，有人则养成“夜生活”的习性；有的花钱大手大脚，有的惜钱如命；有的嗜好喝酒抽烟，有的最忌烟酒等。

这些几十年形成的生活习惯，要改变谈何容易。为防止婚后产生裂变，婚前自当仔细思量。

(5) 了解对方的子女

掌握他们的职业、文化程度、性格特点，及其对父母再婚的态度，以便沟通情况，交流思想，增进感情，欢度晚年。

3、婚前的准备对策

老年再婚又称“黄昏恋”。黄昏是短暂的，老年人也是经不起感情的折腾，要保证这短暂的婚姻给老年人带来幸福而不是伤痛，在结婚前老年人就应该做好各种准备。

（1）面对子女问题的准备

子女大都不懂得老年人心理，不理解失偶老年人的心情，故常在遗像面前哭哭啼啼，从感情上折磨老年人；对新进入家庭的老年人态度不好，不能好好孝顺等。如果没有心理准备，遇到这种情况时会束手无策。

（2）改变生活模式准备

老年人与原配偶共同生活了几十年，形成了一定的生活习惯，相互理解、体谅，生活中配合默契。再婚后，一切都是陌生的，意味着从零开始，如果没有同新老伴建立新的生活模式的心理准备，仍坚持自己已经习惯了的东西，双方就可能不合辙，婚后生活也不会和谐。有的老年人在这方面心理准备很充分，婚后一切从头开始，在共同的生活中逐步相互适应，很快建立了和谐的生活模式。

（3）对待一方怀旧准备

老年人再婚组成新家庭后，新婚的妻子或丈夫在某些方面不如前妻或前夫时，则容易产生“新人不如故人”的怀旧心理，思念共同生活了几十年的故妻或故夫，往往在态度上、行动上、语言上对新人有所表现。

因此，再婚的老年夫妻应尽量避免这种影响感情的怀旧心理出现，应认识到金无足赤，人无完人，新人和故人是不能相比的，故人有许多优点而新人不具备，新人的许多长处而故人生前也不具备，死去之人不复生，水流东海不复回，从而要面对现实，多在新人身上培养感情，使爱情得到不断发展。

一旦对方已经出现怀旧心理时，另一方要谅解这种思念，多在自己的言行上找差距，以便扬长避短，给对方以心理安慰。只有这样，才能使老年人再婚后获得真正的幸福。

（4）作出牺牲的准备

老年人再婚的目的是为了找一个志同道合的老伴，相互照顾，相互扶持，共同走完人生的最后历程。因此，在相处时，双方都应以诚相待，不隐瞒，不说谎，成为坚实可靠的爱情伴侣。真正的爱情，意味着奉献，在必要的时候要有为对方作出某种牺牲的精神，如果双方都有这样的心理准备，就没有解决不了的矛盾，就会得到幸福。

（5）面对家庭纠纷准备

家庭离不开物质生活，而老年人与子女在物质生活上，又有多方面的联系，故老年人在择偶时，要注意了解对方家庭物质生活的安排情况，然后全面分析衡量，以便再婚后有妥善的处置措施。

在这方面，再婚老年人千万不能认为无所谓。实践证明，相互之间如实地告知自己的物质生活状况，各自都有充分的心理准备，是牢固建立和维系家庭诸关系的基础之一。

（6）处理子女矛盾准备

再婚成功与否，婚后能不能获得幸福，往往同双方子女的态度有直接关系。如有的双方子女都反对；有的一方支持，一方反对；有的双方子女都支持。因此，双方要注意做好思想工作，调解好子女之间的各种矛盾，做一个好继父、好继母。

由此可见，老年人再婚要有各种心理准备，以便在婚后正确处理各种家庭关系，互相理解、协调，相爱相助，建立稳定、和睦、幸福的家庭。

4、再婚家庭的磨合

牙齿和舌头也有打架的时候。因此，对再婚的老年夫妇来说，面对一个崭新的环境、崭新的人际关系，日常生活中发生纠纷就更不足为奇了，问题是发生了矛盾时如何进行调解。老年再婚夫妇的家庭磨合，一般应注意以下诸方面的问题。

（1）双方要相互尊重

要相互尊重对方的感情，允许对方有自己生活的秘密存在。如对过去的婚姻史，无论是丧偶还是离异，只要对方不愿意讲，就不要一再追问，对方愿意讲的，只认真听，不妄加评论；离异者，由于子女的关系，同对方难免有点来往，只要没有越轨行动，就不可多加干涉，更不可疑神疑鬼，自寻烦恼。

故老年再婚夫妇要注意相互理解，给对方以安慰，帮助新老伴从伤感中挣脱出来，进一步增强双方的感情。

（2）妥善处理家务问题

俗话说：开门就有七件事，柴米油盐酱醋茶。对再婚老年夫妇来说，这些过去大都由子女包办的事，现在需要自己操持。因此，双方要做到能者多劳，互帮互慰。男性老年人要改变不愿意做家务的习惯，逐步适应新的家庭特点；女性老年人要有操持家务的思想准备，主动多承担一些。

一方承担了家务以后，另一方要多给予关心体贴。心理学研究证明，人的行为具有互酬性，即一种双向依存的关系，我包揽家务，你对我应有一种表示，互酬性越高，相互行为的稳定性就越大。因此，你虽然对家务事一窍不通，但能对老伴表现出一种体贴，给以心理安慰，老伴心里也会感到甜滋滋的，从而使双方的关系越磨合越和谐，感情日益深笃，很快就会建成一个幸福的家庭。

（3）尊重对方的兴趣爱好

俗话说“萝卜青菜，各有所爱。”在兴趣爱好问题上，再婚老年夫妻不可能完全一致，爱好不同，兴趣各异，在所难免，但这又是日常生活中最容易产生矛盾的问题。因此，要注意相互适应，共同培养。

宋代词人李清照和丈夫赵明诚，动静的习惯不一样，李清照擅长作词，赵明诚精于金石，两人的兴趣差之千里。然而，每当李清照寻诗觅句之时，赵明诚总是热情相陪，而在赵明诚潜心凿石篆刻之机，李清照也尽量不去打扰，充分体现了一种夫妇之间的尊重和理解，故再婚中老年夫妇应该以此为鉴。

（4）克服“回归心理”

实践表明，将现任妻子（丈夫）与原配比较，这样会不利于再婚双方的情感互融，容易伤害对方的自尊心。老年人再婚是新生活的开始，彼此要用积极、乐观和向上的态度融入新家，正确对待不同的性格和习惯，注意互相尊重、互相谅解，求大同、存小异，避免把现配偶与原配偶做过多的比较。这些都有益于再婚后共筑爱巢、使再婚如同初婚一样幸福。

（5）平等对待双方子女

虽然从心理上、感情上讲，再婚老年人与双方子女的关系难以处理，但只要从思想上到行动上不厚此薄彼，以诚相见，待之以亲，不搞“亲者宽，疏者严”，继子女是会和再婚老年人和睦相处的。这样的例子，在现实生活中是不胜枚举的。

古人说：“妻子好合，如鼓琴瑟。”因此，再婚老年夫妇要做到彼此之间相敬如宾，坦诚相见，宽宏大量，不存芥蒂，感情共鸣，顺利度过家庭的磨合期，此时，一个新的美满家庭也就真正诞生了。

在老年人再婚问题上，消除子女对再婚赡养、遗产继承等问题的担忧以及由此引发的反对态度，对老年人再婚的顺利实现非常重要。这就需要再婚老年人在婚前处理好一系列的房子、财产等问题，下面就是一些可供借鉴的方法。

一是婚前财产三不变。具体地说，就是婚前财产的所有权不变，双方各自的继承权不变，亲子关系不变。这样一来，老年人再婚中的以婚谋财的就少了，子女对已故老年人的财产继承权也不会流失，双方赡养各自父母的纠纷也减少了。这种婚后矛盾婚前处理的办法，既避免了对子女既得利益的侵害，又避免了婚后与现配偶可能产生的矛盾。

二是签订君子协议。为了解决好婚后财产纠纷，再婚老年人可以在婚前签订一个协议。内容包括：

经济上各自独立，各人拥有各人的财产，各人保管各人的工资，对方无权过问；生活中的花费，采取AA制。

平时生活在一起，周末和节假日各自陪同自己的子女，对方不得干涉。

如果晚年得重病，由各自儿女负责，对方不用承担任何义务。

财产纠纷是老年人再婚的最大障碍，而一纸协议将丑话都说在前头，也是无奈后的良方。这样就等于给他们的关系上了一道保险，也给双方子女吃了一颗定心丸。

第7节 正确地对待代际婚姻问题

代际婚姻是指一方为老年人，一方为准老人或中青年人。双方年龄相差较大，有的相差在20岁以上，甚至达40多岁。这种婚姻形式也被人们称为“老少配”。

如此大的年龄差距，婚姻双方是不是幸福，子女是不是反对，他们如何面对大家质疑的眼光，代际婚姻是否能幸福呢？

1、认识代际婚姻的问题

选择“代际婚姻”的老年人大多经济条件较好。他们走上“代际婚姻”结合之路，多是寻求同龄人再婚难度较大的缘故。据有关部门调查，丧偶男性老年人再婚需求高达77.8%，而女性只占22.2%。

男女比例的失调，使许多男性老年人求偶愿望难以实现。而“代际婚姻”的出现，则为老年人再婚拓宽了领域。据一些“代际婚姻”老年人讲，为了能找到老伴，必须摒弃传统观念，再婚不要问年龄，要问满意度和幸福度。

在“代际婚姻”中，一般是男性年龄偏大，而女性年龄偏小。两者结合，从某种意义上说是双方生存利益上的一种交换。

然而，生存利益上的公平交换，却不能代替感情上的融洽，因为感情毕竟有其固有的法则，那就是非功利的。“代际婚姻”虽然不乏成功的例子，但大多数结果却并不容乐观。其原因大致有：

其一是年龄相差悬殊，不同程度地影响了双方的沟通，为日后的婚姻埋下了隐患。一般双方共同的话题不多，平时很难说到一起去，缺乏沟通，加上各自生活习惯不同，日常生活中很容易产生摩擦，久而久之，给婚姻生活造成危机。

其二是生理差异比较大，生活上不协调是“代际婚姻”难以持久的另一个重要原因。一方到了花甲之年甚至是古稀之年，而另一方则刚过半百，甚至年纪更轻，生理上的不协调是在所难免的。时间短还能忍受，时间一久，婚姻很容易出现裂痕，处理不好，就会以分手告终。

其三是“代际婚姻”得不到子女的支持。现在大多做子女的，对老年人再婚还算积极，但是大多数子女对老年人找一个与自己年龄相仿，甚至比自己还小的伴侣则难以接受。有些老年人虽然顶着子女的压力，同年龄比自己小得多的女子结婚，但婚后多数不能与子女保持良好的关系。

其四是社会对“代际婚姻”的偏见。面对“代际婚姻”，有人说它是“老牛吃嫩草”，也有人说它是“金钱与青春的交易”。在婚姻方式日益多元化的今天，你情我愿，本无可厚非。但一些女性和社会学者认为，“代际婚姻”是对女性的歧视，不宜提倡。

2、面对代际婚姻的要点

结婚自由，对老年人也是一样的。选择多大年龄的人组成家庭，完全是老年人个人的自由。鉴于“代际婚姻”存在的种种问题，所以，那些热衷于“代际婚姻”的老年人应三思而行。如果已经选择了“代际婚姻”，则需要在多个方面做好调解与适应。

（1）婚前要慎重选择

再婚对老年人来说也是一件大事，所以需要甚重选择，千万不可盲目。

首先，那些正在“忘年恋”中的老年人，应该慎重考虑，看看自己是不是真的爱上在年龄上比自己小很多的他（她），自己欣赏对方的什么？幸福的婚姻是以爱为基础的，不能夹杂着别的目的，例如金钱、地位等。

现实中，有很多年轻的女性，可能希望过富足的生活，就不惜嫁给一个老年的男子，以希望能继承财产。面对这种情况，老年朋友要有充分的思想准备，要做好未来年轻妻子和子女的财产纠纷问题。

其次要考虑到“代际婚姻”可能出现的压力和后果，包括生理和心理上的压力，女方的心态显得尤为重要。

此外，对相处过程中可能出现的代沟问题，要有充足的思想准备，能够以足够的宽容和理解对待对方。

（2）接受彼此差异

对于“代际婚姻”的双方来说，既然选择了一个年长或者年幼的对象，就要接受对方目前的一切，其中包括性格、爱好、性生理现状等，否则这种婚姻就无法维持下去。

不可否认，“代际婚姻”在生活方面或许要克服一些别人遇不到或较少遇到的难题，但这种结合所展开的也是人生的另一种美好境界，关键在于双方怎样对待和处理。若处理妥帖，或许双方从生活中所得到的欢乐，是同龄夫妻所很难体会到的。

（3）老夫少妻性调解

“代际婚姻”中夫妻双方常常出现性生活方面的不和谐，其主要表现就是男方在性生活中无力满足女方的需要。对此如不及时加以有效地调试，轻则会直接影响夫妻感情，严重的会导致婚姻的解体。

在“代际婚姻”中，男性老年人应该主导性生活频率。

首先，对于年龄较大的丈夫来说，仍要发挥男性积极主动的特点，主宰、支配夫妻间的性生活。这样老年人就可以更多地按照自己的意愿和身体状况，适当地安排性生活，控制其强度和次数，这样也会使老年人的妻子得到相当程度的性满足。

其次，老年人还应以丰富的性经验来弥补性能力的不足。年龄较大的丈夫虽然性欲弱于年轻的妻子，但老年人在这方面的经验却远远比对方丰富。经验能完全弥补性能力的不足。因为老年人知道哪些地方是女性的敏感区域，老年人知道用什么方法可调动起她的性兴奋，老年人还可以用较长的勃起时间来适应女性性兴奋速度的缓慢。若老年人把注意力更多地用在生殖器直接接触之外的性前戏上，那么就会大大延长性交时间，使对方体验到相当程度的性快乐。

（4）老年人多展示宠爱

不管女性处在什么年龄段上，她们总是希望从亲密的身体接触中得到较大的快感，希望男方能够给予一些亲昵。所以，在年轻的妻子面前，老年人应该做到让她们时时感受到宠爱，而这种感情恰恰可以成为性快感的有力补充。

随着社会的发展和人们观念的改变，“代际婚姻”，尤其是老夫少妻现象会越来越多。那些因为种种原因选择了“代际婚姻”的老年人在生活中如果遇到了一些问题，产生了后悔情绪，就应该及时调整心态，因为年龄不是距离，生活总是要过，只要调整得好，“代际婚姻”照样可以给我们丰富多彩的晚年生活。

近几年来“代际婚姻”，尤其是老夫少妻登记结婚的屡见不鲜，然而，“代际婚姻”在生活中出现的问题也确实不少。衣食住行是生活中每天都要面对的事，如果双方能够处理好这几个问题，那么对于“代际婚姻”的和谐将会产生很大的帮助。

在衣方面。既然决定一起过日子，“代际婚姻”中老年的丈夫应该尽量稳重一些，而对娇小的新娘，我们可以让她在穿着打扮方面尽量往成熟两字上靠。因为那些太年轻的女装，会加大双方的心理距离。

在食方面。如果一个爱吃炒花生、八成熟的煎牛排的年轻女性嫁给了80余岁的老公，那么在家庭餐桌上，我们就应该让年轻的媳妇做菜时改一改。请她把菜炖得烂一些，再烂一些。

其实这样双方并不吃亏，得到实惠的还是双方的肠胃，毕竟老年人吃的食品中所含的营养比那些年轻派的食品多得多。

在住的方面。家具一定要结实，少买那些花里胡哨的艺术家具，在老年人的世界里，四条腿的凳子远比三条腿的稳当。

不要让年轻的媳妇频繁在你们的住处召开年轻朋友的欢乐聚会，过分的喧哗声确实是老年人所不能忍受的。如果对方实在要举办，老年人也要尽量放松心情面对，如果实在不愿忍受，可以自己出去走走，回避一下。

第七章

养生保健的心理防线

当人生进入老年以后，无聊、孤独、失落的情绪时常会像幽灵一样缠绕在许多老年人的心头。这些消极情绪会严重影响到身体的健康。

现代医学研究表明，老年人的很多常见病，例如癌症、冠心病、高血压等疾病的出现多与心理问题有关。所以，我们老年人要注重心理调整，注重保持情绪稳定，注重保持情绪乐观，以减少这些疾病的发生。

第1节 心理因素与癌症有重要关系

癌症是人类生命的三大杀手之一。如今，全世界每年有很多人因癌症而死亡。仅我国每年死于癌症的患者就有几十万人，也因为此，很多老年人对癌症都产生了畏惧心理。

尽管癌症是一种凶恶的疾病，但是世界卫生组织一直坚持“三个三分之一”的观点，即三分之一的癌症是可以预防的，三分之一的癌症是可以早期诊断的，三分之一的癌症是可以治愈的。

无数的医学研究证明，不良的心理因素，对癌症的发生、发展和治疗都有较大影响。那么，老年人应该如何认识和坦然面对癌症呢？

1、了解心理因素与癌症关系

癌症，医学术语亦称恶性肿瘤，中医学中称岩，为由控制细胞生长增殖机制失常而引起的疾病。

古希腊医师盖伦发现，忧郁的妇女容易患癌症。我国医学典籍中也有明确记载，说明肿瘤的形成与情绪抑郁有关。现代大量研究证实了上述观点。

联邦德国的巴尔特鲁施博士调查了8000多名恶性肿瘤患者，发现患者发病前多有失望、孤立、懊丧等强烈的精神压力。我国也有人调查发现，恶性肿瘤患者病前有明显心理影响者占76%，他们受到的精神刺激比一般病人要强。

赖利博士对小鼠做诱癌试验，他将小鼠分为两组，第一组置于旋转床上，使其产生不良心理；第二组置于安静环境中，保持正常心态，并给予相同的致癌剂。结果第一组小鼠80%诱发癌症，第二组癌发生率仅为7%。目前认为，不良心理因素是癌细胞的活化剂，是癌症综合病因的重要因素。

2、认识患病各阶段的反应

很多老年人一旦得知患了癌症，各种不良心理会随之产生，反过来又促进了癌症的发展，从而形成恶性循环。癌症患者的心理状态主要有以下几种反应阶段。这些反应大都是不正确的，患病后了解了各个阶段的反应后，应该根据各个阶段的情况，及时调整自己的心理。

（1）希望心理

首先患病老年人抱有侥幸心理，认为可能是医师的错误诊断，或者即便是癌，也是早期，有希望取得良好的治疗效果，甚至治愈。

（2）恐惧心理

大多数癌症患者，一听到癌症的诊断，就像愚昧无知的人听到巫师宣判死亡的咒语一样，感到死神已经降临，惶惶不可终日，这样的病人往往过早死亡。

（3）隐瞒心理

有的癌症病人不愿承认现实，把一切疑虑、希望、痛苦和不安统统埋藏在自己的内心深处，不愿向人求援。患病后既不求医，也不告知别人，默默地料理迫切需要解决的善后事宜，如急于给子女安排工作、操办婚事、准备住房等。这些患病老年人认为自己的生命快要终结了，害怕亲友知晓，影响他们的幸福。

（4）愤怒心理

癌症老年人常常认为自己不幸，把癌症视为灾难而义愤填膺，反复自问，为什么灾难会落到自己身上，为什么如此不公平，有时他们会拒绝任何人的同情和帮助，对周围的一切充满敌意，甚至因小事大发脾气。愤怒在开始时是一种正常的生理反应，但持续存在会消耗病人的精力，促进癌症发展。

（5）抑郁心理

当患病老年人看到自己的病情恶化时，焦虑和抑郁随之产生。病人常常会坐卧不安，沉默不语而加快病情的恶化。

（6）空虚心理

由于患病后中断了正常的生活规律，患病老年人往往强烈地感觉到自己在社会中，已不再是一个正常的角色了，而是死神的囚徒。因此，感到异常寂寞和空虚，常常自言自语，无故叹息，好像自己在荒无人烟的沙漠上，正一步一步地走向死亡。

(7) 待毙心理

患病老年人由于躯体的损害和精神的崩溃，会丧失自信心和求生意志。病人拒绝治疗，坐以待毙，甚至产生自己结束自己生命的想法。

(8) 抗争心理

能冷静、客观地对待已经发生的事实，富有顽强的斗争精神，强烈的生存欲望促使他们忍受一切痛苦，认真听取医师的指导，积极配合治疗，多能取得意想不到的疗效。

3、治疗癌症需要乐观

癌症虽然不容易治愈，但并非患癌就会死亡，只要我们情绪乐观，多活几年、十几年，甚至更长时间是完全可以做到的。

现代医学研究证明，人体内存在着一种称为防癌细胞的“勇士”，在情绪正常时，它的功能活跃，那副高度警惕的“火眼金睛”，能立即识别隐藏在万千正常细胞中的突变细胞，然后勇猛地蜂拥而上，将癌细胞团团围住聚而歼之。但在情绪变化时，它的杀癌本领降低，甚至消失，会导致癌细胞的滋生和突变。

有关专家在大量调查研究后指出，情绪低落，悲观失望的人，机体免疫能力降低，癌细胞活动能力增强，会促使癌症的发生、恶化或复发。

病人对癌的态度还直接关系到癌症的治疗。积极的态度有助于治疗，悲观的态度则有碍于治疗。虽然世界各国把对癌症的研究都摆在了相当重要的位置，人类征服癌症的时间已为期不远，但对于癌症患者来说，决不能消极等待，而应该及时果断地进行治疗，并树立与癌症作斗争的坚强意志和信心。

癌症是可怕的疾病，治疗癌症的方法也有多种，其中心理疗法就是非常重要的一种。对于患有癌症的老年人来说，在一边接受放疗、医疗等疗法的同时进行心理疗法，无疑对抵抗癌症具有很好的效果。

一是想象疗法，在放疗时，想象射线正在杀死自己体内的癌细胞；没事时，想象自己全身通畅，和正常人一样。

二是信心疗法，相信现代医学技术完全能治好自己的疾病，这样，心情状况及生活态度也会随之变得积极起来，身体的免疫力也会随之增强。

三是行为疗法，平时多听听音乐，以放松身心，但时间不宜过长，音量不宜太高；生活中多做些力所能及的事，以活跃身心。

四是运动疗法，多到室外参加一些自己喜爱的娱乐活动，如钓鱼、下棋、跳舞等，既锻炼了身体又愉悦了心情。

五是幽默疗法，多收听收看一些幽默诙谐的喜剧段子，在笑声中摒弃杂念，达到忘我、忘形的境界。

六是发泄疗法，多与人聊天、沟通、交流经验等，在推心置腹、开诚布公的谈心中减轻思想负担，释放郁闷，消除顾虑。

以上几种方法中，以信心疗法最为重要。科学研究证明，每个人都有一种超乎寻常的潜能，它一旦被激发出来，就会产生意外收获，甚至出现奇迹。信心就可以激发这种潜能。所以只要患者尽快摆脱不良情绪，下决心顽强地战胜疾病，相信定有奇迹发生。

第2节 正确地看待情绪波动与猝死

据报道，美国波士顿的一些研究人员认为，在不发生心肌梗死等心脏病的情况下，情绪波动能通过引起心室纤维性颤动而使人突然死亡。这些情绪波动包括愤怒、极度沮丧、恐惧，由期待而引起的激动及悲痛等。

现实生活中也常会看到这样一种情况，一些身体原本很强壮的老朋友、老同事，突然就去世了。这种强壮老年人的突然离去，给很多老年人带来了心理阴影。

那么强健老年人猝死的原因是什么呢？我们老年人该如何预防猝死呢？

1、认识心理问题与猝死

根据世界卫生组织定义，猝死是指急性症状发生后即刻或者24小时内发生的意外死亡。目前大多数学者倾向于将猝死的时间限定在发病一小时内。

引起猝死的原因很多。心血管疾病晚期出现心力衰竭的病人猝死的发生率高，其次是由冠心病引起的心肌梗死，其致死率仅次于心力衰竭。心衰、心梗病人，特别是心脏功能不全的病人，猝死的发生率比普通人的发病率高5倍至10倍。

除了疾病以外，心理问题，尤其是情绪的波动常常是引起猝死的一个重要原因。很多老年人也许都听过评书《说岳全传》，评书里讲到了“虎骑龙背，气死兀术，笑死牛皋”的故事。

同样，生活中，这种因精神因素、情绪剧变而猝然死亡者，是不乏其人的。那么，精神、情绪是怎样引起急性死亡的呢？心理因素是通过什么途径而造成这样严重的生理剧变的呢？

面对这样一个复杂的生命之谜，许多医学家和心理学家，正在从事这方面的研究。美国的乔治·恩格尔教授对情绪变化突然致死的275例病人进行了分析，发现他们多与以下四类情绪有关。一是过于伤感，悲哀而死；二是剧烈争吵，相互攻击；三是失败绝望，难以生存；四是狂欢激动，乐极生悲。

学者们研究发现，这种突然死亡还与一种名叫儿茶酚胺的分泌物有关。儿茶酚胺是神经传递信息的一种介质，主要由肾上腺所分泌，又受大脑和整个神经系统的控制。当情绪激动，过度紧张或剧烈运动时，儿茶酚胺分泌急剧增加，引起心肌的点状坏死，触发血液内血小板凝集而形成栓子，阻塞冠状动脉而致心脏本身供血障碍，外周血管阻力增加，血压上升，心跳加快，增加心肌耗氧量，诱发心律失常而引起心脏骤停。

另外，当受到突然剧烈的刺激时，抑制心脏活动的迷走神经张力过高，也会抑制心血管系统的活动，甚至使心跳停止。如果一个精神状态比较脆弱的人，原来就存在着某种潜在的心脏疾病，如冠心病、高血压病、心肌炎、心律紊乱等，则更易受到情绪的影响，难以承受巨大的精神刺激而造成猝死。可见，情绪波动是老年人猝死的一个非常大的原因。

2、预防猝死的方法

猝死和老年人的情绪波动有很大关系，所以要预防猝死，就应该注意控制我们的情绪。然而，现实情况是，当引起情绪波动的外界刺激发生时，我们常常会忍不住出现情绪波动。

为此，我们老年人可以从以下几个方面来努力。

（1）冷静面对刺激

遇到外界刺激时，我们应该调动理智控制自己的情绪，使自己冷静下来，迅速分析一下事情的前因后果，再采取表达情绪或消除冲动的“缓兵之计”，尽量使自己不陷入冲动鲁莽、简单轻率的被动局面。

比如，当我们被别人无聊地讽刺、嘲笑时，如果我们顿显暴怒，反唇相讥，则很可能引起双方争执不下，怒火越烧越旺，自然于事无补。

但如果此时我们能提醒自己冷静一下，采取理智的对策，如用沉默为武器以示抗议，或只用寥寥数语正面表达自己受到了伤害，指责对方无聊，对方反而会感到尴尬。

（2）暗示转移注意法

现实生活中，能够使自己情绪波动的事，一般都是触动了自己的尊严或切身利益，很难一下子冷静下来。所以每当我们察觉到自己的情绪非常激动，眼看要控制不住时，可以及时采取暗示、转移注意力等方法自我放松，鼓励自己克制冲动。

言语暗示如“不要做冲动的牺牲品”，“过一会儿再来应付这件事”，“没什么大不了的”等，或转而去做一些简单的事情，或去一个安静平和的环境，这些都很有效。

人的情绪往往只需要几秒钟、几分钟就可以平息下来。但如果不良情绪不能及时转移，就会更加强烈。比如，忧愁者越是朝忧愁方面想，就越会感到自己有许多值得忧虑的理由；发怒者越是想着发怒的事情，就越会感到自己发怒是完全应该的。

根据现代生理学的研究，人在遇到不满、恼怒、伤心的事情时，会将不愉快的信息传入大脑，逐渐形成神经系统的暂时性联系，形成一个优势中心，而且越想越巩固，日益加重；如果马上转移，想高兴的事，向大脑传送愉快的信息，争取建立愉快的兴奋中心，就会有效地抵御、避免不良情绪。

（3）寻求解决方法

在遇到冲突、矛盾和不顺心的事时，不能一味地逃避，还必须学会处理矛盾的方法，一般应采用以下几个步骤：第一步，明确冲突的主要原因是什么？双方分歧的关键在哪里？第二步，解决问题的方式可能有哪些？第三步，哪些解决方式是冲突一方难以接受的？第四步，哪些解决方式是冲突双方都能接受的？第五步，找出最佳的解决方式，并采取行动，逐渐积累经验。

（4）适当宣泄情绪

保持稳定的情绪并不是让我们感情冷漠，对什么事都没有情绪反应，而是不做无克制的发作。喜怒哀乐是人之常情，遇到伤心的事当然会哭，遇到快乐的事当然会高兴，但要适当表现，而不能过分、过久，也不能压抑自己的情绪。

例如，亲人亡故是一件令人伤心的事，强忍不哭反而有害于身体的健康，泪水可以带走体内的有害物质，也可缓解悲伤和紧张。但如果痛哭不止，并持续不断就属于不正常了。

遇到烦恼，找个知心朋友倾吐一下，把想说的说出来，就可以使心情平静下来。当心里积满了怨气想向别人发泄时，我们可以找一个代替物来进行发泄，比如到公园里大叫几声，打几下很粗的大树等。

（5）丰富日常生活

平时培养一些对音乐、书画的兴趣，这对锻炼我们的耐心，集中思绪，稳定情绪，陶冶情操都是大有益处的。

尽量多安排一些运动。平日里，不妨走出家门，和家人、朋友一起出去散散心。比如，我们可以爬山，面对空旷的山野狂吼几声；我们还可以到一浅海滩游游泳，冲去满身的疲惫。这些都有利于我们甩掉心头的压力，保持情绪稳定。

情绪是个很难控制的东西，无论是在工作中或在生活中，我们总是会遇到一些事情，使我们的情绪变得波动，并给我们的身心带来危害。控制情绪波动的方法有很多种，而食物也是其中的一种。

钙质是提升精神的饮食营养，松弛神经的能手。研究发现，钙质有调节心跳，帮助放松紧绷的神经，以及维持正常的神经功能的作用。它其实有如我们人体的镇静剂一样，有助于刺激神经的讯号传达。如果是缺乏钙质的人，精神很容易变得紧张，因为工作产生的疲劳和压力就无法舒解，人当然也难以释怀。脾气不但会变得越来越暴躁，就连肌肉也会变得很紧张。

不过，若是原来吸收的钙质过多，也会因为神经系统过于松弛而变得昏昏欲睡。故此在日常生活中，要适量进食含丰富钙质的食物如牛奶、鸡蛋、肉类、深绿色的蔬菜等。

镁能改善情绪低落。研究发现，镁质对人体神经系统及维持肌肉正常功能都非常重要，而且更能促进人体新陈代谢制造蛋白质，从而更能舒缓紧张不快的情绪，令心情开朗起来。

此外，镁质更是人类抵抗痛苦的必备矿物质，并能促进心肺及血管的健康。想增加镁质的吸收，做个轻松快活人，不妨在日常生活中常吃柚子、柠檬、杏仁、苹果等含丰富镁质的天然食物。

锌是人体脑部的督导员。有研究指出，锌质对于人体脑部的运作非常重要，而且能保持人体中细胞及酵素的正常功能，并帮助制造能稳定情绪的蛋白质，有效缩短身体内外伤口愈合的时间。

如果我们想改善精神状态，时刻都保持头脑清醒，并且不会受精神压力的影响而感到不快的话，我们可多吃含锌质的食物如脱脂奶、蛋类、瘦猪肉、小麦胚芽、香蕉等，以平衡人体的各项活动。

维生素B能维持血清素平衡。当我们不开心或感受到压力时，身体消耗营养素的速度会特别快。如果不想经常处于不快，情绪难以抒发的状态，维生素B就是你必备的营养素，因为维生素B能令大脑内的一种物质血清素保持平衡状态，这将有助于稳定我们的情绪及神经系统。

第3节 从心理上预防和治疗冠心病

冠心病，是一种最常见的心脏病，是指因冠状动脉狭窄、供血不足而引起的心肌机能障碍和（或）器质性病变，故又称缺血性心脏病。

医学研究表明，心理因素，尤其是急躁等情绪是引发冠心病的重要原因。那么冠心病与心理有哪些关系呢？老年人应该如何从心理上预防和治疗冠心病呢？

1、了解心理问题是诱因

冠心病是目前最常见的心脑血管疾病之一。对人类的健康危害日益加重，随着人们生活水平的不断提高，冠心病的发生率逐年上升，成为继肿瘤之后的第二大疾病死亡原因。

冠心病的症状表现为胸腔中央发生的一种压榨性的疼痛，并可迁延至颈、颔、手臂、后背及胃部。发作的其他可能症状有眩晕、气促、出汗、寒战、恶心及昏厥。严重患者可能因为心力衰竭而死亡。

国内外医学研究发现，冠心病的发病与长期或强烈的刺激有关。从心理学角度看，刺激是个人在特定的情景中被引发出来的具有较高激动水平或持续紧张的情绪状态。

在刺激状态下，人体机体会产生一系列植物神经内分泌反应，可归纳为：交感神经活动加强，肾上腺髓质分泌的儿茶酚胺大量增加，会导致血管收缩，血压上升，呼吸频率增快，心跳加速，新陈代谢增高。这是机体的自我保护反应。

但持久或过度的应激反应，不但可使机体内部的能量耗竭，而且可产生持久而严重的植物神经功能改变，从而产生相应的内脏器质性病变，如冠状动脉痉挛、血压持续升高、心跳过速、心脏负荷过重等，均为冠心病的发生提供了诱因。

心理学研究证实，心理因素与冠心病的发生有很大关系。其心理个性特征表现为两种：

（1）外向不稳定型

他们表现为有雄心壮志，抱负很大，竞争心很强，为工作成就而努力奋斗，敢于承担责任，办事效率高，反应灵敏，常常感到时间不够，有压力，缺乏耐心，行动迅速等。

（2）内向不稳定型

他们表现为思想情感不易暴露，常常逃避矛盾，过于自我保护，比较固执、耿直、多疑、自卑及有不安全感等。这两种性格都伴有特殊嗜好，如大量吸烟、喝酒、喜食甜食、食量偏大等。

虽然这两种性格的病人个性表现不一样，但这两种个性特征，都易使病人处于受威胁状态。也就是他们常常处于紧张状态，长期下去就成为高血压及冠心病的诱因。

2、认识患病后的心理特征

冠心病患者的心理状态直接影响着病情发展，尤其是在心肌梗死发病阶段，当胸痛发作产生濒死感时，又多有紧张、焦虑、抑郁和压抑情绪，从而会加重病情，所以冠心病患者的心理护理在疾病恢复过程中占有重要地位。

（1）心理紧张焦虑

多见于初次发病患者。有90%以上冠心病的患者存在不同程度的焦虑心理，会出现不同程度的焦虑症状，如失眠、多梦易醒、极度恐惧、烦躁、易怒、自卑、情绪低落、神经过敏等，其中出现中度以上焦虑症状的占90%。

焦虑的原因多因起病较急，症状重，缺乏思想准备；缺乏对疾病知识的了解；疼痛引起的濒死感以及没有亲人陪伴或经济压力等，会使患者产生强烈的紧张、恐惧和焦虑心理。

（2）心理抑郁消极

多见于再发性心肌梗死、反复心衰发作、不稳定型心绞痛患者。这类患者往往因病情反复发作，药物疗效差，对疾病的恢复失去信心，总感到身体不适，表现为抑郁、悲观、愁眉不展，对人冷漠。

（3）心理安定积极

此类多见于病情较轻，反复发作且有一定自我保护意识的患者。这类患者情绪相对稳定，对疾病有所了解，因掌握了一些常用的治疗方法，故能积极配合治疗，但希望有更好的办法来防治疾病，以便恢复正常的生活和工作。

（4）心理敏感多疑

这类患者对冠心病惧怕，坚信自己有病而且很严重，有时甚至把书上的症状想象成自己的症状，稍有不适就认为是病情加重，把一过性的头痛、牙痛、肩背痛、右侧胸痛均看成是心绞痛发作，并十分注意观察家属和医护人员对其疾病的态度，怀疑对他隐瞒了疾病的严重程度，或者是担心医护人员能否给予精心治疗等，因此整日卧床不起，依赖性强，导致不必要的心理负担。

（5）心理盲目乐观

这类患者对冠心病及应注意的问题缺乏了解，对病情发展认识不足，或虽有认识却满不在乎，不能从饮食、休息等方面加以调整，从而影响治疗效果。

3、防治冠心病的心理措施

早在20世纪50年代，有两位美国的心脏病学家就提出，对冠心病的治疗，反倒不如对寻找冠心病的原因更有兴趣。他们经过研究发现性格可以影响心血管系统的功能。因此，要减少高血压、冠心病给人们带来的危害，需要从心理的角度入手。

（1）科学的认识冠心病

患有冠心病后，我们要在医生的帮助下了解心脏的构成，冠心病形成的原因，以及常见的诱发因素，从而使患者对冠心病有正确的认识，进而消除那种“为何偏我得冠心病？”的不正常心态，建立起一种能与病共处的正常心态，减轻不必要的思想压力，有助于预防心肌梗塞、猝死等心脏意外事件的发生。

（2）保持情绪稳定

遇事心平气和，避免情绪激动。情绪激动有可能诱发心绞痛和心肌梗死。那些脾气急躁，爱管闲事，易生闷气的老年人，必须经常提醒自己，遇事要冷静，谈话应心平气和。

若心情一时难以保持平静，应走开到别的地方去，换一换环境，或进行适当劳动或体育活动，以缓解、释放内心的不痛快。

（3）与别人和睦共处

平日要多与家人和朋友谈心，多交流思想，彼此之间互相关心。遇事要宽容别人，不要斤斤计较，不可因鸡毛蒜皮的小事而大发脾气，给身心增加负担。

（4）改变生活方式

冠心病是多种危险因素联合作用所致，大量研究证明生活方式与多数疾病的发生发展密切相关。冠心病病人必须建立良好的健康生活方式，合理膳食，控制脂肪及蛋白质的摄入，低盐、低糖饮食，增加水果、蔬菜的摄入，戒烟限酒，适量运动。

运动锻炼是许多心脏病患者康复计划的基石，而且对大多数冠心病患者是安全有效的。养成良好的生活习惯和行为方式有助于采取适宜的应对方式，遇到困难、危机、挫折时，应多用解决问题、寻求帮助的积极应对方式，少采用自责、退避消极的应对方式。

此外，冠心病的恢复是很慢的，所以患有冠心病的老年人还要做好长期与冠心病作斗争的心理准备，不可半途而废。

研究证明，松弛疗法对冠心病有较好的疗效。松弛疗法是一种行为治疗的方法，也是多种心理治疗时所采用的基础训练和心理训练的实用有效方法。常用的松弛疗法有：

一是呼吸松弛训练法，采用稳定的、缓慢的深吸气和深呼气方法，达到松弛目的。一般要求连续呼吸20次以上，每分钟呼吸频率在10次至15次左右。吸气时双手慢慢握拳，微屈手腕，最大吸气后稍屏息一段时间，再缓慢呼气，两手放松，使全身处于肌肉松弛状态，如此重复呼吸。训练时注意力高度集中，排除一切杂念，思想专一，全身肌肉放松。平时每天练习一至两次，每次10分钟至15分钟。有计划地训练，自我体会身心松弛的效果。每一训练期为15天至20天。可休息几天，重复训练，以达到要求为止。可采用坐位或卧位训练，成功后则随时可在实际中应用。

二是想象松弛训练法，遇到不良情境产生紧张、恐惧和焦虑情绪时，运用自己充分和逼真的想象力，主动地想象最能使自己感到轻松愉快的生活情境，用以转换或对抗不良心理状态。

三是自我暗示松弛训练法，利用指导性短语，自我暗示、自我命令，消除紧张恐惧心理，增强意志力量，保持镇定平衡的心理状态。

四是简单易学的放松训练法，选择安静的环境，舒适的姿势，进行闭目养神。尽量放松全身肌肉，从脚开始逐渐进行到面部，完全放松。用鼻呼吸，并能意识到自己的呼吸。呼气时默诵1，吸气时默诵2。持续20分钟，可以睁开眼睛核对时间，但不能用“报警器”。

结束时首先闭眼而后睁开眼睛，安静地坐几分钟。不要担心是否能成功地达到深度的松弛，应耐心地维持被动心态。让松弛按自己的步调出现。当分心的思想出现时不要理睬它，并继续默诵1和2。随后松弛反应将会不费力地来到。

进行这种训练，每天一至两次。不要在饭后一小时内进行，因消化过程可能会干扰预期效果。

第4节 良好的心理调节能预防高血压

高血压是指在静息状态下动脉收缩压、舒张压增高，常伴有脂肪和糖代谢紊乱以及心、脑、肾和视网膜等器官功能性或器质性改变，以器官重塑为特征的全身性疾病。

实践表明，高血压除了和遗传、疾病、药物等因素有关外，更和人的心理状况有关。那么高血压和心理状态究竟有何关系呢？我们老年人应该如何通过心理调节来防止高血压呢？

1、了解心理问题与高血压

高血压是老年人常见的一种疾病，它常常会引发许多老年疾病，从而严重影响我们老年人的健康、长寿等生活质量。

在19世纪以前，高血压病一直被人们看成是普通的身体疾病，认为它的发病与心理因素无关。从19世纪初至20世纪末，随着医学和心理学的发展，人们逐步认识到，身体的疾病往往与心理的因素和社会适应的程度有关，高血压是一种身心疾病。它的发生除饮食习惯、环境、遗传等因素外，心理因素也起着重要的作用。

例如一个人突然遇到危险时，惊恐万分，心跳加快，血压骤升，面色苍白，手脚冰冷，故不少文学家常用不寒而栗、心惊肉跳等字眼来描写这一现象。

从生理学的角度看，这是生理反应引起的全身应激反应，即心血管系统在神经系统的调节下，通过肾上腺皮质和髓质分泌的肾上腺素类物质增加，使全身血液重新进行分配，以应付在危险状态时主要脏器对供血的需要。如心、脑、骨骼肌等器官的血管扩张，血流量增加；皮肤等部位的血管收缩，血流量减少，这是正常的生理过程，是应付危急时，需要进行激烈的体力和脑力活动所必需的。

当危险消除后，这一过程随即恢复，人体也就恢复到了原来的状态。如果由于某种社会原因，一个人经常遭受强烈的精神刺激，心理一直处于一种紧张状态，天长日久，正常的生理过程就会转变成异常的病理生理过程，而引起高血压病。

有关资料证明，战争时的战场指挥员和战斗员，平时的飞机驾驶员、消防队员、报务员及医院的麻醉师等，由于精神高度紧张，高血压的发病率较高。

研究还发现，生活在简单而安定的原始社会中的人，血压都偏低，且不随年龄的增加而升高。太平洋的所罗门群岛，巴西北部的赤道热带雨林地区等偏僻角落，当地居民都未遭受高血压病的侵扰。这些地区的土著居民几乎没有高血压病患者，他们的血压也不像大多数人那样随年龄增长而升高。但同一种族的人迁入环境紧张的工业化城市后，血压就明显升高了。

综上所述，强烈的焦虑、紧张、刺激、愤怒以及压抑等心理因素，都是高血压的主要诱因，也是使波动性高血压转变为持续性高血压而病情加重的原因。

2、认识高血压对心理的影响

高血压是一种常见的疾病，是我们老年人的多发病、常见病。高血压病一般分为三期，且无论哪一期高血压，都会对老年人的心理状态产生影响。

第一期高血压时，病人的血压波动很大，忽高忽低，而病人的情绪往往随着血压的波动而变化，容易激动，爱发脾气，中医所说的“肝阳上亢”、“肝阳偏盛”，表现为头痛、失眠等症状导致的不舒服影响了情绪。

第二期高血压时，病人的血压大部分时间处于较高水平，虽然血压波动不如第一期明显，但却出现了心、脑、肾等脏器的并发症，如左心室肥大、心电图异常、眼底改变及蛋白尿等。随着高血压病的进展，不适的症状越来越多，如心悸、头痛加重等，这些都可能使病人的心理负担日益加重，情绪更加不稳定，更加急躁、易怒、易冲动。

第三期高血压时，病人不仅血压继续保持更高水平，其心、脑、肾等内脏器官的损害也更加严重，以致失去了代偿能力。而心衰、肾衰和高血压脑病等不仅使病人的心理健康受到了很大损害。高血压晚期，病人的情绪往往变得低沉、忧郁，有时焦躁不安，还可能出现多疑、敏感，甚至被害妄想、行为异常也可能出现，高血压脑病患者还会出现意识障碍，如意识模糊或昏迷等。

3、防治高血压的方法

人的精神和行为与高血压发病有着密切的联系。及时消除致病心理，控制感情冲动，血压会很快趋于稳定；反之，疾病会继续恶化，并逐渐引起一些并发症。所以为了消除高血压病对老年人的心理、生理的影响，必须加强对高血压的防治。

（1）减轻心理压力

心眼小的老年人，压力也大，这是因为很多事情装在心里，讲不出来，也放不下，压力自然不少。一个人总是扛着压力，那会是一种什么样的状态？身体能好吗？一个人若是宽宏大量，什么都想得开，包括别人对自己的伤害，那么这个人就一定是无事一身轻。心里没包袱，生活、工作都会很快乐，幸福也会随时来到身边。

（2）做好心理调整

对压力要有心理准备。要充分认识到进入老年后由于疾病等原因必然会有压力，对由此产生的一些负面影响要有足够的心理准备，免得临时惊慌失措，加重压力。要保持一颗平常心，努力学会适应环境变化。

正确评价自己。撕掉“强者”面具，承认自己只是一个平凡的老年人。不要与自己过不去，不要把目标定得高不可攀，凡事要量力而行，改变或调整目标未必是弱者的行为。承认自己的平凡并不会损害我们的尊严，反而有助于保持心态的平衡。

（3）学会稳定心律

一般人的心律是每分钟70次左右。生气的时候，特别是面对面争吵的时候，心律一定会加快，从而增大心脏的负担。如果一个人总是不肯原谅他人的过错，气愤不止，心律就很难恢复到正常范围内。所以我们遇事要学会宽容，对别人不要那么有敌意，这不仅有利于关系的和谐，也有利于我们心律的稳定。

（4）合理安排生活

放慢工作、生活速度。如果被紧张的工作、生活压得喘不过气来，最好立即选择放松一下，或放慢速度，这样会做得更好，也会轻松一些。

合理安排作息时间。严格执行自己制定的作息制度，使生活、学习和工作都能有规律地进行。

丰富个人业余生活，发展个人爱好。生活情趣能让人心情舒畅，多参加绘画、书法、下棋、运动等活动，能增添生活乐趣，调节生活节奏，更有助于你从单调紧张的氛围中摆脱出来。

与他人进行情感交流。人需要帮助，应学会多交朋友。比如可以与心理医生交朋友，以便得到有效的帮助和指点；与亲朋好友多畅谈，有助抒发正常的感情；在家人和朋友之间能相互关心和爱护，这对心理健康也十分重要。

(5) 善于与人交往

家庭的和睦是我们心情愉快、晚年幸福的保障，因此我们老年人要处理好事业与家庭的关系。在与别人相处时，我们需要培养宽广豁达的胸怀。尽量与人为善，大事清楚小事糊涂，对小事别斤斤计较。要心胸豁达、宽广能避免许多无谓的“闲气”，于己于人都有好处。

(6) 经常参加运动

多数研究指出，耐力性运动训练或有氧运动训练均有中度降压作用。轻型高血压特别是缺乏运动的患者，可通过耐力性运动训练如快走、跑步、骑自行车、游泳、滑雪等既达到降压又可减肥和减少心脏并发症的作用。但患有中、重型高血压者，及年龄过大者应避免竞争性体育项目。

(7) 选择气功疗法

高血压患者气功锻炼的基本要领是：心静、体松、气和、动静结合、辨证施功，循序渐进。关键在于认真坚持，每天一至两次，每次按程序锻炼30分钟。根据全国各地气功防治高血压30余年疗效观察，气功疗法具有降压，稳定疗效，减少用药，改善症状以及减少并发症，改善预后的良好效果。

(8) 选择音乐疗法

老年高血压患者，在服用降压药的基础上，试试音乐疗法辅助降压也有很好的效果。音乐的降压作用，主要是通过音乐对人的情绪影响以及物理作用来达到目的。

轻松、欢快的音乐会使人心情愉悦，它可以影响人的大脑皮层，这种正面的刺激有辅助降压的作用。另一方面，优美的音乐可以通过音响的物理作用对人的听觉器官产生影响，进而影响全身肌肉、血液循环系统及其他器官的活动，也能起到一定的降压效果。

高血压患者在闲暇时不妨多听听音乐，最好选择一些轻松舒缓的音乐，如轻音乐、海边的波涛声或鸟语声等。每天晚上临睡前最好都习惯性地听上一段音乐，不仅可以放松一天紧张的身心，降压效果也比其他时段更显著。

(9) 其他非药物疗法

除了以上的一些方法外，我们老年人要降低血压，还可以选择减轻体重、限盐、戒烟和控制饮酒等措施。美国的一个群体研究结果指出，控制体重可使黑人高血压的发病率下降25%，减轻体重适用于所有的高血压患者，肥胖者效果最明显。其他如重度饮酒者、吸烟者、嗜咸食者，通过戒除和控制，也可以成功起到降压效果。

老年人高血压病十分常见，它对健康的危害最严重的莫过于随着血压升高并发心脑猝死，而且常常发生在夜间。因此老年高血压病人应安排好自己的休息与睡眠，注意以下“五大要诀”。

一是中午小睡，吃过午饭后稍稍活动，应小睡一会儿，一般以半小时至一小时为宜，个别老年人也可延长半小时。无条件平卧入睡时，可仰坐在沙发上闭目养神，使全身放松，这样有利于降压。

二是晚餐宜少，有些老年人对晚餐并不在乎，有时毫无顾忌地大吃大喝，会导致胃肠功能负担加重、影响睡眠，不利于血压下降。晚餐宜吃易消化食物，应配些汤类，不要怕夜间多尿而不敢饮水或进粥食。进水量不足，可导致夜间血液稠，促使血栓形成。

三是娱乐有度，睡前娱乐活动要有节制，这是高血压病患者必须注意的一点，如下棋、打麻将、打扑克要限制时间，一般以一小时至两小时为宜，要学习控制情绪，坚持以娱乐健身为目的，不可计较输赢，不可过于认真或激动，否则会导致血压升高。看电视也应控制好时间，不宜长时间坐在电视屏幕前，也不要看内容过于刺激的节目，否则会影响睡眠。

四是睡前泡脚，按时就寝，养成上床前用温水泡脚的习惯，然后按摩双足心，促进血液循环，这将有利于解除一天的疲乏。尽量少用或不用安眠药，力争自然入睡，不养成依赖催眠药的习惯。

五是缓慢起床，早晨醒来，不要急于起床，应先在床上仰卧，活动一下四肢和头颈部，伸一下懒腰，使肢体肌肉和血管平滑肌恢复适当张力，以适应起床时的体位变化，避免引起头晕。然后慢慢坐起，稍微活动几次上肢，再下床活动，这样血压不会有太大波动。

第5节 正确地看待心理因素与头痛

头痛是人们时常会遇到的一种常见性疾病，尤其老年人出现头痛的情况更为普遍。头痛的原因复杂多样，然而有些老年一旦出现头痛总以为患了严重的脑病，而整日忧心忡忡，惶惶不安。其实，新的医学研究表明，很多头痛是由心理因素引起的，所以防治头痛的最好方法常常是调整心理。

那么心理问题究竟和头痛有何关系呢？我们老年人该如何调整心理以防治头痛呢？

1、了解头痛的概念和分类

头痛是临床上常见的症状之一，通常是指局限于头颅上半部，包括眉弓、耳轮上缘和枕外隆突连线以上部位的疼痛。

按国际头痛学会的分类，其功能性头痛分类如下：偏头痛、紧张型头痛，从急性头痛和慢性阵发性半边头痛、非器质性病变的头痛、头颅外伤引起的头痛、血管疾病性头痛、血管性颅内疾病引起的头痛、其他物品的应用和机械引起的头痛、非颅脑感染引起的头痛、代谢性疾病引起的头痛、颅、颈、眼、耳、鼻、副鼻窦、牙齿、口腔、颜面或头颅其他结构疾患引起的头痛或面部痛、颅神经痛、神经干痛传入性头痛及颈源性头痛等。

2、认识心理问题与头痛

头痛，是临床经常遇到，医生诊断较为棘手的病症，故有“病人头痛，医生更头痛”之说。难怪日常生活中，人们把最难办的事情说成是“头痛的事情”，最难解决的问题成为“令人头痛的问题”了。

我们知道，头痛作为一个症状来说，其原因是很多的。如感冒发烧可引起头痛，眼疾和耳疾可引起头痛，头部外伤可引起头痛，颅内感染和肿瘤也可引起头痛等，但临床上见到最多的则是由于情绪变化而引起的紧张性头痛。

紧张性头痛往往表现为颈部肌肉持续性收缩，枕、颈、额部持续性钝痛，有紧束感、压迫感和牵拉感，肩背酸痛、嗳气、头晕，有的人早上起床后开始疼痛，直到晚上才有所减轻。

国外许多专家研究表明，在各种头痛疾患中，紧张性头痛占90%左右，且与人际关系发生矛盾冲突有关，病人常顾虑重重，“是否脑子痛，脑子里是否长东西”的念头经常在脑海中回旋。其实，紧张性头痛是由于某些心理因素，引起头颈部肌肉过度收缩或痉挛所致，并非“脑子”痛。

3、治疗头痛问题的方法

由于紧张性头痛的发生与精神因素有关，所以人们主要依靠心理疗法防治，如保持增强自信、自我松弛等方法，都是我们老年人预防和治疗头痛的常用方法。

（1）接受检查

我们老年人遇到头痛，首先要做相关检查，看是否有器质性病变的可能。7%的慢性头痛是器质性的，可能是其他疾病引起的继发性头痛，如脑血管畸形、脑瘤等，还有一些突发的头痛甚至是致命的，如蛛网膜出血等。

有些高血压病人会有长期的顽固性头痛，如果病人在长期头痛之后突然有剧烈的头部疼痛，并伴有恶心、呕吐等症状，就要小心颅内出血性中风。

有些人长期用止痛药，可能忽视了对头痛病因的检查。如果是器质性头痛或继发性头痛，必须找到病根，加以治疗。如果是心理问题引起的则要注重从心理方面进行调整。

（2）增加自信心

自信是治愈各种功能性头痛的必要前提。一些对自己没有自信心的老年人，对自己完成和应付事物的能力持怀疑态度，往往会夸大自己失败的可能性，从而产生忧虑、紧张和恐惧情绪。

因此，作为一个神经性头痛的老年患者，我们首先必须自信，减少自卑感。应该相信自己每增加一次自信，头痛及焦虑程度就会降低一点，恢复和建立自信，也最有利于驱逐头痛、焦虑。

(3) 做到心宽体胖

神经性头痛、偏头痛及各种功能性头痛都与脾气暴躁有很大关系，要做到宽容勿怒，必须加强修养。因此，宽容勿怒、自得其乐是我们老年人防治头痛的一个好方法。

具体做法：其一，遇事要不燥不怒，从理智上明白发怒不但无助于事情的解决，反而会损害身体；其二，要养成让步的习惯，不要过分自负、固执己见，要合理适当的退让，这样有助于保持宁静的心境；第三，加强精神磨炼，提高心理承受能力，遇到不愉快的事情要做到宽恕与谅解，而且，要学会幽默、自得其乐，保持心情舒畅，心态平和，愉快的欢笑能使全身松弛，紧张、抑郁、烦恼的心情也会随之消失，可有效的防治情绪忧郁导致的头痛。

(4) 学会淡泊忘忧

忧愁与思虑是最常见的情绪表现形式，神经性头痛、偏头痛及各种功能性头痛都很有可能与长时间的忧心忡忡、愁肠百结、思虑无穷、终日不得宽解有关，要做到正确对待挫折与失败，对挫折与失败要从容不迫、泰然处之，不要怨天尤人，耿耿于怀。

(5) 学会自我松弛

自我松弛，也就是从紧张情绪中解脱出来。比如：我们在精神稍好的情况下，去想象种种可能的危险情景，让最糟糕的情景首先出现，并重复出现，我们慢慢便会想到任何危险情景或整个过程都不会再体验到头痛、焦虑，此时便算终止。

(6) 学会自我反省

很多老年人的神经性头痛、焦虑症是由于对某些情绪体验或欲望进行压抑，但它并没有消失，仍潜伏于潜意识中，因此便产生了病症。

发病时，我们只知道痛苦焦虑，而不知其原因。因此在这种情况下，我们必须进行自我反省，把潜意识中引起痛苦的事情诉说出来。必要时可以发泄，发泄后症状一般可减轻或消失。

(7) 学会自我刺激

神经性头痛、焦虑性神经症患者发病后，脑中总是胡思乱想，坐立不安，百思不得其解，痛苦异常。此时，我们可采用自我刺激法，转移自己的注意力。如在胡思乱想时，找一本有趣的能吸引人的书读，或从事紧张的体力劳动，忘却痛苦的事情。这样就可以防止胡思乱想再产生其他病症，同时也可增强自身的适应能力。

(8) 进行自我催眠

焦虑等原因引起的头痛患者，大多数有睡眠障碍，很难入睡或突然从梦中惊醒，此时我们可以进行自我暗示催眠。如：可以数数，或用手举起书本读书等以促使自己入睡。

(9) 和谐人际关系

人际关系中的矛盾冲突是产生紧张情绪的主要根源。所以，改善人际关系就是我们老年人防治头痛的重要方式之一。而要改善人际关系，关键是严于责己，宽以待人，宽容忍让，不斤斤计较。只要做到这些，与人的矛盾冲突自然就少了，人际关系当然会更和谐融洽。

头痛是一种常见病，我国医学史上的历代医家认为，头部经络为诸阳经交会之处，凡五脏精华之血，六腑清阳之气，都上汇于此。若六淫外侵，七情内伤，升降失调，郁于清窍，清阳不运，皆能致头痛。如患有头痛，需要在平日的生活中注意自我护理，其中食疗就是我们老年人常常选用的一种方法。

因外感头痛应膳食清淡、慎用补虚之品。宜食有助于疏风散邪的食物，如葱、姜、豆豉、藿香、芹菜、菊花等。风热头痛者宜多食绿豆、白菜、萝卜、芹菜、藕、百合、生梨等具有清热作用的食物

因内伤头痛虚症者应以补虚为主，同时应辨明具体病因和兼症等不同情况，选用性味适当的食疗方剂，配合富于营养的食物，如肉类、蛋类、海味类以及山药、龙眼、木耳、胡桃、芝麻、莲子等；肝肾亏虚及气血不足者，宜食大枣黑豆、荔枝、龙眼肉、鸡肉、牛肉、龟肉、鳖肉等滋补肝肾，补益气血的食物。

内伤头痛的实症，治以攻邪，属痰湿、淤血者，宜食有健脾除湿或活血化淤作用的食物，如山药、薏苡仁、橘子、山楂、红糖等。

头痛的病人，应禁食火腿、干奶酪、保存过久的野味等食物，少喝牛奶、巧克力、乳酪、啤酒、咖啡、茶叶等食物。还应禁烟、禁酒、禁喝浓茶，因为这些食物可导致心率加快、小动脉痉挛，而导致头痛加重，而紧张性头痛的患者，多因与肝脾有关。饮食方面，晚饭可进食早一些或适当减少晚餐的量。

第6节 正确地看待心理因素与溃疡

溃疡病是一种常见的慢性全身性疾病，分为胃溃疡和十二指肠溃疡，又叫做消化性溃疡。溃疡病以反复发作的节律性上腹痛为临床特点，常伴有嗳气、反酸、灼热、嘈杂等感觉。出现溃疡的病症除了生理性的原因外，在很大程度上与心理因素有关，即心理问题常常能够引发溃疡。

那么溃疡和心理问题究竟有何种关系呢？我们老年人该如何面对溃疡这种疾病呢？

1、了解心理问题与溃疡

有关专家认为，溃疡的病因很多，而精神因素就是众多病因的一种。多项医学实验发现，人们在精神愉快时，胃黏膜血管充盈，胃壁运动和消化液分泌增加；痛苦、悲伤和失望时，胃壁粘膜苍白，胃肠功能降低；长时间的情绪激动或愤怒可使胃酸分泌持续增高，会造成胃黏膜损伤或糜烂。

例如第二次世界大战期间，在战争最紧张的时刻，德国士兵曾有整个连队突然患“应激性胃肠溃疡”的现象；英国首都伦敦由于经常遭到德国飞机的空袭和扰乱，居民长期处于恐慌不安的精神状态之中，患消化道溃疡和溃疡病穿孔的几率大大增加。

这是因为较长时间的情绪异常，削弱了大脑皮层的正常功能，会使下丘脑、植物神经系统和内分泌系统的功能紊乱，会导致胃黏膜脆性增加，失去保护作用而发生出血糜烂，形成溃疡。

患有胃肠溃疡的老年人大多有以下表现，紧张不安、头痛头晕、心悸胸闷、神经过敏、乏力倦怠、注意力涣散、呕吐嗳气等。所以更应该注重心理调整，以免加重胃溃疡。

做事认真负责、积极进取、竞争意识强烈，一旦不能被客观评价时，易受压抑，并进行被动性攻击，如口服心不服、自恋自卑、自残自伤等压抑表现。

灰心丧气、长吁短叹、悲观失望，并对往日所看的、所想的、所讲的、所做的常有深深的负罪感，会使食欲下降，不仅会影响胃肠消化、吸收功能，还会使之发生功能紊乱。

急于在各方面胜过别人，显示自己的聪明才干、与众不同，希望得到他人的赞许和好评，但内心深感惆怅空虚，活得非常疲惫，常会影响进食情绪，导致面黑消瘦。

总之，那些遇事过度思虑、患得患失，注重细节完美、内心想象丰富，情志表现异常的老年人常常会与溃疡结缘。

2、防治溃疡疾病的方法

既然溃疡病的发生与情绪因素关系极为密切，那么，溃疡病的预防和治疗，单靠药物是不能解决问题的。而针对每个老年人的特点，消除心理和环境因素的刺激，保持乐观情绪，对溃疡病的痊愈将大有裨益。

（1）坚持长期服药

由于溃疡是个慢性病，且易复发，要使其完全愈合，必须坚持长期服药。切不可症状稍有好转，便骤然停药，也不可朝三暮四，服用某种药物刚过几天，见病状未改善，又换另一种药。一般来说，一个疗程要服药4周至6周，疼痛缓解后还得巩固治疗3个月，甚至更长时间。

（2）避免精神紧张

溃疡是一种典型的身心疾病，心理因素对胃溃疡影响很大。精神紧张、情绪激动，或过分忧虑对大脑皮层产生不良的刺激，使得丘脑下中枢的调节作用减弱或丧失，会引起植物神经功能紊乱，不利于食物的消化和溃疡的愈合。因此，保持轻松愉快的心情，是治愈胃溃疡的关键。

（3）保持豁达乐观

临床发现，多数溃疡病患者是脑力劳动者，而且是性情偏激或多愁善感的人，往往又在工作过度繁忙时发病。这是因为不良的精神因素，会使大脑皮层的机能降低，处于失调状态，结果会引起胃和十二指肠功能失常，使胃酸分泌增多，胃平滑肌痉挛，胃肠蠕动减弱，进而引发或加重溃疡。

所以，明智的老年人应当以宽阔的胸怀、乐观的心情对待日常生活中的挫折、烦恼和苦难，知足常乐才能心宽体胖。

（4）注意劳逸结合

无论是脑力劳动者还是体力劳动者，无论我们老年人是忙是闲，都要安排充分的休息时间，解除精神紧张，消除身体疲劳。专门从事脑力劳动的，还要在工作之间，安排10分钟至20分钟的体力活动，如到公园走走等。总之，避免精神和体力的长期紧张状态，是防治溃疡病所不可忽视的。

（5）讲究生活规律

胃溃疡病人的生活要有一定规律，不可过分疲劳，劳累过度不但会影响食物的消化，还会妨碍溃疡的愈合。溃疡病人一定要注意休息，生活起居要有规律。溃疡病发作与气候变化有一定的关系，因此溃疡病人必须注意气候变化，根据气候冷暖，及时添减衣被。

（6）忌用刺激药物

有些药物，如阿司匹林、地塞米松、强的松、消炎痛等，对胃黏膜有刺激作用，可加重胃溃疡的病情，应尽量避免使用。如果因疾病需要非得要服用，或向医生说明，改用他药，或遵医嘱，配合些其他辅助药物，或在饭后服用，这样可以减少对胃的不良反应。

传统中医认为，胃病三分治、七分养，溃疡作为胃病的一种自然也不例外。所以，饮食疗法是预防和治疗溃疡病的重要环节。为了养好胃，我们老年人在饮食上应注意做到以下几点。

一是戒刺激性的食物，咖啡、酒、肉汁、辣椒、芥末、胡椒等，这些会刺激胃液分泌或是使胃黏膜受损的食物，应避免食用。每个人对食物的反应都有特异性，所以摄取的食物应该依据个人身体状况的不同而加以适当的调整，无须完全禁食。

二是戒酸性食物，酸度较高的水果，如：凤梨、柳丁、桔子等，于饭后摄食，对溃疡的患者不会有太大的刺激，所以并不一定要禁止食用。

三是戒产气性食物，有些食物容易产气，使患者有饱胀感，应避免摄食；但食物是否会产气而引起不适，因人而异，可依个人的经验决定是否应摄食。

此外，炒饭、烤肉等太硬的食物，年糕、粽子等糯米类制品，各式甜点、糕饼、油炸的食物及冰品类食物，常会导致患者的不适，应注意选择。

平时吃饭要定时定量，进餐要细嚼慢咽，且心情要放松，饭后略休息再开始工作。少量多餐，可以避免胃胀或胃酸过多，胃酸过多可能会逆流至食道，刺激食道黏膜。

阅读后记

我们常常不会准确记得爸爸妈妈的生日，那么自然也不会清楚地知道他们的血型、星座、抑或他们的生肖属相；但天下无论多糊涂的父母都会记得孩子的生日并且脱口而出。

我们常常以为给父母些钱、送些礼物就是关心他们了，仿佛这些钱和礼物成了我们与父母之间的感情交流。我们常常忽略与父母的交流、促膝谈心；或者我们根本就没有意识到——父母也是有感情需求的人，父母也会有孤单寂寞的时候，也会有疲倦，心情不舒畅的时候……

父母的今天就是我们将来的某一天，怎样让他们的晚年幸福，你手中的这本书会让你更了解老爸老妈的心理及如何更好地实现他们晚年的美满幸福。让他们也和你一起阅读，享受一个充实、快乐的夕阳红。